Gesunde Hufe – kein Zufall

Uwe Lukas

Gesunde Hufe – kein Zufall!

FNverlag
der Deutschen
Reiterlichen Vereinigung GmbH
Warendorf

Bibliografische Information der deutschen Bibliothek

Die Deutsche Bibliothek verzeichnet diese Publikation in der Deutschen Nationalbibliografie; detaillierte bibliografische Daten sind im Internet über http://dnb.ddb.de abrufbar.

LEKTORAT
Dr. Carla Mattis, **FN***verlag* Warendorf

KORREKTORAT
Korrekturbüro W. und G. Kirchhoff, Büren/Brenken

FOTONACHWEIS
Fotos und Zeichnungen siehe Seite 158

GESAMTGESTALTUNG
mf-graphics, Marianne Fietzeck, Gütersloh

DRUCK UND VERARBEITUNG
Media-Print Informationstechnologie, Paderborn

ISBN 978-3-88542-475-8

Uwe Lukas stammt aus einer pferdebegeisterten Familie und hat schon von Kindesbeinen an Kontakt mit Pferden verschiedenster Rassen. Später entschied er sich für die klassische Reiterei und hat in Dressur, Springen und Vielseitigkeit zum Teil Erfolge bis zur Klasse M geritten. Durch den Reitsport bekam er zwangsläufig auch Kontakt zu Hufschmieden, deren Arbeit ihn sehr interessierte. Schon während der Schulzeit begleitete er in den Ferien verschiedene Meister im Hufbeschlag.

Auf einer der ersten Equitana-Messen kam dann der Kontakt zu dem späteren Lehrmeister Ernst Niemerg aus Münster zustande. Trotz aller mahnender Ratschläge, dass der Beruf des Hufschmiedes vom Aussterben bedroht sei, unterschrieb er schon zwei Jahre vor Schulabschluss den Ausbildungsvertrag an der Hufbeschlaglehrschmiede in Münster. Nach bestandener staatlicher Prüfung zum Hufbeschlagschmied 1977 folgte schon kurz darauf im Jahr 1978 die Betriebsgründung. Diese Entscheidung erwies sich als goldrichtig, denn zu dieser Zeit gab es in Deutschland einen erheblichen Hufschmiedemangel.

Im Jahr 1984 legte Uwe Lukas die Meisterprüfung im Schmiedehandwerk ab. Schon sehr früh erkannte er, dass das erlernte Wissen nur der Anfang sein konnte. Um die Zusammenhänge in der Biomechanik eines Pferdes und der Orthopädie besser verstehen zu können, suchte er unter anderem den Kontakt zu verschiedenen Pferdekliniken.
So kam der Kontakt zu Dr. Schüle/Klinik Waldhügel in Dortmund zustande und später festigte auch eine langjährige Zusammenarbeit mit Prof. Dr. B. Huskamp/Tierklinik Gescher-Hochmoor den Wissensstand immer mehr.

Im Jahr 1998 kam dann der Wechsel in die Tierklinik Münster-Telgte. Seitdem arbeitet Uwe Lukas dort als verantwortlicher Hufschmied. Darüber hinaus betreibt er seit 2000 einen eigenen Rehabilitationsstall für Huferkrankungen in Milte am Rande der Stadt Warendorf. Auch die Arbeit an den Sportpferden hat sich immer mehr ausgebaut, sodass gegenwärtig viele internationale Größen des Reitsports seine Arbeit in Anspruch nehmen und von der nun mehr als 30-jährigen Berufserfahrung profitieren. Selbstverständlich zählen auch Freizeitpferde und Kinderponys zu seiner Kundschaft.

Über die praktische Tätigkeit als Hufbeschlagschmied hinaus engagiert sich der Autor seit 2003 auch berufspolitisch stark als Vorsitzender des EDHV (Erster Deutscher Hufbeschlagschmiede-Verband). Außerdem ist er schon lange als Referent und Ausrichter von Fortbildungsveranstaltungen aktiv tätig.

Berufliche Ausbildung:

1974 bis 1977	Ausbildung an der staatl. anerkannten Hufbeschlaglehrschmiede Münster
1978	Betriebsgründung
1980 bis 1983	Tätigkeit in der Pferdeklinik Waldhügel Dortmund
1984	Meisterprüfung im Schmiedehandwerk
1990 bis 1997	Tätigkeit in der Tierklinik Gescher-Hochmoor
seit 1998	ständiger Hufschmied in der Pferdeklinik Münster-Telgte
2000 bis 2004	Mannschaftsschmied des DOKR für die Fahrer
2000	Eröffnung des Rehabilitationsstalles für Huferkrankungen
seit 2003	Erster Vorsitzender des EDHV (Erster Deutscher Hufbeschlagschmiede-Verband)
	Mitglied im Sachverständigenausschuss Hufbeschlag im BMELV (Bundesministerium für Ernährung, Landwirtschaft und Verbraucherschutz)

Aus dieser langen und intensiven Erfahrung heraus, sind die in diesem Buch gegebenen Ratschläge fundiert und untermauert. Sie sollen auch in der Pferdehaltung, -zucht und reiterlichen Ausbildung berücksichtigt werden, damit Pferdezüchter, -halter, Reiter und Pfleger eine gute und fachgerechte Hufpflege erlernen und über die entsprechenden notwendigen Kenntnisse verfügen, um Hufprobleme frühzeitig zu erkennen bzw. zu vermeiden.

Einleitung

Dieses Buch soll in erster Linie den Pferden helfen, damit sie ihr Leben auf gesunden Hufen verbringen können. Denn Pferde sind abhängig von Menschen, die sich täglich um sie kümmern, sie pflegen und sich mit ihnen beschäftigen.
Deshalb möchte ich den Pferdebesitzern, Reiterinnen und Reitern, Pferdepflegern und natürlich auch allen, die sich um die Gesunderhaltung der Pferdehufe kümmern, einige Hilfestellungen und Erfahrungen aus über 30 Jahren Berufserfahrung aus dem Bereich der Hufpflege und des Hufbeschlags weitergeben. „Denn gesunde Hufe sind wirklich kein Zufall."

Leider ist in den vergangenen Jahrzehnten vieles an praktischem Wissen rund um den Pferdehuf verloren gegangen. Aus diesem Grund ist dem Pferdehalter anzuraten, ehemals Bewährtes anzuwenden und nicht immer wieder das Rad neu zu erfinden oder aber vermeidbare Fehler zu begehen, die letztendlich dem Pferd schaden.

Nach einer Untersuchung der Tierärztlichen Hochschule Hannover betreffen über 60 % aller Erkrankungen beim Pferd den Bewegungsapparat. Bei der Prophylaxe und Therapie von Erkrankungen des Bewegungsapparates sind die sorgfältige Hufpflege, eine qualifizierte Hufzubereitung und eine optimale Anpassung und Auswahl eines Beschlages von großer Bedeutung. Dennoch bitte ich Sie, die hier im Buch aufgezeigten verschiedenen Möglichkeiten, Huf- und orthopädische Probleme zu lösen, nur als Hinweise zu verstehen Denn so individuell wie die Pferde und ihre Probleme sind, so individuell sind auch die Ansätze bei der Hufpflege und dem Hufbeschlag.

Vieles hat sich in den letzten Jahrzehnten im Bereich der Pferdehaltung und der Reiterei verändert, sicherlich nicht alles zum Positiven. Aber eines hat sich in Jahrtausenden nicht verändert, und das ist die Anatomie des Pferdes. Wenn wir den anatomischen Vorgaben folgen, sei es beim Reiten, Fahren und auch beim Hufbeschlag, werden wir Pferde haben, die auf gesunden Hufen alt werden können und uns viel Freude bereiten.

An dieser Stelle möchte ich allen Hufschmieden, Tierärzten und anderen Personen danken, die es mir ermöglicht haben, dieses Wissen, was hier zusammengetragen wurde, überhaupt erst zu erlangen.
Ein ganz besonderer Dank gilt den Personen, die meinen beruflichen Werdegang in erheblichem Umfang beeinflusst haben:

- Schmiedemeister Walter Mattern, Wetter/Ruhr
- Schmiedemeister Hermann Ronnebäumer, Nottuln
- Hufbeschlaglehrmeister Ernst Niemerg, Münster
- Dr. med. vet. Eberhard Schüle, Dortmund
- Prof. Dr. med. vet. Bernhard Huskamp, Hochmoor
- Dr. med. vet. Guido Stadtbäumer, Münster-Telgte

Uwe Lukas
Warendorf-Milte im April 2007

Der Huf – ein Wunderwerk der Natur

Schon durch das Körpergewicht des Pferdes, aber erst recht durch die erhöhte Geschwindigkeit der Fortbewegung im Trab und Galopp und schließlich bei der Landung nach Sprüngen wirken Tonnenkräfte auf die Hufe des Pferdes. Dies war nicht immer so. In ca. 50 Millionen Jahren Entwicklung des Pferdes entstand in langer Zeit die Zehe/der Huf des heutigen Pferdes. Aus der mehrzehigen Pfote des Urpferdes, das nur etwa die Größe eines Schäferhundes und vier bzw. fünf Zehen hatte, wurde der einzehige Zehenspitzgänger. Impuls zu dieser Veränderung war die Notwendigkeit, größere Laufleistungen auf festem, steppenartigem Boden zu erbringen. Als Fluchttier mussten dabei hohe Geschwindigkeiten erreicht werden.

Um diesen Anforderungen gerecht zu werden, hat die Natur das komplizierte Zehenendorgan „Huf" entwickelt. Dabei müssen auf relativ kleiner Auftrittsfläche immense Kräfte gebündelt und durch ein geniales Zusammenspiel von Knochen, Muskeln und Sehnen, Haut und Horn gedämpft, abgefangen und abgeleitet werden. Zu diesem Zweck hat sich die Natur einiges einfallen lassen, das selbst in der modernen Technik noch seinesgleichen sucht. Der letzte Knochen der Gliedmaße nach Fesselbein und Kronbein, das Hufbein ist ein poröser Knochen, der niemals in der Lage wäre, anfallende Druckbelastungen aufzufangen. Stattdessen ist er schwammartig porös konstruiert, hat dadurch eine vergrößerte Oberfläche, um die sich in tausendfacher Fältelung die Wandlederhaut wickelt und sehr eng mit ihr verbunden ist. Durch die Fältelung dieser Wandlederhautblättchen entsteht eine riesige Oberfläche, die geeignet ist, mit einem „passenden Gegenstück" eine enge, aber trotzdem elastische Verbindung einzugehen.

Dieses „passende Gegenstück" ist die Hornkapsel mit ihren Hornblättchen. Das Horn wird zunächst als weiche Substanz von der stark durchbluteten und von empfindlichen Nerven durchzogenen Wandlederhaut ständig produziert. Nach außen verhornt die Lederhaut immer mehr und wird Bestandteil der unempfindlichen, äußerst festen, aber dennoch elastischen Masse, der Hufkapsel. Vom Kronsaum schiebt sich das Kronhorn bis zur Hufsohle darüber. Die Verbindung zwischen dem von der Wandlederhaut gebildeten Horn und dem von der Kronlederhaut produzierten Kronhorn bildet am Tragrand die sogenannte „weiße Linie". Ihr muss besondere Aufmerksamkeit geschenkt werden, da sie die Schwachstelle des ganzen Hufes ist. Sie stellt den Ort dar, der dem Schmied zum Setzen der Hufnägel zur Verfügung steht. Nur in diesen Bereich gesetzte Nägel können ein Hufeisen ordentlich halten. Weiter nach außen gesetzt, verliert der Huf das Eisen, weiter nach innen kommt es zur gefürchteten „Vernagelung", weil der Nagel die „lebende" Huflederhaut trifft und eine Infektion die Folge wäre. Auch ohne Nagel ist die weiße Linie die Schwachstelle des Hufes, weil dort am ehesten kleine Steinchen, Schmutz und Bakterien eindringen und Hufabszesse verursachen können. Begünstigt werden solche Infektionen durch mangelhafte Hufpflege, vor allem aber durch falsche Boxenhaltung. Mangelhafte Entmistung und Matratzenhaltung führen zu einer Dauerkonfrontation von Kot-Urin-Gemisch und dem Hufhorn. Das Hufhorn wird dadurch langsam, aber sicher zerstört und gibt Schmutz und Mikroorganismen die Möglichkeit einzudringen. Die Folge sind die sogenannten Hufgeschwüre und Strahl-

fäule, die ohne Ursachenbeseitigung nur schwer und mühsam unter Kontrolle zu bekommen sind. All diese Probleme traten in der Natur nicht auf. Hufbeschlag gab es nicht, so konnte auch kein vernagelter Huf entstehen. Das Pferd nahm seine Nahrung im Weiterziehen auf, d.h., es kam mit seinen eigenen Ausscheidungen nicht in Berührung. Dieses Verhalten kann man auf der Weide heute noch beobachten. In der Natur hat sich ein extrem belastbares Gleichgewicht zwischen nachwachsendem Horn und Abnutzung eingestellt.
Erst die intensive Nutzung des Pferdes hat den Hufschutz und damit den Hufbeschlag notwendig gemacht. Gleichzeitig hat die vorrangige Boxenhaltung zu einer Qualitätsverschlechterung der Hornsubstanz geführt.

Bessere hygienische Bedingungen sowie die zum Teil sehr extensive Nutzung der Pferde erlauben heutzutage bedingt eine Rückkehr zum „Barhuf". Die Natur hat es in Jahrmillionen geschafft, mit dem Huf ein Organ zu entwickeln, das in der Lage ist, immense Druckkräfte, die durch hohe Geschwindigkeiten, das große Körpergewicht und hohe und weite Sprünge entstehen, abzufangen und umzuleiten, ohne dass dabei erhebliche Reibungsverluste oder Abnutzungserscheinungen entstehen. Fehlerhafte Haltung und in vielen Fällen Bewegungsarmut haben jedoch dazu geführt, dass dieses Wunderwerk beschädigt oder gar zerstört wird. Die Kenntnis um den Huf ist wichtigste Voraussetzung für seine Gesunderhaltung. Sie ist viel wichtiger als der Versuch der Schadensbegrenzung durch „Fetten und Schmieren".

Mit freundlicher Genehmigung von
Dr. Eberhard Schüle
ehemals Pferdeklinik – Waldhügel, Dortmund

Kapitel 1

Anatomische Grundlagen

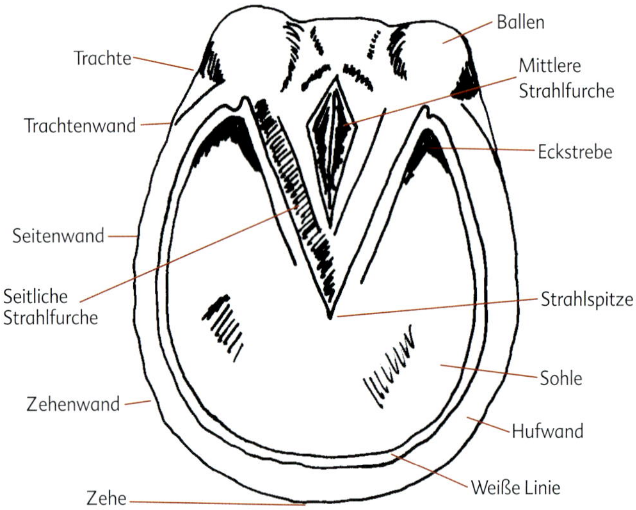

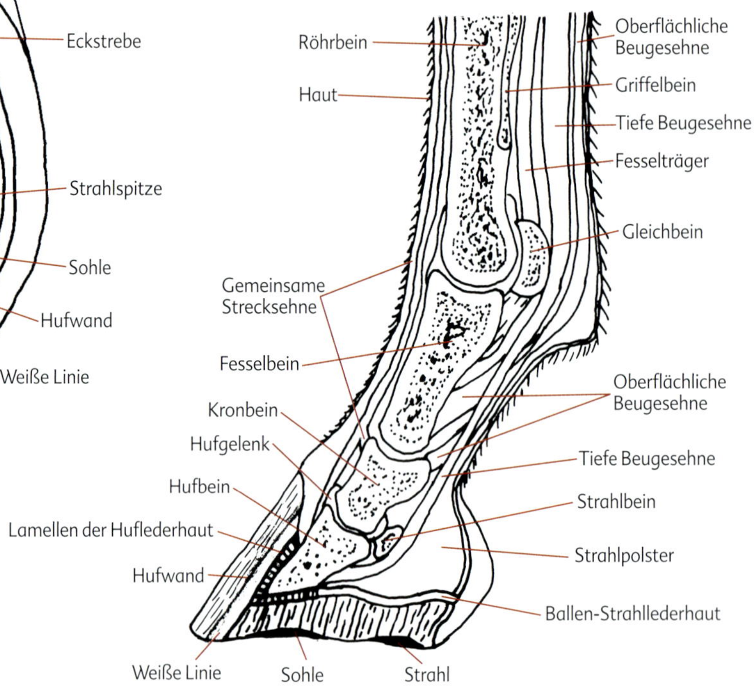

Anatomie des Pferdehufes

Der Pferdehuf ist als mechanischer Schutz für das untere Gliedmaßenende und als Bestandteil des sogenannten Zehenendorgans angelegt.

Der Huf ist ein verhornter Hautbestandteil und wird dementsprechend in mehrere Schichten unterteilt. Seine äußerste Schicht, die der Oberhaut (= Epidermis) entspricht, wird auch als Hufkapsel oder Hornschuh bezeichnet, wodurch sein Aussehen bzw. seine Funktion recht gut beschrieben werden.

Die mittlere Schicht wird der Lederhaut (= Dermis oder Kutis) entsprechend als Huflederhaut bezeichnet. Die innerste Schicht ist die Hufunterhaut, die mit der Unterhaut (= Subkutis) vergleichbar und am Huf je nach Lokalisation recht unterschiedlich ausgebildet ist.

Hufkapsel/Hornschuh

Die Oberhaut oder Epidermis stellt die eigentliche Funktionsschicht dar. Ihre Funktionseinheiten sind verhornende Zellen, die in Abhängigkeit von ihrer Lokalisation Saum-, Kron-, Wand-, Sohlen-, Strahl- und Ballenhorn produzieren. Dabei unterscheiden sich die verschiedenen Horntypen durch unterschiedliche Eigenschaften, wie z.B. Dichte, Festigkeit und Elastizität. Die Hornsubstanz (Keratin) selbst besteht aus einem schwefelreichen Eiweißkörper. Saum-, Kron- und Wandhorn bilden die Hornplatte (= Hufwand). Das Saumhorn, das der Glasur- und Deckschicht entspricht, besteht aus elastischem, glänzendem Horn und quillt im Wasser auf. An der Rückseite des Hufes trifft es auf die Ballen und bildet deren Hornüberzug (Ballenhorn).

Das Kronhorn produziert die sogenannte Schutzschicht. Es besteht aus festem Säulen- und Zwischensäulenhorn, während das Wandhorn als innere Schicht die Verbindungsschicht zur Huflederhaut und damit auch zum Hufbein darstellt.
Das Wandhorn besteht aus verhornenden und nicht verhornenden Blättchen.

Während das Hufwachstum der Schutzschicht (und Glasurschicht) durch Verlängerung der Hornsäulen und des Zwischensäulenhorns (etwa 8 bis 10 mm pro Monat) vom Kronrand in Richtung Tragrand erfolgt, dient die Verbindungsschicht als schienenartiges Befestigungssystem für die wachsende Hufwand (siehe Zeichnung Seite 17). Dabei nehmen die Hornblättchen, während sie sich vom Kron- zum Tragrand „schieben", in Höhe und Dicke zu.

Die Spalten zwischen den Blättchen werden am Unterende der Lederhaut durch sogenanntes Zwischenblättchenhorn geschlossen. Hierbei handelt es sich um Röhrchen- und Zwischenröhrchenhorn, das von den Epidermiszellen der sogenannten Terminalpapillen gebildet wird. Die Terminalpapillen sind Zotten, mit denen die Unterenden der Huflederhautblättchen besetzt sind.

Die etwa 3 bis 5 mm breite Schicht aus Hornblättchen und Zwischenblättchenhorn bildet gemeinsam mit der etwa 1 mm starken, unpigmentierten innersten Zelllage der Schutzschicht (Kronhorn) die sogenannte weiße Linie, die weicher und verletzlicher ist als das Kron- und Sohlenhorn.

Auch das Sohlenhorn besteht aus Hornsäulen und Zwischenhorn. Diese sind fester gefügt als die der Schutzschicht der Hornwand, sind aber von weicherer Konsistenz und auch aufgrund ihrer Ausrichtung (parallel zu den Hornsäulen der Schutzschicht) leichter von Fremdkörpern zu durchdringen. Das Sohlenhorn ist am dünnsten und empfindlichsten im Bereich der Strahlspitze. Es geht nahtlos in das Strahlhorn über.

Das Strahlhorn besteht ebenfalls aus Röhrchen- und Zwischenröhrchenhorn. Die hier geschlängelt verlaufenden Hornröhrchen und ein besonderer Zellschichtaufbau der Epidermis sind für die Elastizität des Strahlhorns verantwortlich.
Eine regelmäßige Hufkapsel mit gesundem Hufhorn ist gut vor mechanischer, thermischer, chemischer und mikrobieller Beschädigung geschützt.

Huflederhaut

Die Huflederhaut liegt der Hufkapsel innen als Versorgungsschicht an. Sie besitzt im Gegensatz zur Hufkapsel Nerven und eine intensive Versorgung mit Blutgefäßen. Die Huflederhaut weist eine intensive Oberflächenstruktur auf, mit der sie der Oberhaut als Schablone dient. So ist die Huflederhaut im Bereich des Hufsaums und der Ballen (Entstehung von Glasurschicht und Hornballen – haben vergleichbare Hornqualität), der Hufkrone (Entstehung der Schutzschicht), der Hufsohle (Entstehung des Sohlenhorns) und des Strahls mit Zotten besetzt.

Im Bereich der Hufwand weist die Lederhaut entsprechend dem hier entstehenden Wandhorn eine lamellenförmige Oberfläche auf. Die ca. 600, je etwa 4 mm hohen Lederhautblättchen verlaufen, so wie die Hornblättchen, vom Kronrand in Richtung Tragrand. Zur Oberflächenvergrößerung sind sie mit jeweils ca. 200 feinen Sekundärblättchen ausgestattet. Am unteren Rand der Lederhautblättchen sind ebenfalls Zotten (Terminalpapillen) angelegt (Entstehung des Zwischenblättchenhorns). Diese spezielle Architektur ist Grundlage des Hufbeinträgers, der aus der lamellenförmigen Huflederhaut mit dem mit ihr verzahnten Blättchenhorn und der Hufunterhaut (s.u.), die unter der Lederhaut liegt, besteht.

Hufunterhaut

Die Hufunterhaut bildet die Verbindungsschicht zwischen dem Huf und den zu schützenden Strukturen. So liegt eine intensive, straffe Kontaktaufnahme zwischen Hufbein und Hufknorpeln in Form einer Knochen- bzw. Knorpelhaut vor. Dagegen bildet die Hufunterhaut am Saum und an der Krone ein leicht dämpfendes Saum- bzw. Kronpolster aus. Im Bereich von Strahl und Hufballen dagegen ist die Unterhaut zentimeterstark zu einem stark stoßbrechenden Strahl- und Ballenpolster verdickt.

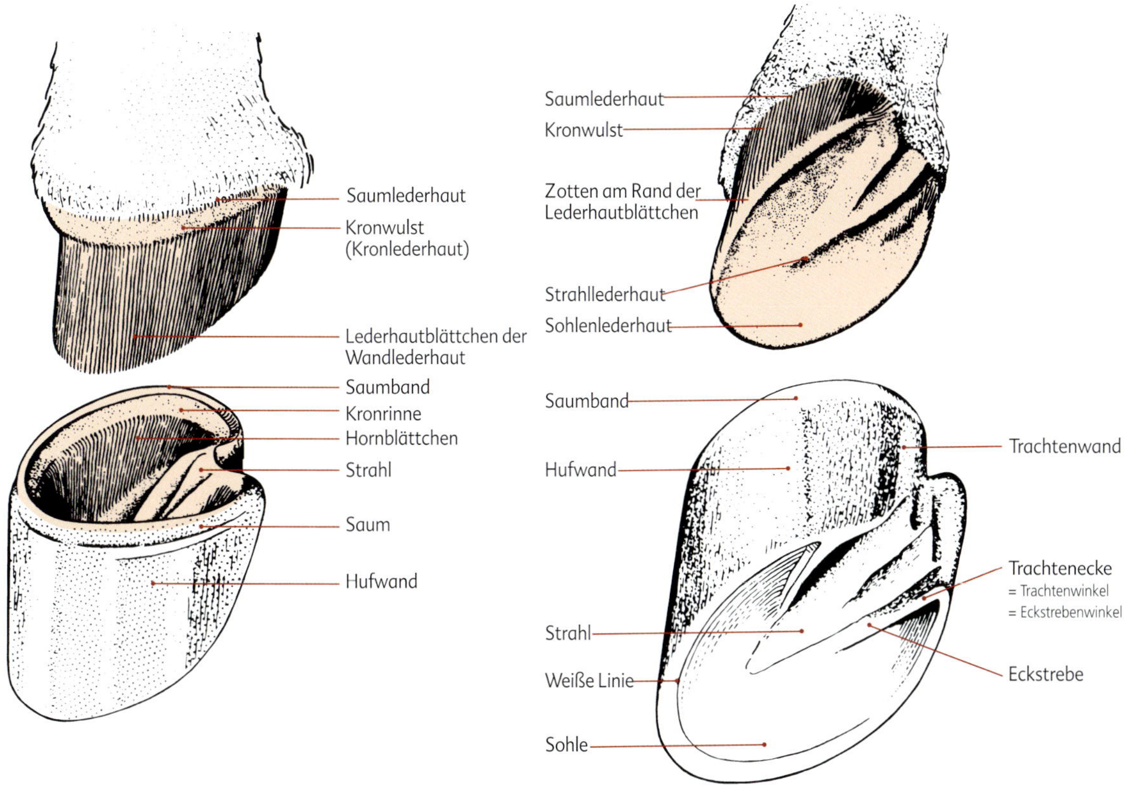

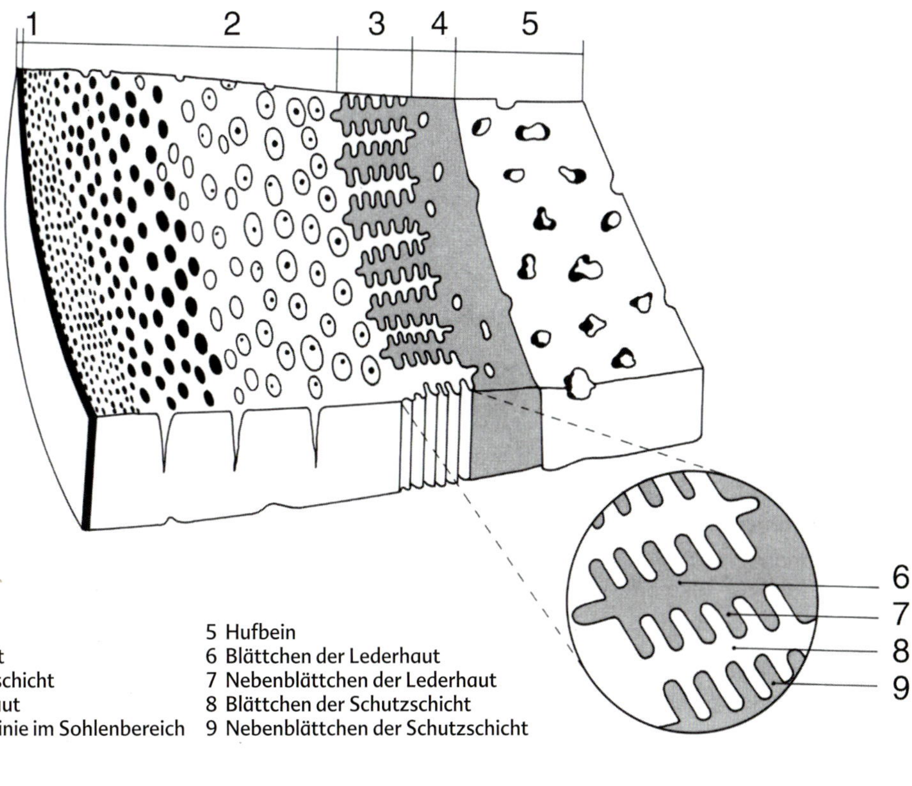

1 Glasurschicht
2 Schutzschicht
3 Verbindungsschicht
4 Wandlederhaut
3 + 4 = Weiße Linie im Sohlenbereich
5 Hufbein
6 Blättchen der Lederhaut
7 Nebenblättchen der Lederhaut
8 Blättchen der Schutzschicht
9 Nebenblättchen der Schutzschicht

Hufaußenwand

Den von der Seite betrachteten Huf unterteilt man (von oben nach unten gesehen) in den behaarten Kronsaum und die Hufwand (synonym: Hufplatte, Hornplatte) mit dem oberen Kron- und dem unteren Tragerand ein. Die Hornwand, die Weiße Linie und ein schmaler Teil der Hufsohle bilden den Tragerand.

Von vorn nach hinten betrachtet unterteilt man die Hufwand in Rückenteil (synonym: Vorderwand oder Zehenwand), Seitenteil und Trachtenteil, das durch die Trachtenkante (= Eckstrebenkante) abgeschlossen wird.

Die Zehenwand des regulären Vorderhufes weist zum Tragerand einen Winkel von 45° bis 50° auf , die Zehenwand des Hinterhufes ist mit 50° bis 55° etwas steiler angelegt. Der hintere

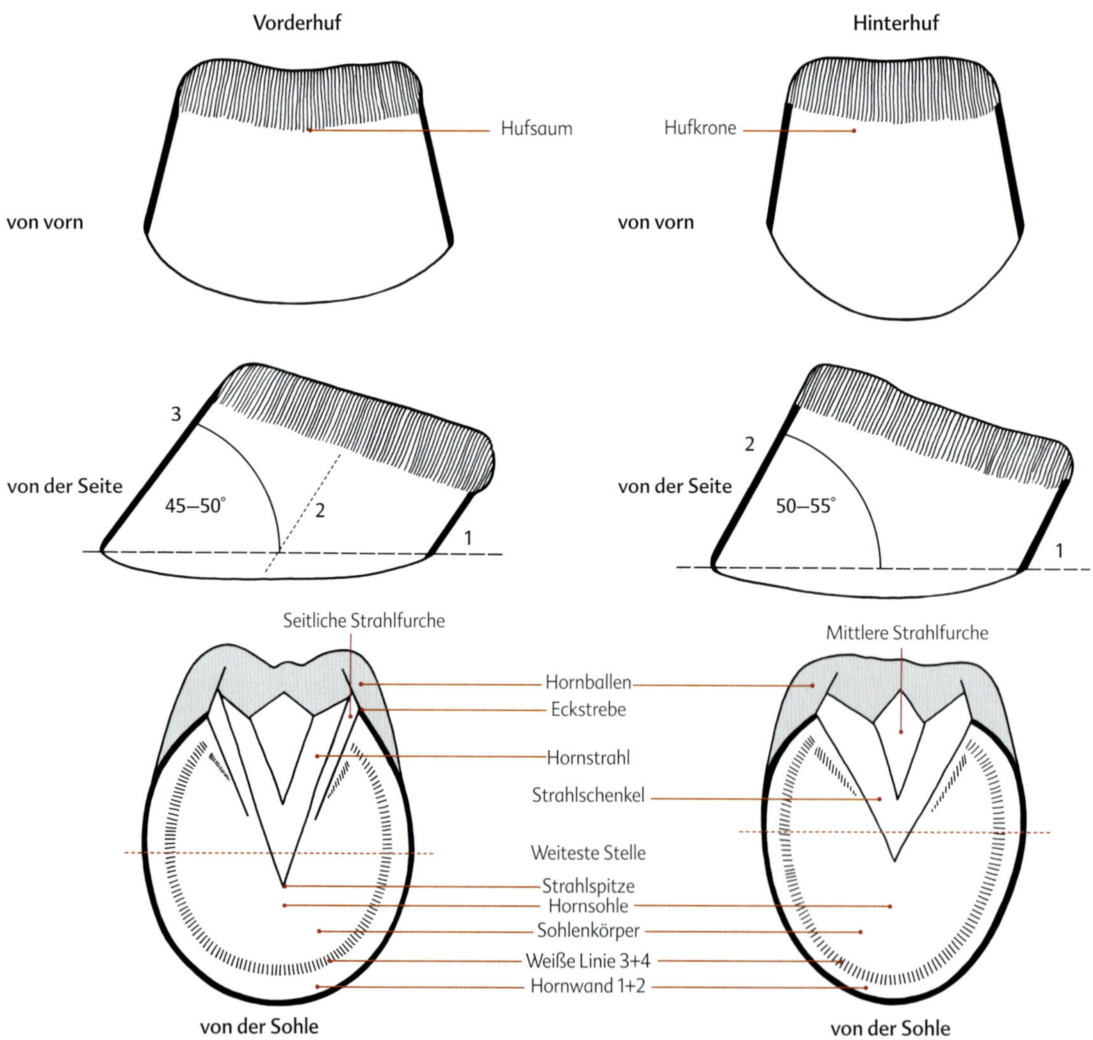

Trachtenrand (Trachtenkante = Eckstrebenkante, s.u.) verläuft parallel zur Zehenwand.
Die im Bereich der gesamten Hufwand sichtbaren, vom Kron- zum Tragrand verlaufenden feinen Linien entstehen durch die Feinarchitektur des Kronhornes, das aus parallel verlaufenden feinen Hornsäulen und dem Zwischensäulenhorn besteht.

Betrachtet man die Rückseite des Hufes, so blickt man auf die Hufballen, die sich in Richtung Tragrand mittig in den Strahl fortsetzen. Die Hufballen sind durch die Ballengrube und die Ballenfurche zentral getrennt. Die Ballenfurche läuft als mittlere Strahlfurche in den Strahl hinein. Dieser ist nach innen und außen durch die seitlichen Strahlfurchen begrenzt. Den hinteren Abschluss des Trachtenteils der Hufplatte bildet die Eckstrebenkante (= Trachtenkante). Hier schlägt sich die Hufwand nach vorne und nach innen um und bildet den Eckstrebenteil der Hufplatte.

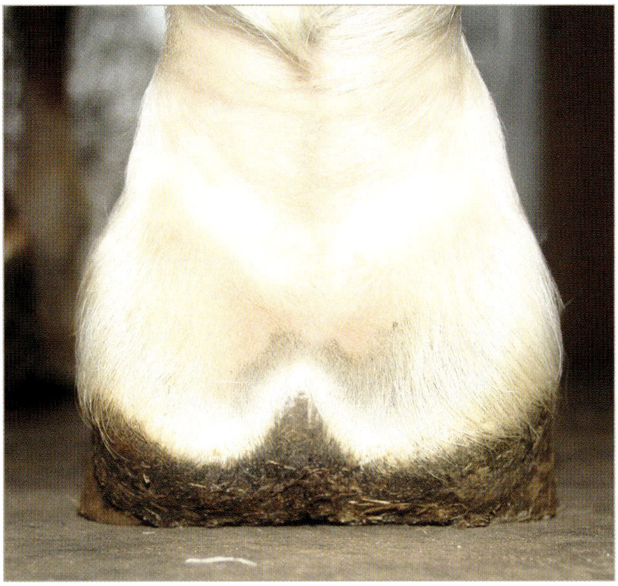

Hufunterseite

Bei der Betrachtung der Hufunterseite, der Sohlenfläche, kann man als vordere und seitliche Begrenzung die Hufplatte und als hintere Begrenzung die Hufballen ausmachen. Dabei rahmt die Hufplatte die idealerweise konkav gewölbte Hufsohle (= Hornsohle) durch ihre verschiedenen Anteile ein (vorne: Rückenteil, seitlich: Seitenteil, hinten: Trachtenteil, hintenzentral: Eckstrebenteil). Hufsohle und Hufplatte sind durch die wenig pigmentierte sogenannte weiße Linie (die der Hufplatte zugerechnet wird) miteinander verbunden.

Die Eckstreben und der Strahl mit den seitlichen Strahlfurchen teilen die hintere Hufsohlenfläche in die sog. Sohlenschenkel, während der vor der Strahlspitze gelegene Anteil als Sohlenkörper bezeichnet wird.
Der Strahl unterteilt sich in die Strahlspitze, die Strahlbasis und die durch die mittlere Strahlfurche getrennten Strahlschenkel, die in die Ballen übergehen.

Beim gesunden Huf haben bei Belastung auf festem Boden der Tragrand der Hufplatte und in knapp derselben Stärke der äußere Rand der Hufsohle und die Strahlschenkel Kontakt mit dem Untergrund. Dabei bewirken das elastische Strahl- und Ballenhorn und das darunter liegende Strahl- und Ballenpolster eine erhebliche Stoßdämpfung beim Auffußen.

Mit freundlicher Genehmigung von Dr. med. vet. Karsten Weitkamp, Tierklinik Telgte

KAPITEL 2

Huf- und Gliedmaßenfehlstellungen bei Fohlen

Kinderstube

Fohlen kommen relativ häufig mit zum Teil massiven Fehlstellungen zur Welt oder erwerben sie zu einem etwas späteren Zeitpunkt innerhalb der Phase des Wachstums.

Die häufigsten Fohlenfehlstellungen sind:

Beugefehlstellungen
- **Bockhuf** (Hufgelenk)
- **rückbiegig** (Vorderfußwurzelgelenk)

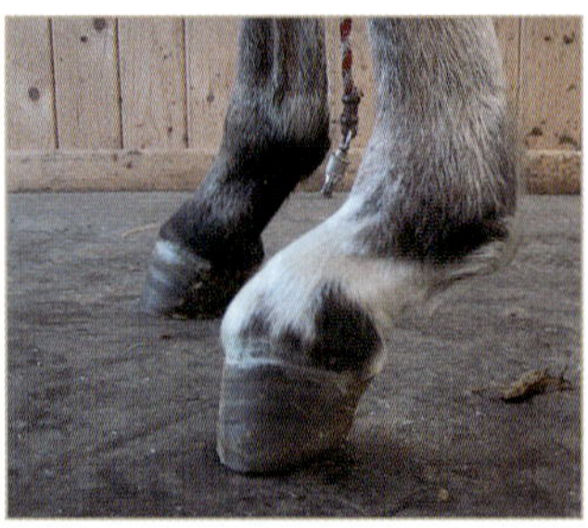

Bockhuf unkorrigiert

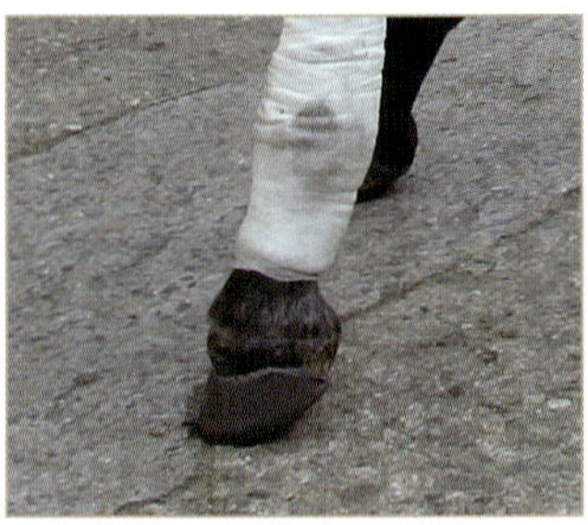

Bockhuf korrigiert

Streckfehlstellungen
- **durchtrittig**
  (Fesselgelenk)
- **vorbiegig**
  (Vorderfußwurzelgelenk)

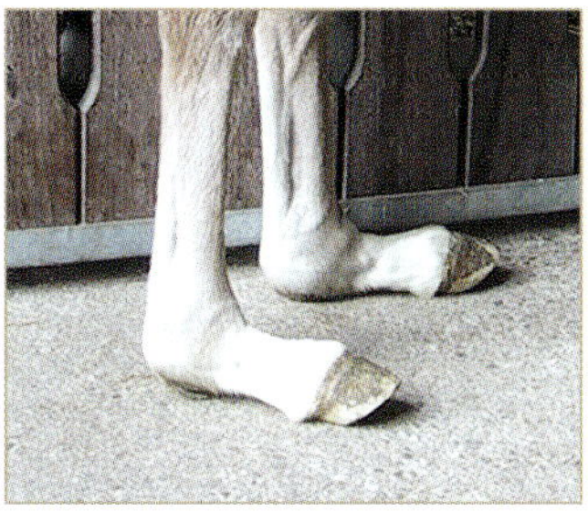

durchrittig

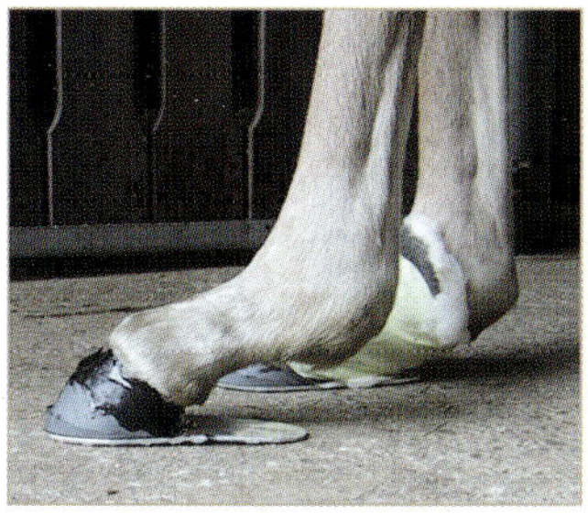

durchtrittig korrigiert

Winkelige Fehlstellungen
- **zehenweit**
  (x-beinig im Fesselgelenk)
- **zeheneng**
  (o-beinig im Fesselgelenk)
- **carpus valgus**
  (x-beinig im Vorderfußwurzelgelenk)
- **carpus varus**
  (o-beinig im Vorderfußwurzelgelenk)
- **kuhhessig**
  (tarsus valgus = x-beiniges Sprunggelenk)
- **fassbeinig**
  (tarsus varus = o-beiniges Sprunggelenk)

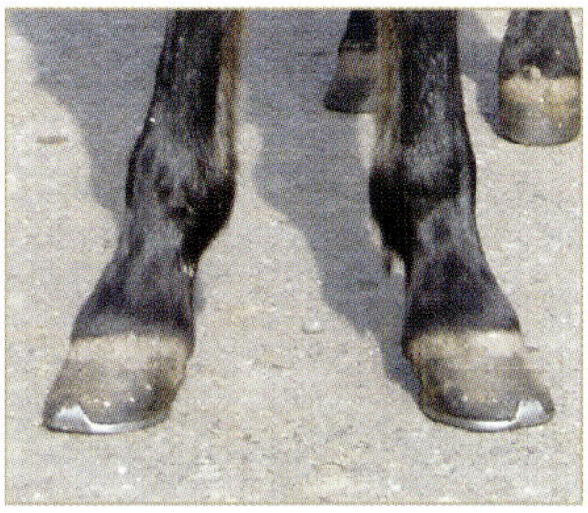

zehenweit

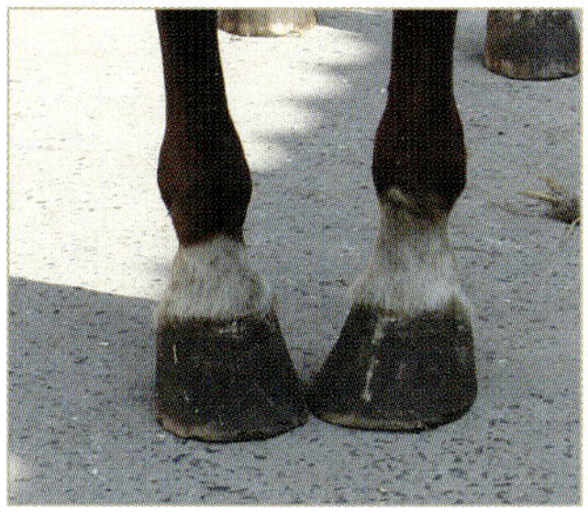

zeheneng

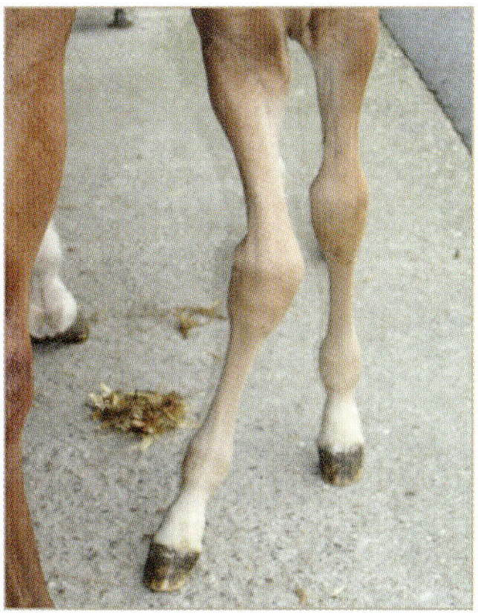

x-beinig im Vorderfußwurzelgelenk

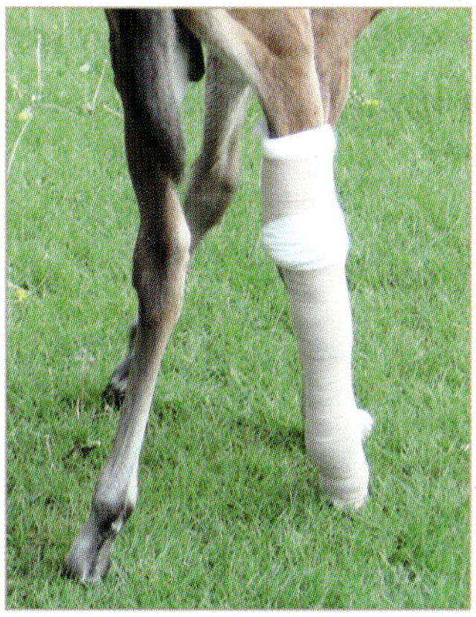

kuhhessig

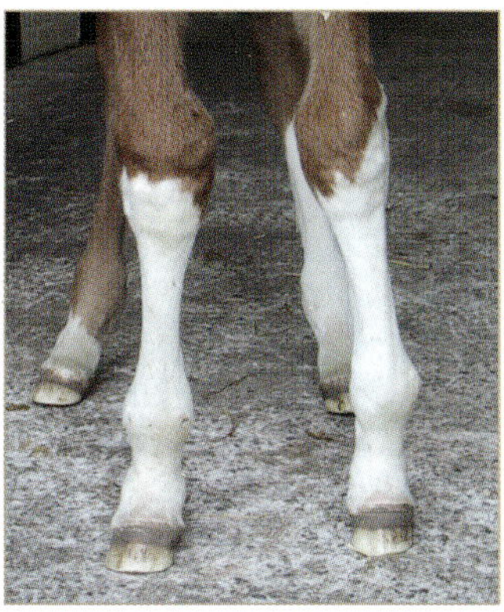

o-beinig im Fesselgelenk

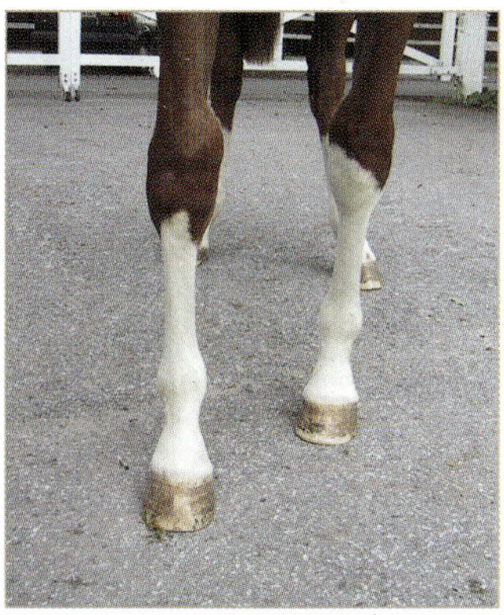

o-beinig im Vorderfußwurzelgelenk

Das Positive an diesen auf den Fotos dargestellten Fehlstellungen ist, dass die Natur den Fohlen eine großartige Möglichkeit der Selbstheilung mitgegeben hat. Mit Unterstützung von Züchter, Tierarzt und Hufschmied kann ein Ergebnis erzielt werden, welches dem Pferd ermöglicht, auf relativ korrekten Beinen in das Leben zu starten.

Doch möchte ich an dieser Stelle deutlich davor warnen, mit solch verstellten Pferden weiter zu züchten, denn die Möglichkeit der genetischen Fixierung dieser Fehlstellungen ist relativ groß.

Die erste Fohlenhufpflege

Wenn ein Fohlen zur Welt kommt, hat es in aller Regel einen perfekt geformten Huf. Diesen gilt es zukünftig zu erhalten und zu pflegen.
Dennoch sollte ein erfahrener Hufschmied einige Tage nach der Geburt des Fohlens einen Blick auf das Fohlen werfen und den Züchter beraten. Gegebenenfalls können schon ein paar kleine, aber entscheidende Korrekturen notwendig sein. Denn angeborene Fehlstellungen sind genau wie bei Menschen am leichtesten zu beheben, wenn man sie sehr früh erkennt und sofort entsprechende Maßnahmen einleitet. Je eher man mit der Korrektur von Stellungsfehlern und Abnormitäten beginnt, umso leichter kommt man zu einem guten Ergebnis.

Aber auch die Haltungs- und Fütterungsbedingungen sind mitentscheidend für die Entwicklung von gesunden und korrekten Gliedmaßen und Hufen. Damit sind sichere Grundlagen geschaffen, dass dieses Fohlen später auch lange gesund und leistungsfähig auf diesen Beinen leben kann.

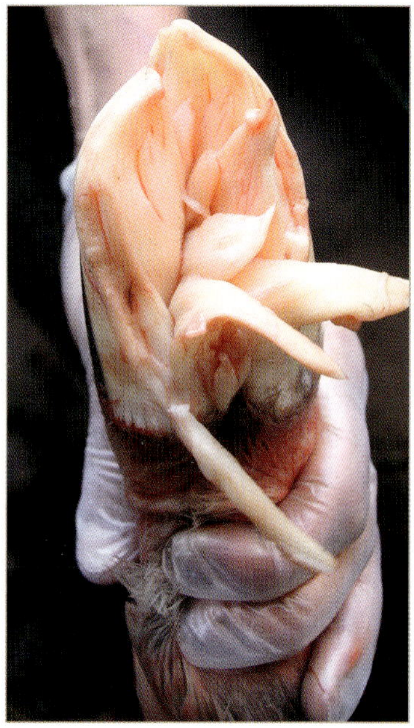

Fohlenhuf direkt nach der Geburt

Die ersten Schritte

Als Erstes sollte man ein Fohlen schon frühzeitig an Berührungen gewöhnen, damit es seine ihm angeborene Scheu vor dem Menschen verliert (siehe Foto). Nach einigen Tagen kann man auch schon anfangen, die Beine anzufassen und vorsichtig aufzuheben. Diese Maßnahmen kommen nicht nur den Menschen zugute, sondern sie bedeuten auch entscheidend weniger Stress bei Fohlen und Stute im Bedarfsfall.

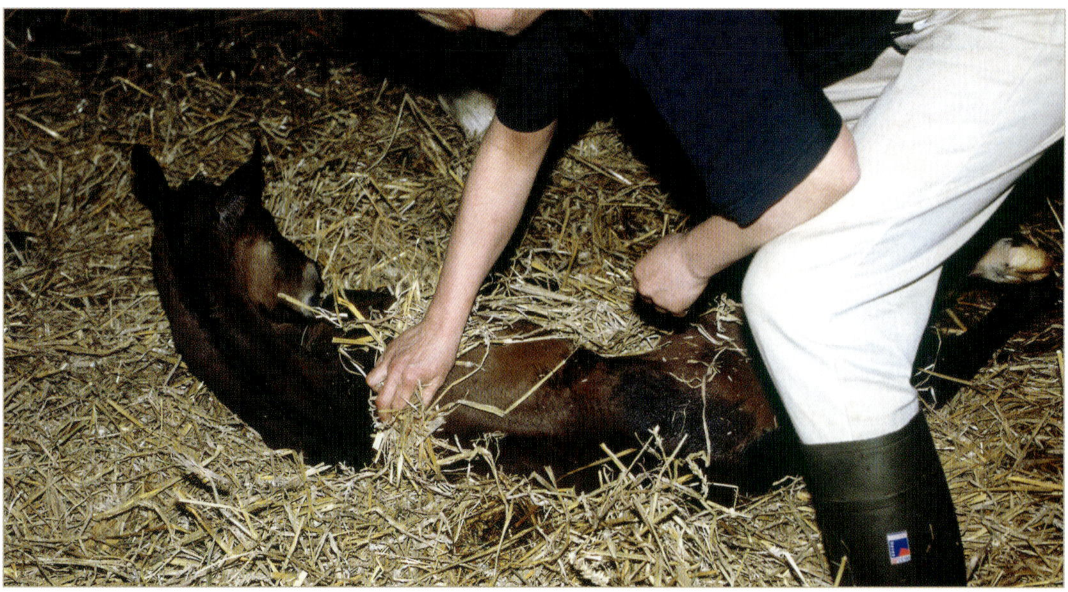

Wenn ich ein Fohlen ausschneide, beginne ich mit der Beurteilung des gesamten Körperbaues und der Gliedmaßenstellung. Das Ganze geschieht auf einem festen und geraden Untergrund, und zwar im Stand, im Schritt und im Trab.
Danach werden Stute und Fohlen wieder in die Box gebracht, denn dort ist die Verletzungsgefahr am geringsten. So ist es mir schon selbst vor einigen Jahren passiert, dass sich ein Fohlen auf der betonierten Stallgasse das Fesselgelenk gebrochen hat. Hätte ich den Besitzer nicht vorher über die Risiken informiert, wäre ein Rechtsstreit die Folge gewesen. Sicherlich ein vermeidbarer Vorfall!

Bei ganz jungen Fohlen lasse ich den Besitzer das Fohlen folgendermaßen festhalten: Man steht z.B. auf der linken Seite und greift mit dem linken Arm unter dem Hals her und mit der rechten Hand hält man die Schweifrübe direkt am Ansatz vorsichtig fest. So kann ich als Schmied auf der rechten Seite gut und gefahrlos allein an dem Fohlen arbeiten. Sehr junge Fohlen werden bei mir grundsätzlich nicht am Halfter angebunden, die Verletzungsgefahr ist hier viel zu groß und außerdem hat die oben beschriebene Methode den Vorteil, dass man sehr schnell reagieren kann, wenn man merkt, dass das Fohlen sich verspannt oder wehrt, um sich zu befreien. Dann kann man die Arbeit kurz unterbrechen und fängt wieder ganz ruhig da an, wo man aufgehört hat.

Ruhige Mutterstuten dürfen bei dem Fohlen in der Box bleiben, weil dies beruhigend auf das Fohlen wirkt. Sehr unruhige und nervöse Stuten bleiben besser mit einer Vertrauensperson außerhalb der Box, um die Personen in der Box und das Fohlen nicht zu gefährden. Dies alles sollte in aller Ruhe und Gelassenheit, jedoch auch konsequent und bestimmt ablaufen, ohne Geschrei und Strafe. Wenn Sie diese Punkte beachten, ist in aller Regel das erste Ausschneiden kein Problem mehr. Nur ein unvorbereitetes Pferd wird den Schmied als eine negative Erfahrung erleben, an die es sich bei jeder weiteren Begegnung mit dem Schmied erinnern wird. Ein Stress, den Sie sich und Ihrem Pferd ersparen können!

Die erste Korrektur bei einem Fohlen in einem Alter von wenigen Wochen ist die wichtigste. Sie sollte so früh wie möglich vorgenommen werden, weil durch Fehlbelastungen Knochen, Gelenke und Sehnen ungleichmäßig belastet werden und fehlerhafte Stellungen selbst verstärkt werden. Ich möchte darauf hinweisen, dass man jedoch nur im absoluten Ausnahmefall an dem weichen Fohlenhuf manipulieren sollte. Denn der Fohlenhuf ist zum Schutz der Stute während der Geburt von der Natur so vorgesehen und läuft sich von selbst ab. Lassen Sie sich von Ihrem Tierarzt oder Hufschmied beraten!

Vorsicht!
Bitte nur so viel Korrektur, dass keine Lahmheit entsteht, und niemals nach dem Motto: „Hufschmied mach mir mal schnell mein Fohlen gerade". Es geht bei der Korrektur nicht darum, das Fohlen immer zu 100 % „gerade" zu stellen, sondern um eine für den Einzelfall ideale Gliedmaßenstellung zu erreichen, und das ist nicht immer eine gerade Linie.

Zu dem ersten Ausschneidetermin haben Sie die vorbereitenden Übungen schon durchgeführt und das Fohlen ist mit Menschen vertraut. Dann ist es beim Ausschneiden kein Problem, die

Das Vertrauen des Fohlens zum Menschen erleichtert Tierarzt und Hufschmied die Arbeit.

zu langen Tragerandabschnitte mit der Raspel oder dem Hufmesser zu kürzen. Der am häufigsten gemachte Fehler ist das Zu-lang-Lassen der Trachtenwände, denn diese halten dann dem Gegendruck nicht stand und rollen sich ein. So wird hier schon der Grundstock für schwache und untergeschobene Trachten gelegt.

Fohlen vertragen bis zu einem Alter von vier bis sechs Monaten einen etwas flacheren Hufwinkel als ältere Pferde. Erst ein paar Monate später, in dem Alter des Absetzens, geht man zu dem normalen Zehenwinkel über. Die Trachten dürfen bei den Fohlen nicht über die Höhe des Strahls hinauswachsen. Die alte Schmiedeweisheit: „Kürze die Zehe und schone die Trachte“, trifft für Fohlen nicht zu. Durch zu hohe Trachten entstehen alle möglichen Hufprobleme (Zwanghuf, eingerollte Trachten, Eckstrebenbrüche, Hufdeformationen, Bockhuf, schwacher Strahl und Strahlfäule usw.).

Der Strahl wird nicht angerührt und in seiner Größe nicht verändert, nur Horntaschen und Fäulnisherde werden vorsichtig entfernt. Nur ein gesunder Strahl ist ein Garant für einen gesunden Huf. Auch die Sohle ist tabu für das Messer.
Die weiten Wandabschnitte werden mit der Raspel gekürzt und ein wenig dünner geraspelt, damit sich diese Bereiche schneller abnutzen.
Die Pflegeintervalle bei den Fohlen sollten relativ kurz sein, zwischen zwei bis fünf Wochen. Dieser Zeitabstand lässt eine relativ große Möglichkeit der Korrektur zu.

HINWEIS:
Beobachten Sie Ihre Fohlen sehr genau und regelmäßig, nur so können Sie eine Fehlstellung bei einer oder mehreren Gliedmaßen schnell erkennen und behandeln lassen. Als Züchter eines vielversprechenden Fohlens haben sie eine große Verantwortung übernommen. Lassen Sie die Hufe nur von erfahrenen Fachleuten bearbeiten. Das ist die beste Gewähr dafür, dass die entsprechenden Maßnahmen ergriffen werden.

Das heranwachsende Pferd

Gängige Hufschuhe zur Gliedmaßenkorrektur beim Fohlen.

Dieses Kapitel ist für die Entwicklung eines gesunden Hufes beim heranwachsenden Pferd besonders wichtig. Die Pflege und Bearbeitung der Hufe bei den Jungpferden sind die Grundlage für physiologisch optimale Gliedmaßenstellungen und Hufformen. Deshalb sollen die Intervalle für die Hufkorrektur bei den jungen Pferden nicht länger als bei erwachsenen Pferden sein (sechs bis acht Wochen). Denn die ständige Beobachtung der Beine und Hufe bei einem jungen Pferd hilft frühzeitig zu erkennen, ob durch eine Hufkorrektur eingegriffen werden muss. Entweder reicht die reine Korrektur durch Ausschneiden oder das Anbringen von Fohlenschuhen. Möglicherweise wird aber/und auch die Korrektur mit Kunstoffen notwendig, die an den Stellen angebracht werden, wo die meiste Abnutzung stattfindet.

Nach dem Absetzen von der Mutterstute werden viele Pferde aus dem eigenen Stall in einen Aufzuchtstall gegeben, wo sich dann andere Personen um die Pferde kümmern müssen. Der verantwortungsvolle Aufzüchter geht dennoch regelmäßig zu den Pferden auf die Weide und schaut sich alle Pferde intensiv an. Nur dann kann man bei auftretenden Hufproblemen oder

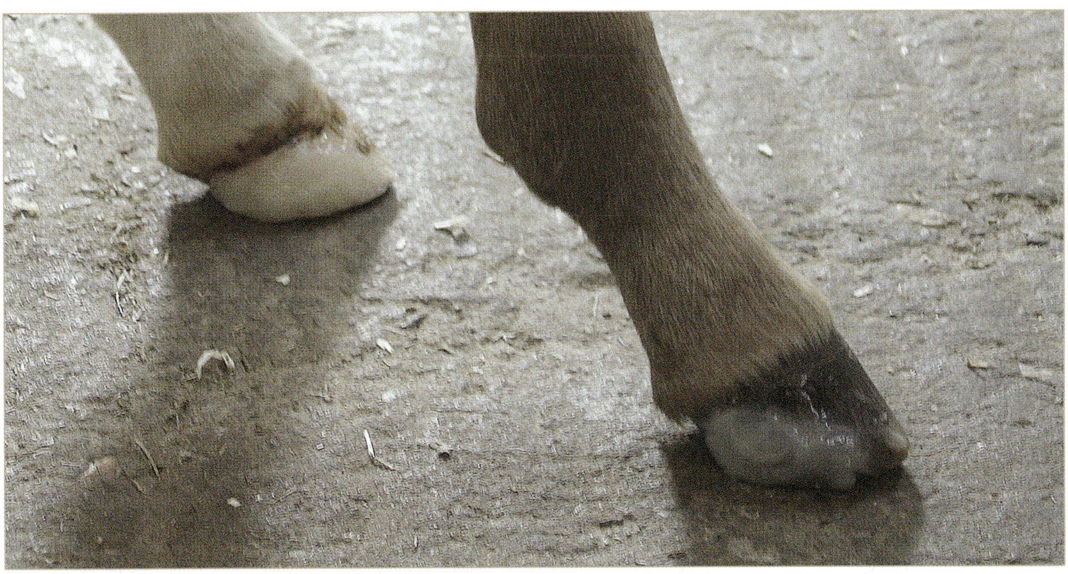

Fohlenhufkorrektur mit Kunststoff

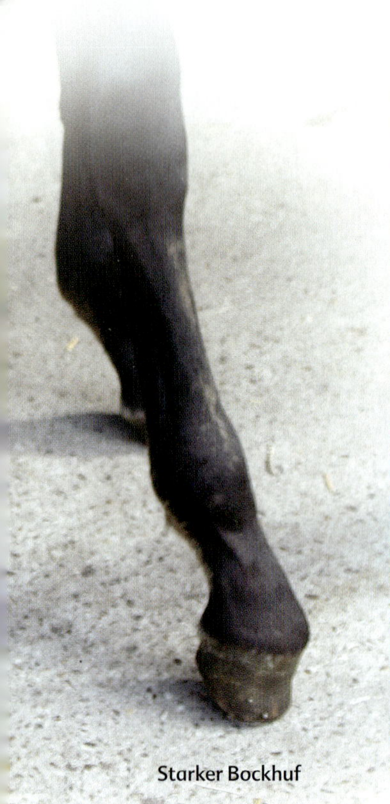

Fehlstellungen schnell reagieren und entsprechende Maßnahmen einleiten. Es reicht keinesfalls aus, die Absetzer und die Ein- oder Zweijährigen lediglich zum Weideaustrieb und zum Aufstallen auszuschneiden.

Fehlstellungen, wie zum Beispiel der Bockhuf (Zehenwinkel deutlich größer als 60°), entstehen häufig innerhalb von wenigen Tagen, und wenn man nicht sofort eingreift, ist die Korrektur sehr schwierig oder sogar unmöglich geworden.

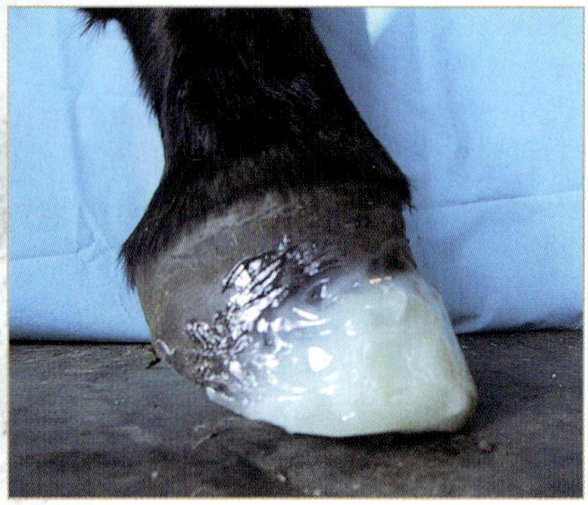

Diese Pferde müssen dann aus der Herde genommen werden und benötigen eine intensive Betreuung. In einem solchen Fall erkennt man sehr schnell, ob man sich einen guten Aufzuchtbetrieb oder einen weniger guten ausgesucht hat.

Starker Bockhuf

Bockhuf mit Kunststoff bearbeitet

Hier werden die Weichen für die weitere Karriere eines Pferdes gestellt, z.B. ob der junge Hengst körfähig oder die Stute prämiert wird. Denn ein sehr wichtiges Kriterium bei der Auswahl von späteren Zuchttieren ist die Korrektheit des Fundaments. Wenn hier Versäumnisse in der Aufzucht begangen werden, sind sie später meistens nicht zu kompensieren. Und auch die reiterliche Einsatzfähigkeit nimmt mit einer relativ hohen Wahrscheinlichkeit ab, je stärker die Fehlstellung ausgeprägt ist.

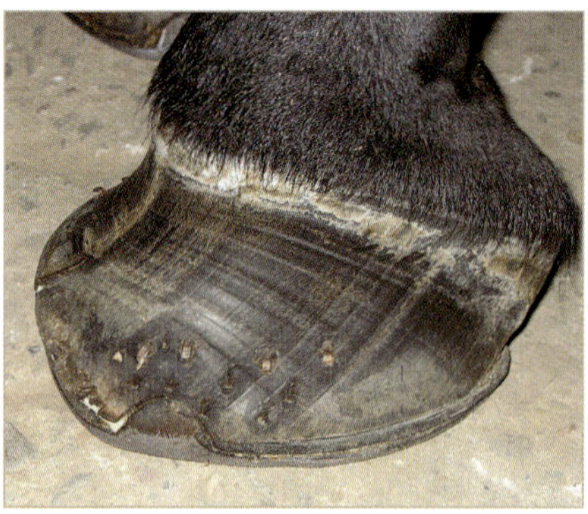

Vernachlässigter Bockhuf mit Hufrehe

Einflussnehmende Aufzuchtbedingungen

Es gibt eine Fülle von Faktoren, die den Huf des jungen Pferdes und die Gliedmaße beeinflussen. Die wichtigsten werden im Folgenden vorgestellt.

An erster Stelle steht die Möglichkeit, sich kontinuierlich zu bewegen. Und das zu jeder Jahreszeit auf unterschiedlichen Bodenverhältnissen. Diese Bewegung macht die Pferdebeine und Hufe hart und widerstandsfähig. Die komplette Winteraufstallung in Boxenlaufställen mit gelegentlichem Auslauf sollte endgültig der Vergangenheit angehören. Diese Methode macht nicht nur die Hufe weich, sondern das ganze Pferd. An der veterinärmedizinischen Fakultät in Zürich hat man schon vor Jahren festgestellt, dass ein Kot-Urin-Gemisch die Hufe negativ beeinflusst. Ein Versuch hat zu folgendem Ergebnis geführt: Wenn man Horn in eine solche Lösung gibt, hat die Festigkeit innerhalb von nur „zwei Wochen" schon um 23 % abgenommen. Wie sollen diese jungen Pferde, die im Laufstall auf einem Misthaufen leben, jemals gesunde Hufe bekommen?

Vorbildlicher Laufstall

Tierarzt Dr. G. Heuschmann, Warendorf, hat es mal auf den Punkt gebracht: „Man kann die jungen Pferde besser auf einem Aldi-Parkplatz aufwachsen lassen als in einem matschigen tiefen Auslauf voller Mist."
Recht hat er!

Wechselnde Bodenverhältnisse stärken den Huf.

Die jungen Pferde brauchen ständige Bewegung, damit sich der gesamte Bewegungsapparat entwickeln kann. Gliedmaßenverstellungen verwachsen sich besser, weil das ganze Skelett sich viel stärker entwickelt. Sehnen und Bänder werden belastbarer und die Hufe werden stabiler und härter. Und auch das Verletzungsrisiko wird deutlich minimiert.

Die so aufgezogenen Pferde bilden ein trockenes Fundament ohne Gallen und Überbeine aus. Darüber hinaus sollte die Mast der Jungpferde unbedingt vermieden werden. Ein gutes Grundfutter mit einer ausgewogenen Mineralstoffmischung und permanenter Zugang zu erstklassigem Heu sind sowohl nach uralten als auch nach modernsten wissenschaftlichen Untersuchungen immer noch die beste Fütterung. Meiner Meinung nach sind Pferde nicht für die Verfütterung von Silage und hochproteinhaltigen Industriefuttermitteln geeignet. Die Untersuchungen von Jungpferden im Hinblick auf OCD (Gelenkchips) und frühzeitigen degenerativen Prozessen an den Gelenken sprechen eine deutliche Sprache. Durch eine angepasste Ernährung gibt es meiner Meinung nach ein gleichmäßigeres Wachstumsverhältnis zwischen Sehnen, Bändern und Knochen. Was dazu führt, dass z.B. die Rate der Bockhufbildung deutlich abnimmt.

Wie bereits oben erwähnt, benötigen gerade die jungen Pferde Hufkorrekturen in relativ kurzen Intervallen. Und damit meine ich Intervalle zwischen zwei und sechs Wochen und nicht Monate, wie ich es früher oft erleben musste. Denn die Korrektur in kleinen Schritten ist sehr viel effizienter und schonender als alle kunstvollen Korrekturbeschläge, die massiv in die Statik eines Pferdes eingreifen. Diese sollten den wirklich schwerwiegenden Fällen vorbehalten sein.

Nebenbei werden die Jungpferde so auch viel häufiger angefasst und trainiert, was den Umgang mit dem Menschen deutlich erleichtert. Einige der großen deutschen Gestüte gehen hier mit sehr gutem Beispiel voran, indem sie eigene Gestütschmiede und Tierärzte beschäftigen, die nichts anderes machen, als sich um den Nachwuchs zu kümmern, aber auch früh genug zu selektieren. Ich vertrete die Ansicht, dass nicht mehr genügend Selektion stattfindet. Die Zucht liegt vermehrt in Händen von Leuten, die Zucht nicht als das betrachten, was sie eigentlich sein sollte. Nämlich nur die besten Elterntiere zur weiteren Zucht einzusetzen und diejenigen, die schon sehr jung aufgrund von degenerativen Prozessen und Lahmheiten aus dem Sport ausgeschieden sind, nicht zur Zucht zu nutzen. Alles andere ist meiner Meinung nach eine emotional gesteuerte Vermehrung von Pferden, die man aber nicht unbedingt unter dem Namen „Zucht“ verbuchen sollte.

Eine gute Basis für die spätere Nutzung als Reitpferd sieht dann so aus, wie es uns die guten und verantwortungsvollen Züchter vormachen:

Zeit zum Reifen geben, wie bei einem guten Wein!

Management von Fehlstellungen des erwachsenen Pferdes

Die häufigsten Fehlstellungen des erwachsenen Pferdes sind diejenigen, welche im Fohlenalter nicht (oder nicht vollständig) korrigiert worden sind bzw. welche nicht (vollständig) korrigierbar waren. Daneben können Fehlstellungen beim erwachsenen Pferd z.B. durch Knochen- (z.B. Frakturen, Fissuren, Entzündungen und Degenerationen), Gelenks- (z.B. Kapsel- und Bänderrisse, deformierende Arthrosen) und Sehnenerkrankungen (z.B. Zerreißungen, chronische Entzündungen, Sehnenkontraktur und -erschlaffung) auftreten. Diese kommen, ähnlich wie beim Fohlen, ebenfalls als Beuge- und Streckfehlstellungen sowie als winkelige Gliedmaßenfehlstellungen vor.

Beugefehlstellungen
- **Bockhuf** (Hufgelenk)
- **rückbiegig** (Vorderfußwurzelgelenk)

Streckfehlstellungen
- **bärenfüßig** (Fesselgelenk – gleichzeitig Beugefehlstellung im Hufgelenk)
- **vorbiegig** (Vorderfußwurzelgelenk)

winkelige Fehlstellungen
- **zehenweit** (x-beinig im Fesselgelenk)
- **zeheneng** (o-beinig im Fesselgelenk)
- **carpus valgus** (x-Beinigkeit im Vorderfußwurzelgelenk)
- **carpus varus** (o-Beinigkeit im Vorderfußwurzelgelenk)
- **kuhhessig** (tarsus valgus = x-beiniges Sprunggelenk)
- **fassbeinig** (tarsus varus = o-beiniges Sprunggelenk)

Beispiele für häufige Gliedmaßenfehlstellungen des Pferdes

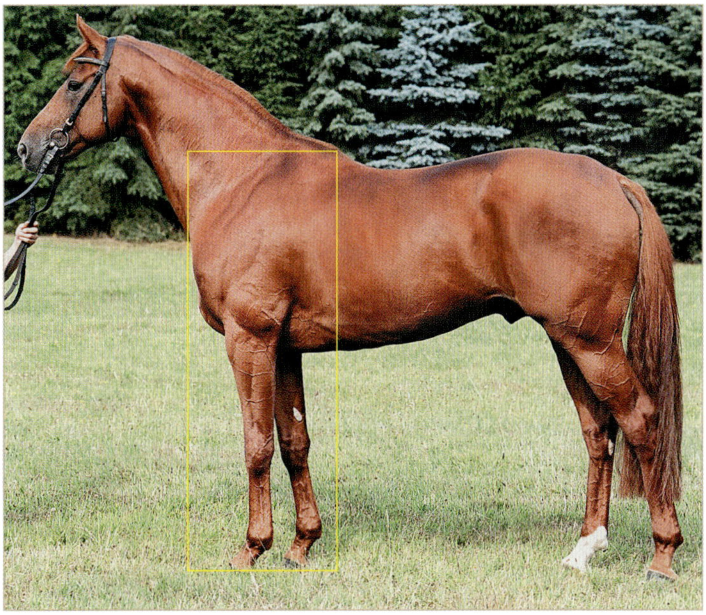

Regelmäßige Stellung der Vorhand

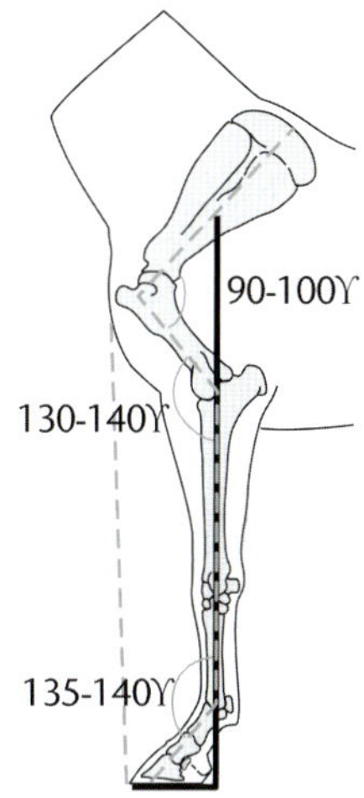

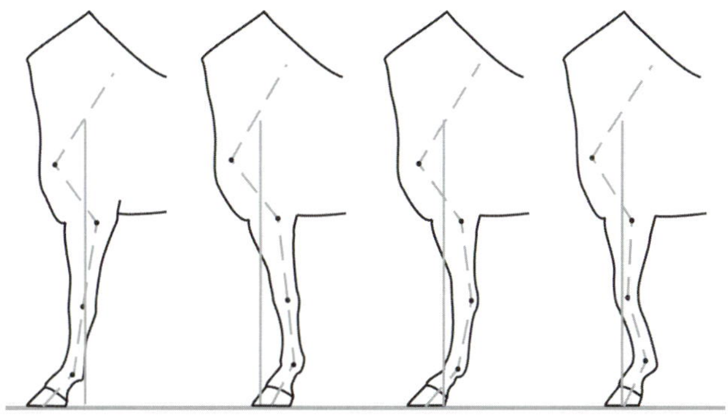

vorständig unterständig rückbiegig vorbiegig

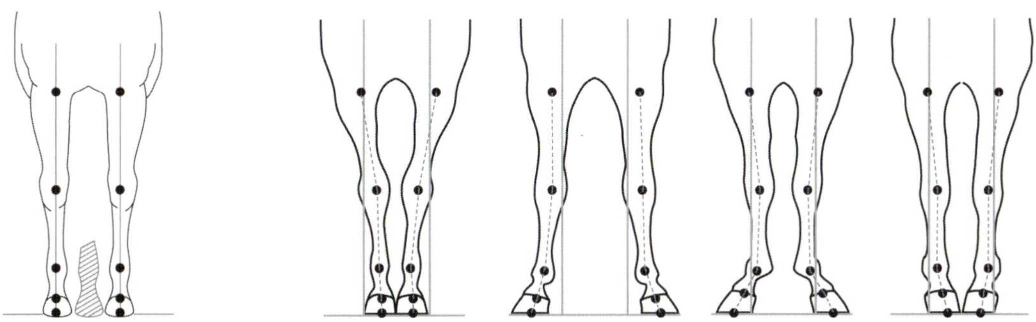

regelmäßig bodeneng bodenweit zehenweit zeheneng

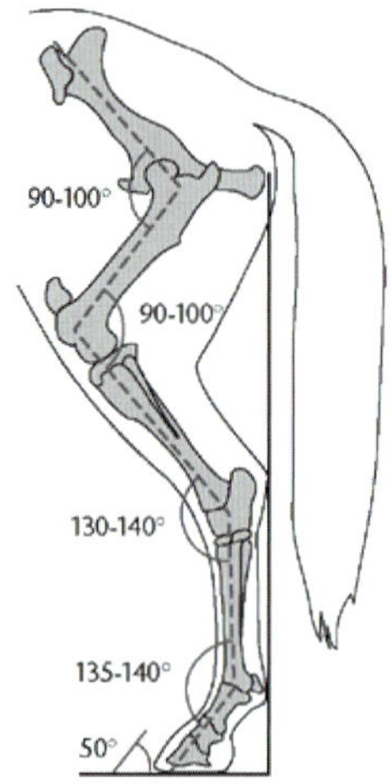

Regelmäßige Stellung der Hinterhand

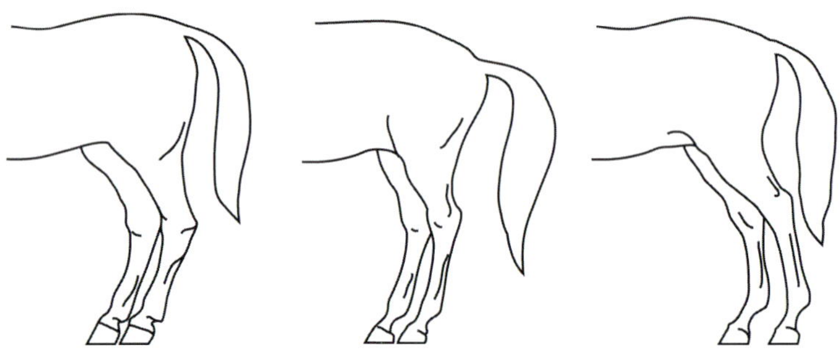

säbelbeinig unterständig rückständig

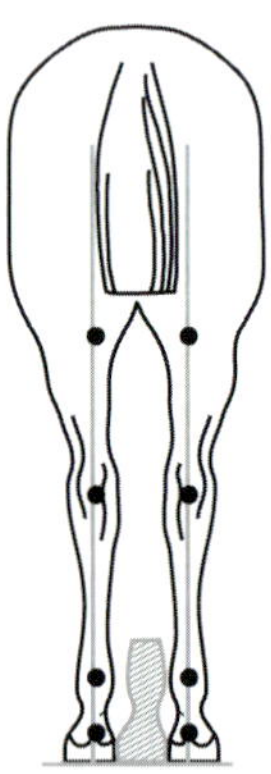

regelmäßig

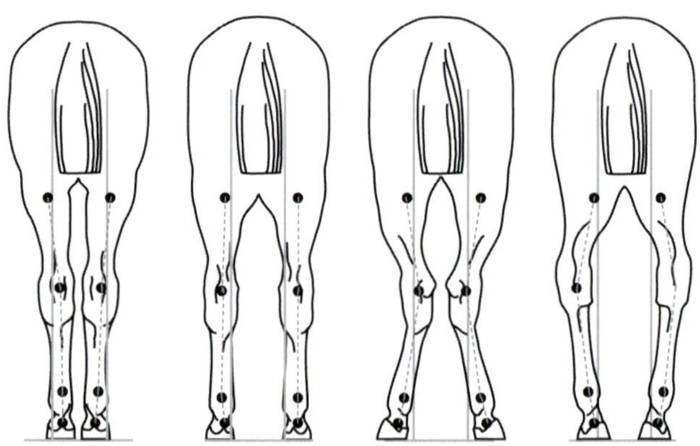

eng weit kuhhessig fassbeinig

Gliedmaßenfehlstellungen können ungleichmäßige Beanspruchungen von Knochen, Sehnen, Bändern und Gelenken zur Folge haben und so zu Lahmheiten führen. Da im Gegensatz zum jungen Fohlen beim erwachsenen Pferd kein nennenswertes Knochenwachstum mehr stattfindet, sollte auf Unternehmungen zur Gliedmaßenkorrektur verzichtet werden, sofern diese nicht auf eine(n) fehlerhafte(n) Hufzubereitung und -beschlag zurückzuführen sind. Vielmehr sollte der Beschlag des erwachsenen Pferdes die klassischen Beschlagsgrundsätze beachten.

Das Hauptaugenmerk sollte darauf gerichtet sein, dass

- **der Huf durch korrekte Zubereitung möglichst zum Fesselstand passt,**
- **das Pferd möglichst plan auffußt und**
- **die Zehenrichtung dort angelegt wird, wo der Huf unbeschlagen abrollt und so die Hufbalance erhalten oder wiederhergestellt wird.**
  (Einschränkend muss hier angemerkt werden, dass in Einzelfällen, insbesondere bei hochgradigen Fehlstellungen, Kompromisse nötig sind.)

Durch huforthopädische Maßnahmen kann in vielen Fällen die Situation zumindest konserviert werden. Oft können Spezialbeschläge (siehe Kapitel 6) die Gliedmaße entlasten und so Lahmheiten vorbeugen.

Mit freundlicher Genehmigung von Dr. Carsten Weitkamp, Tierklinik Telgte

Kapitel 3

Die Hufpflege

Der Huf und seine Pflege

Der Huf und sein äußeres Baumaterial, das Hufhorn, das sich in das innere Blättchenhorn, das äußere Röhrchenhorn und das untere Sohlenhorn einteilen lässt, wurde von der Natur so ausgestattet, dass der Huf keiner Pflege bedarf. Unterschiedliche Abnutzung und Bodenverhältnisse sowie Einwirkung von Feuchtigkeit wurden durch Selbstregulation ausgeglichen. Erst die Nutzung als Transport-, Kutsch- und Reitpferd durch den Menschen machte den Schutz der Hufe gegen zu starke Abnutzung, z.B. bei Überwindung größerer Entfernungen, notwendig. Aber auch bei fehlender Abnutzung musste korrigierend eingegriffen werden, um die Regelmäßigkeit des Hufes zu erhalten.

Sowohl der Beschlag mit Eisen oder Kunststoff als auch das Ausschneiden des Barhufgängers werden in der Regel von einem Fachmann ausgeführt. Wegen des Hornwachstums von ca. 6 bis 8 mm im Monat sollte das Zeitintervall bis zum Umlegen der alten Eisen oder, wenn sie abgelaufen sind, zum Anbringen von neuen Eisen nicht länger als sechs bis acht Wochen sein. Bei längeren Intervallen wird die elastische Hornkapsel erheblich geschädigt, weil das Eisen nicht mitwächst, sondern einwächst. Zu lange Beschlagintervalle und daraus resultierendes stärkeres Ausschneiden führen außerdem zu einer erheblichen Veränderung der Statik der Zehe, was zu einer unnötigen bzw. gefährlichen Belastung von Gelenken, Bändern und Sehnen führt.

Der unbeschlagene Huf, der bei Pferden auf der Weide und bei Nutzung auf weichem Boden wie Halle oder Reitplatz zu bevorzugen ist, muss ebenfalls gepflegt werden. Dies beginnt damit, dass mindestens einmal täglich Sohle und Strahl von eingekeiltem Boden und Mist befreit werden. Dieses Auskratzen sollte im Bereich der inneren und äußeren Strahlfurchen mit einem nicht zu spitzen Hufkratzer geschehen, um das Horn nicht zu verletzen. Dabei müssen alle Fremdkörper wie Steinchen, Holzteilchen oder Ähnliches sorgfältig entfernt werden. Diese Pflegemaßnahmen sind deshalb unerlässlich, da besonders bei Boxenhaltung und hier vor allem bei Tiefstreu- bzw. Matratzenstreu die Fäulnisbildung unausweichlich ist. Schmutz und Feuchtigkeit, ganz besonders aber das Kot-Urin-Gemisch der Boxeneinstreu führen zu einer Zersetzung des Hufhornes (s.o.). Die in der Einstreu vorhandenen Fäulnisbakterien dringen dann in die eigentlich dichte Hornkapsel ein. Folgen sind zunächst mangelhafte Qualität des nachwachsenden Hufhornes, bröckeliges Hufhorn, Strahlfäule und Hufabszesse. Deshalb ist Grundlage jeder Behandlung eine Änderung der Einstreu. Diese muss trocken sein und täglich gemistet werden. Ob sie aus Stroh oder Spänen besteht, ist sekundär.

Das Waschen der Hufe hat zweierlei Aufgaben. Erstens dient es der gründlichen Reinigung der Hufe, sofern dies notwendig ist, und zweitens dient es der Feuchtigkeitsaufnahme. Auch hier gilt: soweit dies notwendig ist. In feuchtem Sand und auf der feuchten Wiese nehmen die Hufe genügend Feuchtigkeit auf. Stehen die Pferde allerdings fast ausschließlich im trockenen Stall, besonders bei gut gemisteter Späne-Einstreu, werden die Hufe trocken, das Horn wird spröde und hart, die Hufe verlieren an Elastizität.

Der Einsatz von Fetten, Ölen oder neuerdings Lacken kann die fehlende Glasurschicht allerdings nur sehr eingeschränkt ersetzen. Zwar verhindern diese Stoffe das Verdunsten der

Feuchtigkeit aus der Hufwand, sie verhindern aber auch jegliches Eindringen von Feuchtigkeit.

Nicht erkannte Stellungsfehler und fortschreitende Fäulnisprozesse führen in jedem Lebensabschnitt des Pferdes oft zu dauerhaften Schäden an Zehe und Huf. Deshalb ist gerade bei einem heranwachsenden Pferd die Hufpflege wichtig für seine zukünftige Gesundheit als erwachsenes und später älteres Pferd.

Hufpflege ist der Einsatz, den der Mensch als Nutzer des Pferdes zur Gesunderhaltung aufbringen muss, weil er durch die Domestizierung und Haltung die natürlichen Bedingungen extrem verändert hat. Daher der Spruch:

Ohne Huf kein Pferd!

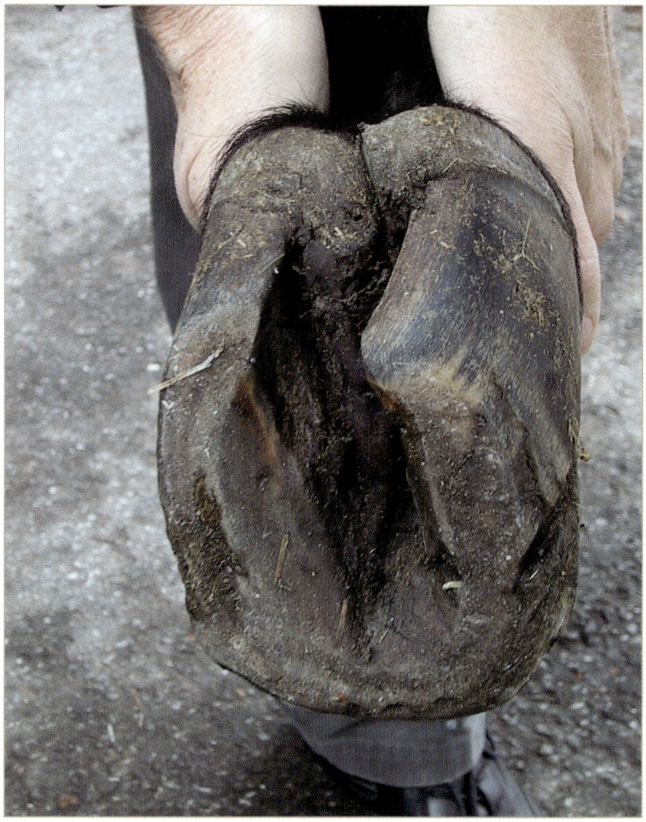

Stark vernachlässigter Huf

MIT FREUNDLICHER GENEHMIGUNG VON DR. E. SCHÜLE, DORTMUND

Reinigung und Versorgung der Hufe des barhufigen Pferdes

Der Huf ist am leichtesten zu pflegen, wenn das Umfeld, in dem sich das Pferd befindet, so natürlich wie möglich ist. Das heißt, wenn das Pferd sich permanent auf der Weide bewegt oder in einer geeigneten Offenstallhaltung lebt. Dann ist der Huf nur regelmäßig zu reinigen und dabei auf eingetretene Fremdkörper wie Steine u.Ä. zu kontrollieren.

Es gibt nichts Besseres als die natürlichen Umgebungsbedingungen. Hier stimmt in aller Regel der Feuchtigkeitsgehalt innerhalb der Hornkapsel, weil durch das Laufen auf dem natürlichen Boden ein ständiger Wechsel von trockenen und feuchten Perioden gegeben ist und dadurch der Huf mit Wasser gut versorgt wird.

Unsere domestizierten Pferde haben die beste Hufbeschaffenheit zu der Zeit, wo sie heranwachsen und der Mensch so wenig wie möglich eingreift. Nur eine Hufkorrektur durch den

Hufschmied sollte in regelmäßigen Abständen erfolgen. Der Hufschmied wird dem Pferdehalter bei diesen Terminen Tipps zur individuellen Pflege geben.

Bei einem gesunden Huf sollte man auf Fett und Öl verzichten können. Es sei denn durch Bewegung auf scharfen Böden wird die Glasurschicht zerstört, hier muss der Huf dann gegen Austrocknung geschützt werden. Ein feuchtigkeitsregulierender Hufbalsam ist in diesem Fall empfehlenswert. Der Balsam verhindert, dass Feuchtigkeit austritt, führt aber gleichzeitig welche hinzu. Je natürlicher und hygienischer ein Pferd gehalten wird, umso besser ist in aller Regel das Hufhorn.

Ausbrüche am Tragerand kann man als Pferdebesitzer mit einer Hufraspel und einiger Übung selbst begradigen. Aber bitte nur begradigen, als Laie kann man schnell an der falschen Stelle zu viel machen und dadurch eine Fehlbelastung provozieren. Oder man raspelt insgesamt zu viel ab und das Pferd bekommt eine Huflederhautentzündung. Nur der erfahrene Pferdehalter kann im Ausnahmefall die Arbeit des Hufschmiedes unterstützen, indem er von Zeit zu Zeit Korrekturen bei seinem Pferd vornimmt, die im Vorfeld mit dem Hufschmied abgestimmt wurden.

Reinigung und Pflege der Hufe des beschlagenen Pferdes

Dieser Abschnitt ist besonders für Pferde wichtig, die mit einem permanenten Hufschutz versehen sind. Hier bedarf es einer besonderen Pflege, da sich zwischen Huf und Schutzmaterial sehr gerne Schmutz festsetzt, der nur durch maximale Sauberkeit minimiert werden kann. Eine 100-prozentige Lösung gibt es leider nicht, aber gerade deshalb müssen Sie diese Hufe besonders gut pflegen.

Wenn das Pferd aus der Box genommen wird, müssen die Hufe von dem Stallmist befreit werden. Ganz gleich ob das Pferd nur auf der Weide, im Auslauf ist oder aber geritten und gefahren wird.

Der Mist muss raus!

Diese Pflegemaßnahmen sind deshalb unerlässlich, weil besonders bei Boxenhaltung, und hier extrem bei Tief- bzw. Matratzenstreu, die Fäulnisbildung unvermeidbar ist. Schmutz und Feuchtigkeit, ganz besonders aber das Kot-Urin-Gemisch der Boxeneinstreu führen zu einer Zersetzung des Hufhorns. Die in der Einstreu vorhandenen Fäulnisbakterien dringen dann in die eigentlich dichte Hornkapsel ein. Folgen sind zunächst mangelhafte Qualität des nachwachsenden Hufhornes, bröckeliges Hufhorn, Strahlfäule und Hufabszesse.

Die Pflege der Hufe nach dem Reiten

Bevor das Pferd wieder in den Stall gebracht wird, sollen die Hufe intensiv gereinigt und gepflegt werden. Das Auskratzen sollte mit einem nicht zu spitzen Hufkratzer geschehen, um in die inneren und äußeren Strahlfurchen nicht zu tief einzudringen und das Horn nicht zu verletzen. Dabei müssen alle Fremdkörper sorgfältig entfernt werden.

Reithallenboden im Huf

Und mit einer festen Wurzelbürste wird der letzte Dreck von der Hufunterseite und der äußeren Hornwand entfernt (Foto a+b).

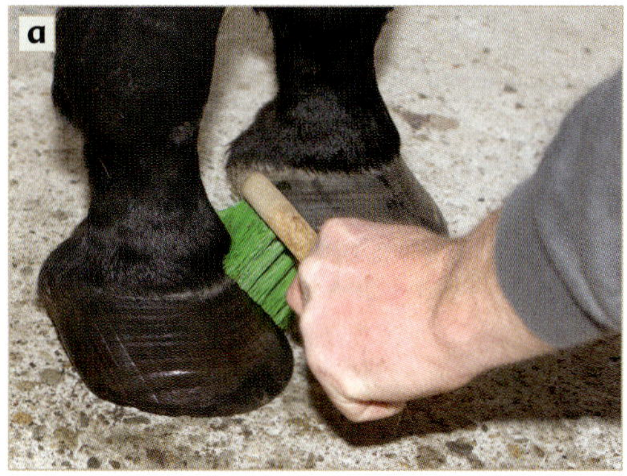

a

b

c

Waschen der Hufe

Wenn es notwendig ist, können die Hufe auch mit Wasser gewaschen werden. Aber das soll nicht, wie so oft beobachtet, mit einem Wasserschlauch geschehen. Denn damit wird nur der oberflächliche Schmutz entfernt. Der gefährliche Dreck, der in den Strahlfurchen und im Bereich der weißen Linie sitzt, bleibt erhalten und das Milieu begünstigt die Entstehung von Fäulnisbakterien.

Um eine wirklich gründliche Reinigung vornehmen zu können, benutzt man am besten einen Eimer mit heißem Wasser, dem man handelsübliche Schmierseife zufügt. Diese hat den Vorteil, dass sie dem Huf kein Fett entzieht. Nun hebt man den Fuß auf, stellt den Wassereimer genau unter den Huf und beginnt, mit einer wirklich festen Wurzelbürste die Hufunterseite und besonders die Strahlfurchen gründlich zu reinigen (Foto c). Auch die Ballen werden fest abgeschrubbt. Dadurch werden alle fest sitzenden Dreckpartikel entfernt und der hintere Teil des Kronrandes wird zusätzlich noch massiert.

Um ein Austrocknen der Hufe nach dem Waschen zu verhindern, wird der gerade noch feuchte Huf sehr dünn mit einem guten Hufbalsam eingepinselt. In Abhängigkeit von der Boxenhygiene kann auch die Hufunterseite dünn eingefettet werden, um dem Eindringen von Urin entgegenzuwirken. Aber bitte nicht zu viel fetten, sonst wird der Huf zu spröde.

Wenn Sie sich diese Arbeit machen, werden Sie sehen, wie die Hufe Ihres Pferdes schon in kurzer Zeit besser aussehen und stabiler werden. Und nicht selten hat man dann einen Standard erreicht, bei dem man zumindest zeit- oder teilweise auf einen Hufschutz verzichten kann.

Fazit

Mit guter Pflege kann man dem Pferd den Beschlag und sich selber Geld ersparen!

Besondere Pflegemaßnahmen

Der ideale Huf ist aufgrund unserer verschiedenartigen Haltungsbedingungen nur relativ selten zu finden. So hat man in der eigentlich lobenswerten extensiven Offenstallhaltung jahreszeitlich bedingt häufig das Problem der zu feuchten Hufe in den niederschlagsreichen Monaten oder aber die zu trockenen Hufe in den niederschlagsfreien Monaten. Aber auch bei der Boxenhaltung sind beide Erscheinungsformen möglich. In jedem Fall muss der Pferdebesitzer intensiv gegen jede Störung des Feuchtigkeitsgehaltes vorgehen. Dem jeweiligen Zustand entsprechend muss die Pflege angepasst werden.

Die Pflege der zu feuchten Hufe

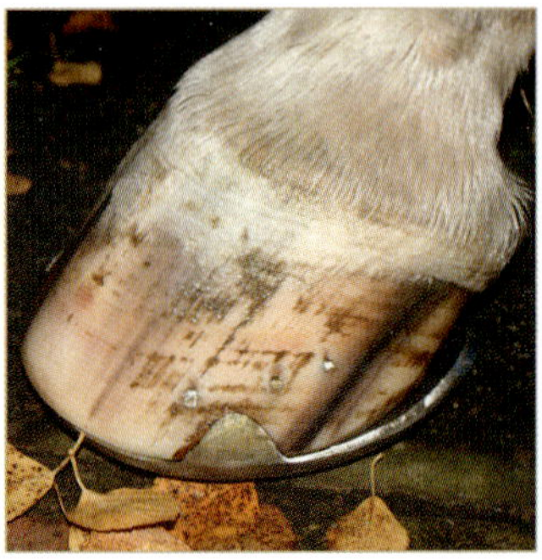

Feuchter Huf

Ein zu feuchter Huf ist einerseits zwar sehr elastisch und bietet der Hornkapsel Feuchtigkeit, aber andererseits nimmt die Abriebfestigkeit mit steigendem Feuchtigkeitsgehalt deutlich ab. Deshalb muss man darauf achten, dass die zu feuchten Hufe nicht zu nass werden, wenn man das Pferd unbeschlagen und ohne Hufschutz bewegen möchte.

Zunächst ist der Bereich in der Box mit gutem, trockenem Stroh dick einzustreuen. Bitte mit dem Stroh nicht sparsam sein, denn wenn das Pferd nach mehrmaligem Urinieren im eigenen Urin steht, ist das sehr ungünstig. Bei alternativen Einstreumaterialien wie Holzspänen, Leinstroh etc. muss bei absoluter Sauberkeit genügend Grundmaterial vorhanden sein, denn durch die hohe Speicherkapazität des Materials ist schnell eine relativ hohe Keimzahl erreicht.

Eine sehr gute Maßnahme ist erst einmal, einen vorhandenen Auslauf an einer Stelle anzulegen, an der das Oberflächenwasser nach allen Seiten abfließen kann. Wenn das nicht möglich ist, sollte man eine Drainage einbauen und einen sehr guten Unterbau schaffen, der das Wasser abtransportieren kann. Denn wenn die Pferde den ganzen Tag im Schlamm stehen müssen (siehe Foto), der noch zusätzlich mit Kot verunreinigt wird, haben wir bald einen Bakteriengehalt, der die Hufe unweigerlich zerstört.

Über den Aufbau von Ausläufen und Reitplätzen finden Sie zahlreiche Hinweise in den Büchern **„Orientierungshilfen Reitanlagen und Stallbau“** (Hrsg. von der Deutschen Reiterlichen Vereinigung e.V., 10. Auflage 2001) und **„Siege werden im Stall errungen“** von Monika Krämer (1. Auflage 2005). Beide Bücher sind im FN*verlag* erschienen.

Um den gesunden Huf von unten gegen eindringende Feuchtigkeit zu schützen, ist es ratsam, die Sohle und den Strahl von Zeit zu Zeit (einmal pro Woche) mit Pinien- oder Eukalyptus-Hufteer, der mit Alkohol vermischt wird, dünn einzustreichen. Aber bitte nur den gesunden Huf, denn Fäulnisherde würden durch den Teer nur luftdicht versiegelt und man schafft noch bessere Lebensbedingungen für Bakterien.

Die Hornkapsel ist von außen mit einem guten Huföl einzupinseln, das man auf den zunächst abgetrockneten Huf aufträgt. Das Öl verhindert für eine gewisse Zeit das weitere Eindringen von Feuchtigkeit. Es empfiehlt sich, die Hufe vor dem Abwaschen der Pferde einzufetten, damit nicht noch zusätzlich Wasser eindringen kann.

Die Pflege der zu trockenen Hufe

Der trockene Huf ist eigentlich als viel problematischer anzusehen, weil viele Folgeerscheinungen auftreten können, wie Hornspalten, Prellungen der Lederhaut und vieles andere mehr. Durch die fehlende Feuchtigkeit verliert der Huf an Elastizität und dadurch kann er einen Teil seiner physiologischen Aufgaben nicht vollständig erfüllen (Hufmechanismus, Stoßdämpfung usw.). Zu spröde Hufe brechen auch schneller aus.

Trockener Huf

Wir finden den zu trockenen Huf in erster Linie im sogenannten Sportbereich bei den Turnierpferden, die täglich intensiv „gepflegt“ werden, jedoch nicht immer dem Bedarf entsprechend. Der Fehler, der am häufigsten gemacht wird, ist, dass viel zu viel mit Huffett und Huföl gearbeitet wird. Dadurch wird die Hufkapsel von außen versiegelt und ist nicht mehr in der Lage, Feuchtigkeit aufzunehmen.

Sehr häufig findet man Hufe, die eine dicke Schicht von Fett und Schmutz tragen. Diese „Schmutzschicht“ muss mit warmem Wasser und Schmierseife am besten unter Zuhilfenahme einer Wurzelbürste gründlich entfernt werden.

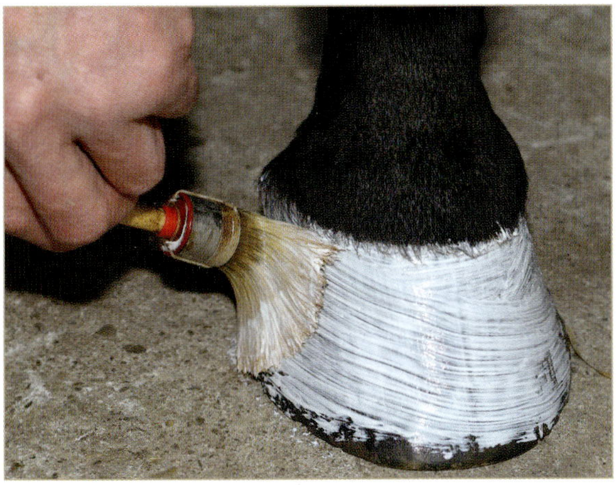

Im Anschluss daran wird der gereinigte Huf mit einem feuchtigkeitsregulierenden Hufbalsam eingepinselt (siehe Foto links).

Schmutzschicht

Generell darf der trockene Huf nur nach dem Abwaschen gefettet werden, niemals vorher und auch nicht nur zu kosmetischen Zwecken.

Die Bewegung sollte, sobald die Witterung es zulässt, auf natürlichem Boden oder auf dem Außenplatz stattfinden, da hier mehr Feuchtigkeit als beim Reithallenboden vorhanden ist. Es ist vorteilhaft, diese Pferde auf die Weide zu stellen, wenn der Boden vom Regen oder dem Tau der Nacht noch feucht ist. Wenn die Pferde in den Stall geholt werden, wird der Huf mit Hufräumer und Wurzelbürste gereinigt und dann rundherum dünn mit dem Hufbalsam einpinselt. Dadurch erreicht man, dass die Feuchtigkeit im Huf bleibt.

Hufreinigung nach Weidegang

Gesunder Hinterhuf

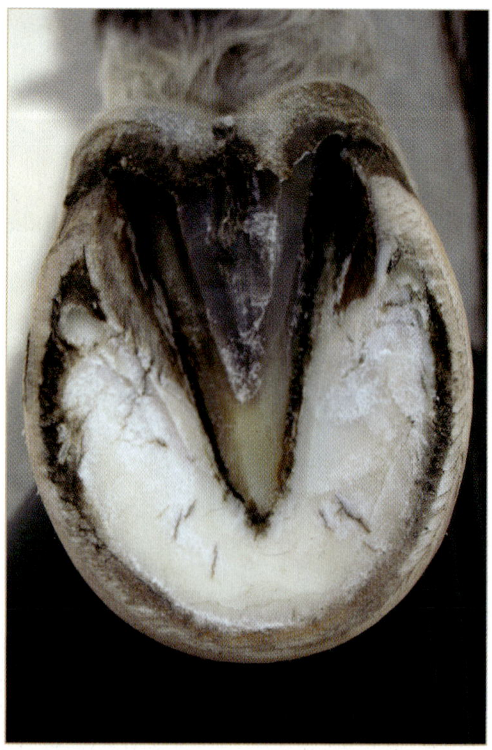

Fazit

Wie Sie merken, ist es gar nicht so einfach, einen idealen Zustand zu erreichen. Aber es gibt einen sehr einfachen Anhaltspunkt über den Feuchtigkeitsgehalt des Hufes. Das ist der Bereich des Saumbandes.

Wenn der Huf zu feucht ist, ist das Saumband hellgrau bis weißlich und es lässt sich mit den Fingern oberflächlich abreiben.

Wenn der Huf zu trocken ist, ist das Saumband hart, borkig und rissig, teilweise bricht es sogar.

Der ideale Zustand ist dann erreicht, wenn es einen nahtlosen Übergang zum Wandhorn bildet und dabei zäh elastisch ist. Dann hat der Huf seine optimale Konsistenz und kann allen Anforderungen gerecht werden.

Haltungsbedingungen

Die Haltungsbedingungen sind die entscheidenden Faktoren für den Zustand eines Hufes. Die vielfach geäußerten Wünsche nach einer möglichst naturnahen Haltung sind leider nicht für alle Pferdebesitzer und auch nicht für alle Nutzungsarten im Pferdebereich realisierbar.
Am einfachsten wird die natürliche Pferdehaltung für ein Pferd der Robustrassen mit einer Nutzung als Freizeitpferd umzusetzen sein. Viele Faktoren sind schon von vornherein gegeben. So haben diese Pferde meistens schon „von Haus aus“ sehr gute Hornqualitäten.

Im Folgenden möchte ich Ihnen die verschiedenen Haltungsformen mit den möglichen Vor- und Nachteilen näherbringen.

Weidehaltung

Die reine Weidehaltung ist für den Pferdehuf die günstigste Haltungsbedingung. Allein schon durch die ständige Bewegung des Pferdes kann sich ein gesunder Huf erhalten oder entwickeln. Durch den ständigen Wechsel von Feucht- und Trockenperioden ist der Huf allen Reizen ausgesetzt. Aber leider steht das nicht immer im Einklang mit der Nutzung als Reit- oder Fahrpferd. Wie man weiß, nimmt die Festigkeit des Hufhorns bei Feuchtigkeit ab oder der trockene Huf wird spröde und schließlich rissig. Bei einem Wildpferd oder einem Pferd, das sportlich nicht genutzt wird, spielt das nur eine untergeordnete Rolle.
Im Gegensatz dazu kann dies bei einem Reit- oder Fahrpferd schon mal zu Problemen führen. Weidehaltung in Verbindung mit genageltem Hufbeschlag ist häufig ein Problem, das durch die Veränderung des Hufes durch Trockenheit und Feuchtigkeit begründet ist.

Durch die Ausdehnung und das Schrumpfen der Hornkapsel wird die Nagelung sehr stark beansprucht; sehr häufig sieht man, dass die Hornwand direkt unter den Nägeln ausbricht und sich dort Fäulniserreger einnisten. Deshalb ist es sehr empfehlenswert, reine Weidepferde, soweit es geht, ohne einen genagelten Hufschutz laufen zu lassen. Gleiches gilt auch für den geklebten Hufschutz, denn auch hier können sich sehr schnell hinter der Verklebung Situationen einstellen, die den Huf stark schädigen.

Gruppenauslaufhaltung

Die Gruppenauslaufhaltung ist eine beliebte Haltungsform bei vielen Pferdebesitzern. Sie ist sehr arbeitsintensiv und entbindet den Reiter keinesfalls von der Huf- und Stallpflege. Auch Auslauf, inklusive Weide, müssen gepflegt werden. Überall, wo Kot und Urin abgesetzt werden, besteht die Gefahr, dass die Hornqualität leidet, wenn die Pferde sich darin aufhalten müssen. Bedingt durch die große Fläche lässt es sich praktisch nicht vermeiden, dass die Pferde durch den eigenen Mist laufen, und deshalb muss er so häufig wie möglich entfernt werden. Der Untergrund des Auslaufs sollte vorzugsweise aus befestigtem Material bestehen, damit die Pferde nicht im Schlamm stehen. Schlechte Hufe und Mauke sind sonst die Folgen. Bewährt haben sich Mattensysteme, flache Rasengittersteine, wasserdurchlässiger Asphalt oder

Gummimatten. Betonpflastersteine, Beton mit Sandschicht oder Ähnliches haben sich als zu scharf und zu glatt erwiesen. Auch wenn die Reinigung hier sehr einfach ist, kann man diesen Untergrund nicht empfehlen. Horn- und Eisenabrieb sind viel zu groß und schädigen den Huf mechanisch. Zudem besteht eine erhöhte Verletzungsgefahr durch Ausrutschen. Auch hier heißt es also: Mistgabel und Hufräumer schwingen und der Huffäule den Kampf ansagen!

Boxenhaltung

Dies ist für viele Sportpferde immer noch die übliche Haltung, obwohl erfreulicherweise durchaus ein erkennbarer Trend zu den anderen Haltungsformen zu beobachten ist.

Die Boxenhaltung verpflichtet den Pferdebesitzer zu einer intensiven Boxenpflege. Denn selbst wenn man eine relativ große Box (3 x 4 Meter) zur Verfügung hat, muss täglich gemistet werden. Und nicht nur die Pferdeäpfel, sondern alle nassen Stellen müssen entfernt werden. Ansonsten kann kein Huf auf Dauer gesund bleiben. Geben Sie deshalb reichlich Einstreu in die Box, damit das Pferd immer auf trockenem Stroh steht und nicht im eigenen Urin (siehe Kapitel Hufpflege, S. 34 ff).

Problematische „Äpfel"

Für den Hessischen Reit- und Fahrverband hat sich Thomas Wamser mit einem Thema befasst, das auch von hiesigen Reitanlagenbesitzern und Reitern diskutiert wird – den Pferdeäpfeln in der Reitbahn.

In den vergangenen Jahren hat sich in Reitanlagen eine Unsitte breit gemacht, die bei vielen Reitern auf Unverständnis stößt. Die Anlagenbetreiber erwarten zunehmend, dass die Reiter das beiseite räumen, was beim Reiten als „Emission" den Boden ziert – die Pferdeäpfel. Beim so genannten Abäpfeln teilen sich jedoch die Geister. Auf der einen Seite gibt es diejenigen, die jedem Pferdeapfel hinterherlaufen, um auch wirklich alles zu entsorgen – auf der anderen Seite gibt es diejenigen, die erst einmal mehrfach alles über den „Haufen" reiten, um dann festzustellen, dass beim besten Willen nichts mehr zu retten ist.

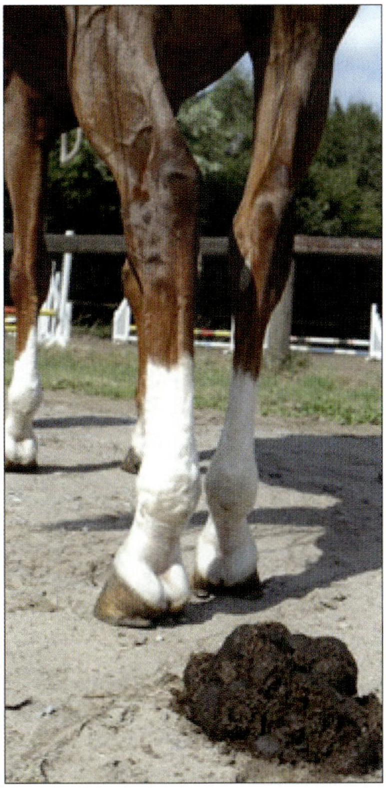

In Reitanlagen fallen erhebliche Mengen an Pferdeäpfeln an. Werden diese in der Reithalle nicht entfernt, muss es nicht verwundern, wenn der Hallenboden über kurz oder lang die gewünschte Qualität verliert. *Foto: Weidemann*

45-t Mist in der Reithalle

Auf breiter Front setzen sich die Befürworter des Abäpfelns jedoch durch und dies nicht ohne Grund. Denn das, was vor allem aus den Reithallen herausgefahren wird, ist wahrlich nicht wenig. Legt man zugrunde, dass jedes Pferd in einer Trainingseinheit 9-l Mist – und das ist wenig – hinterlässt, entspräche dies bei einer kleinen Reitanlage mit ca. 25 bewegten Pferden am Tag schon der stolzen Menge von mindestens 225-l, also ein ordentlicher Haufen.

Nehmen wir nun ein Winterhalbjahr, sind das von Mitte Oktober bis Mitte März fünf Monate, in denen fast ausschließlich in den Hallen geritten wird. Nach geschätzten 150 Tagen ist eine Menge von 33 750-l angefallen, was etwa 45-t Pferdemist entspricht. In einer 20 x 40-m Reithalle gleichmäßig verteilt, macht das beachtliche 4,2 cm Misthöhe. Es ist also nicht verwunderlich, dass selbst ein neuer Reitboden innerhalb weniger Tage seine Farbe ändert, um mehr und mehr in einem tristen braun zu erscheinen.

Über das Jahr gesehen – schließlich werden Reithallen auch im Sommer genutzt – dürften etwas über 50 000-l Mist in der Halle liegen. Spätestens nach zwei Jahren ist der Boden dann am Ende. Es befindet sich mehr Mist als Sand in der Reitbahn, und ein Auffüllen mit neuem Boden hilft auch nicht deutlich weiter.

Solche mit Mist versetzten Böden nehmen Eigenschaften an, die weder Pferd, Reiter noch Anlagenbetreiber schätzen: Sie werden schnell dunkel, im trocknen Zustand belasten sie durch Staubentwicklung und im nassen Zustand werden die Böden glatt sowie mitunter auch sehr hart. Schließlich bilden sich bei Frost Ballen unter den Hufen der Pferde.

Wird abgemistet, erspart dies nicht nur dem Anlagenbetreiber einen teuren und vorzeitigen Wechsel der Tretschicht, sondern dem eigenen Pferd auch unnötige Belastungen und Gefahren einer glatten, tiefen oder staubigen Reitbahn. Sich selbst erspart man den Ärger, täglich über den schlechten Zustand der Reitfläche zu sinnieren und zu verdrängen, dass man diesen teilweise selbst zu verantworten hat.

Abmisten ist Gewohnheitssache

Natürlich ist es sinnvoll, auch Außenplätze sauber zu halten. Vor allem hochfrequentierte Plätze bleiben so länger in Form. Ein gewisses Maß an Selbstreinigungskraft haben Außenplätze jedoch den Hallen voraus. Vögel, Regen, Wind und biologische Abbauprozesse schaffen einiges zur Seite, was in der Halle liegen bleibt.

Was den Reitern mitunter fehlt, ist nicht die Einsicht, dass Abäpfeln eine sinnvolle Maßnahme ist. Es ist eher die Bereitschaft, einen Beitrag für einen guten Boden zu leisten, den ja alle fordern. Da, wo es mit dem Abmisten gut funktioniert, ist immer einmal jemand da, der nicht außen steht und zuschaut, sondern bei Bedarf auch einmal in die Bahn kommt, um zu „entsorgen". Oder es wird auch einmal ein Bogen um den Hügel geritten, um ihn am Ende der Stunde aus der Bahn zu tragen.

Für die Anlagenbetreiber ist es mit dem Abäpfeln so, wie mit dem Hufe auskratzen beim Verlassen der Bahn, der Box oder dem Fegen in der Stallgasse. Man sollte immer ein bisschen dahinter her sein, muss mitunter ein paar ermunternde Worte sprechen, aber im Endeffekt wird es sich durchsetzen. Nicht zuletzt, weil jeder tief in seiner arbeitsscheuen Seele den Sinn erkennt und akzeptiert. ❑

Landwirtschaftliches Wochenblatt Westfalen-Lippe, Ausgabe 42/2003, S. 39, Münster-Hiltrup

Sie sehen, jede Art von Pferdehaltung bedarf eines besonderen Hufmanagements. Es reicht nicht aus, dass man ein Pferd der Natur überlässt, wenn man es sportlich nutzen möchte. Es bedarf einer den Haltungsbedingungen angepassten Hufpflege.

Die Hufpflege bei einem Pferderentner

Wenn ein Pferd aufgrund seines Alters oder aus gesundheitlichen Gründen nicht mehr geritten oder gearbeitet werden kann, möchten viele Besitzer ihrem Pferd noch eine schöne Zeit im Ruhestand gönnen. Dies bedarf einiger Vorarbeit und heißt nicht, Hufbeschlag abnehmen und ab auf die Weide bei Wind und Wetter. Vielmehr muss das Pferd vorsichtig „ausgewildert" werden.

Nicht selten brauchten die älteren Pferde einen orthopädischen Beschlag aufgrund ihrer mehr oder weniger ausgeprägten Probleme an den Gliedmaßen. Diesen kann man nicht von heute auf morgen einfach mit dem Gedanken entfernen, dass das Pferd nicht mehr arbeiten muss. Denn auch auf der Weide muss das Pferd sich ordentlich und ohne Schmerzen bewegen können.

Ich würde diese Sätze nicht schreiben, wenn ich nicht schon so oft gesehen hätte, wie hart das Leben eines alten Pferdes manchmal sein kann. Natürlich ist der Entschluss, dem Pferd das

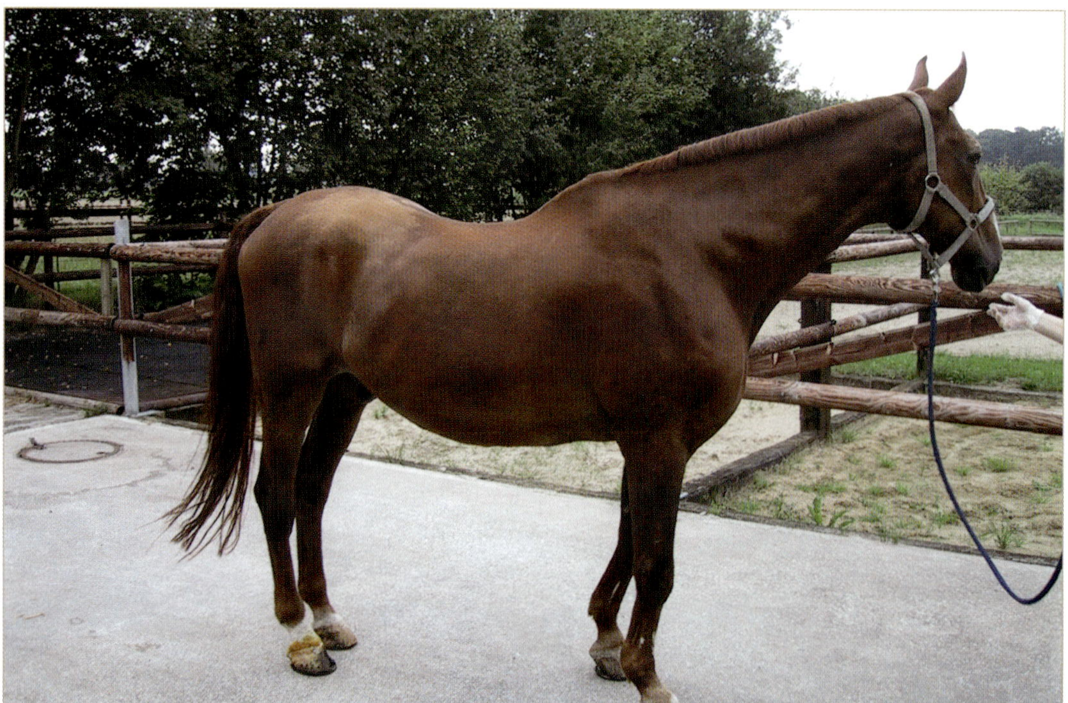

Dieser 24-jährige Wallach weist eine ausgeprägte Vorbiegigkeit in den Vorderbeinen auf. Aufgrund guten Beschlagmanagements wurde er sehr lange erfolgreich im Turniersport eingesetzt.

Gnadenbrot zu ermöglichen, sehr emotional, aber sicherlich auch mit Kosten verbunden, die der Besitzer verständlicherweise so gering wie möglich halten möchte. Aber die Grundbedürfnisse müssen einfach gesichert sein. Dazu gehört selbstverständlich, dass die Intervalle der Hufpflege bzw. eines Beschlags genauso wie in der aktiven Zeit eingehalten werden, denn die Hufe wachsen auch bei Pferden im Ruhestand! Wenn eben möglich, sollte der Beschlag bei regelmäßigem Weidegang entfernt werden. Und zwar aus mehreren Gründen, z.B.:

- **Meistens ist ein Beschlag nicht mehr nötig.**
- **Verletzungsgefahr bei Rangkämpfen in der neuen Herde**
- **Hufbeschlag und Weidehaltung sind sowieso wie Feuer und Wasser (Eisenverlust und Ausbrechen der Hufe)**
- **Im Winter gibt es Probleme mit Schneeaufballungen und die Pferde rutschen mit einem glatten Beschlag schneller als ohne.**

Aber wie schon erwähnt, gibt es einfach auch Fälle, bei denen das nicht so einfach geht. Bei einigen kann man versuchen, sich langsam an ein Leben ohne Hufschutz heranzutasten. Man entfernt zuerst die Beschläge an dem Beinpaar, an dem es dem Pferd am leichtesten fällt. Meistens sind das die Hinterhufe, aber manchmal eben auch die Vorderhufe, dies muss man im Einzelfall entscheiden.

Ebenso entscheidend ist der Zeitpunkt, wann Sie ein Pferd ständig auf die Weide lassen. Das Frühjahr eignet sich am besten dazu, dann ist der Boden noch sehr weich und elastisch und die Hufe haben Zeit, sich wieder den natürlichen Abläufen anzupassen. Wenn Sie einem Pferd im Winter die Eisen abnehmen lassen und es dann auf eine gefrorene Weide, womöglich noch in eine neue Gruppe stellen, in der dann in der ersten Zeit viel gelaufen wird, müssen Sie damit rechnen, dass dadurch vom völligen Ausbrechen der Hufe bis zur Entstehung einer Belastungshufrehe alles entstehen kann. Das kann ich aus Erfahrung sagen.

Wenn Sie Ihr Pferd nicht in Ihrer Nähe unterbringen können, um es hin und wieder zu besuchen, ist es eventuell möglich, eine Person Ihres Vertrauens damit zu beauftragen, die Hufpflege zu organisieren. Dazu gehört gegebenenfalls auch die Benachrichtigung des Schmieds. Wann Ihr Pferd ausgeschnitten wird, sollte nämlich nicht dem Zufall überlassen werden.

Außerdem muss davon ausgegangen werden, dass nicht in allen Betrieben, die Gnadenbrotpferde aufnehmen, Fachleute sind, die sich mit solchen Problemen auskennen. Besser ist es zum Beispiel, sich auf Empfehlungen von guten Bekannten zu verlassen als auf bunte Werbeprospekte. Schauen sie sich den Betrieb unbedingt vorher genau an.

Tipp:

Lassen Sie sich die Rechnung über den Hufbeschlag oder die Hufpflege von dem Hufschmied zu Ihrer Adresse senden, ebenso die Rechnungen vom Tierarzt. So haben Sie eine bessere Kontrolle über das, was Ihr Pferd an Leistungen erhalten hat, auch wenn manche Betriebe lieber ein All-inclusive-Paket anbieten. Wobei man sicherlich sagen kann, dass die meisten Anbieter seriös arbeiten, aber es gibt leider auch schwarze Schafe unter ihnen!

Pflege der Hufe
Die hauptsächliche Pflege besteht darin, dass die Hufe kontrolliert werden, ob sich Fremdkörper in den Strahlfurchen festgesetzt haben, und in der Reinigung mit dem Hufkratzer. Strahlfäule ist auch bei einem Pferderentner kein Kavaliersdelikt. Sie ist mit den üblichen Mitteln zu verhindern und, wenn bereits vorhanden, zu behandeln. Das Einfetten der Hufe können Sie meines Erachtens vernachlässigen. Lassen Sie ruhig wieder die Natur an den Huf, denn bis zu dem Zeitpunkt, als das erste Mal gesattelt wurde, wurden die Hufe auch nicht eingefettet. Und sie sind zu dieser Zeit auch nicht schlechter in der Qualität gewesen.

Gönnen Sie Ihrem Pferd den verdienten pferdegerechten Lebensabend mit einigen Kollegen aus seiner aktiven Zeit. Es hat sich das bestimmt verdient.

Unfallvermeidung bei Hufpflege und Beschlag

Alle Pferde brauchen in regelmäßigen Abständen einen neuen Hufbeschlag oder zumindest eine fachgerechte Hufpflege. Für diese wichtige Arbeit am Pferd sollte zumindest in Reitanlagen ein ordentlicher und sicherer „Beschlagplatz" vorhanden sein, der folgende Kriterien erfüllt, damit die Hufpflege bzw. der -beschlag für alle Beteiligten, sprich Pferd, Aufhalter und Hufschmied, zu einem positiven Erlebnis wird:

- Eine Möglichkeit, die Pferde beurteilen zu können, sollte vorhanden sein (ebene Strecke von ca. 20 m Länge, denn die Beurteilung der Gliedmaßen und der Fußung ist die Grundlage einer guten Arbeit.

- Denken Sie daran, das Pferd immer möglichst gerade auf die beurteilende Person zuzuführen und nicht vor, sondern neben dem Pferd zwischen Kopf und Schulter zu gehen.

- Bei dem Wenden beachten Sie im eigenen Interesse, links vom Pferd zu gehen, das Pferd immer nach rechts herum zu wenden, so kann das Pferd Ihnen nicht so schnell auf die Füße treten. Tragen Sie bei der Pflege und bei dem Beschlag Ihres Pferdes möglichst festes

Schuhwerk. Vorzugsweise mit einer Stahlkappe. Sie wissen doch, die meisten Unfälle geschehen nicht beim Reiten, sondern bei der Pflege und im Umgang mit dem Pferd.

- Der Platz soll groß (mind. 4 x 5 m) und hell genug sein, damit ist schon eine Grundlage für sicheres Arbeiten geschaffen.

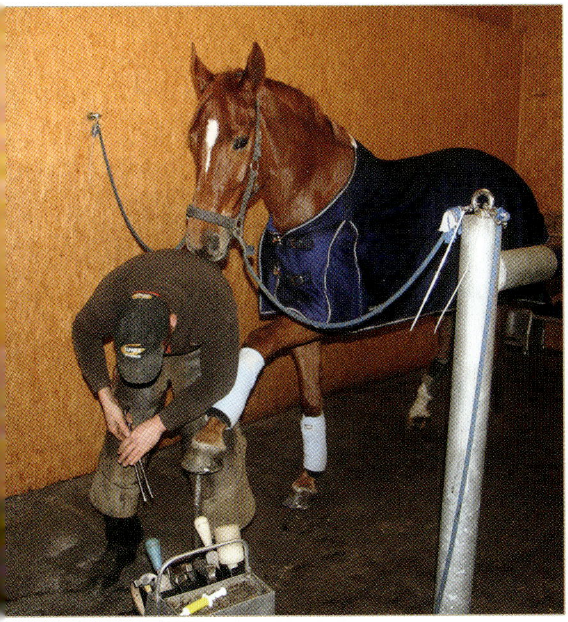

Guter Beschlagplatz

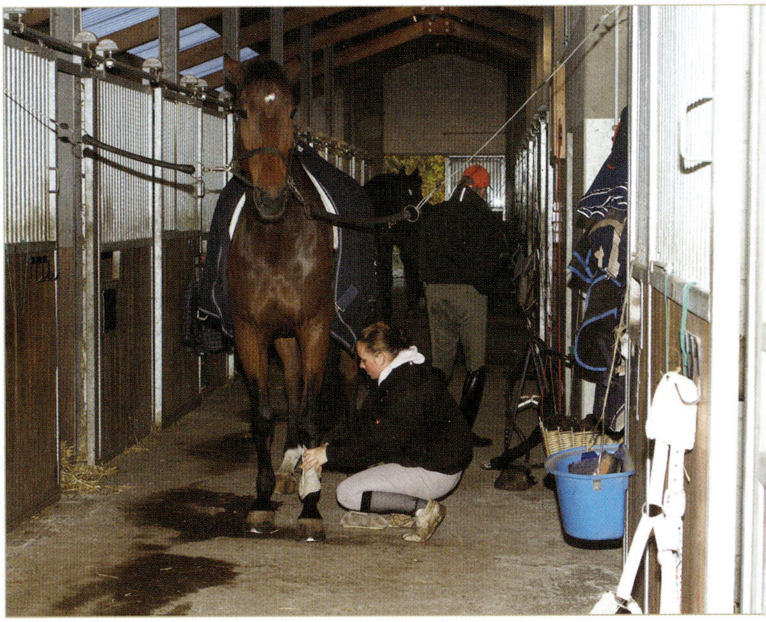

Eine belebte Stallgasse eignet sich nicht als Beschlagplatz.

- Die belebte Stallgasse ist besonders in großen Reitanlagen zu unruhig, um konzentriert arbeiten zu können. Übrigens, auch Pferde müssen sich konzentrieren können. Außerdem herrscht dort häufig Durchzug, was für Mensch und Tier gleichermaßen ungünstig ist.

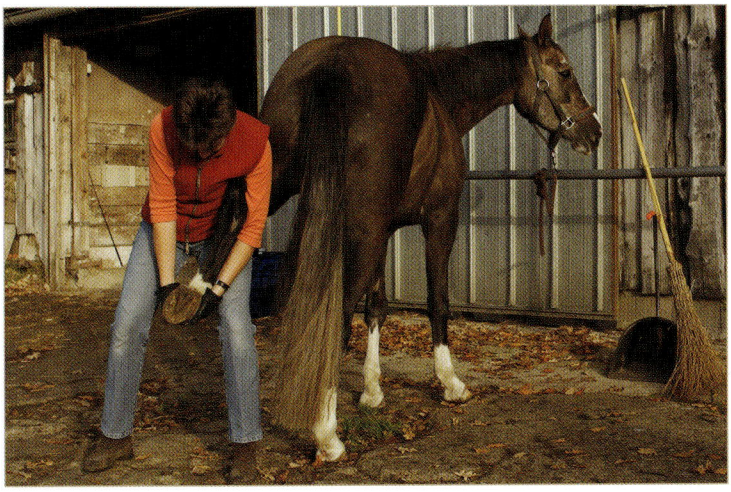

- Ebenso ungeeignet ist ein verdreckter und nasser Waschplatz oder ein Bereich, wo Heu und Stroh gelagert werden. Dort herrscht ein nicht zu kalkulierendes Gefahrenpotenzial.

Schlechter Beschlagplatz

- Die Anbindevorrichtungen sollten so konstruiert sein, dass sich weder Pferd noch Personen daran verletzen können. Kontrollieren Sie von Zeit zu Zeit die Verschlüsse der Anbindestricke und tauschen Sie diese gegen neue Sicherheitsschekel/-verschlüsse aus. Diese lassen sich auch unter Zug gefahrlos öffnen, ohne dass man sich daran verletzt.

- Darüber hinaus sollte ein Bodenbelag, der auch bei Feuchtigkeit nicht glatt wird, vorhanden sein. Vorzugsweise Gummipflaster oder Gummiestrich. Solch ein Bodenbelag ist z.B. in einem gewerblichen Pferdebetrieb und einer stationären Schmiede von der Berufsgenossenschaft und der Haftpflichtversicherung vorgeschrieben.

- Ebenso dürfen dort auch keine Geräte herumstehen (Gabeln, Harken, Schubkarren, Hindernisteile und Ähnliches). Das Verletzungsrisiko für alle Beteiligten ist einfach zu hoch.
  ➠ SIEHE RICHTLINIEN DER LANDWIRTSCHAFTLICHEN BERUFSGENOSSENSCHAFTEN UNFALLVERHÜTUNGSVORSCHRIFTEN (UVV)

Optimaler Beschlagraum

- Eine ausreichende Beleuchtung dieses Platzes sollte selbstverständlich sein, denn nur wer sieht, wie er arbeitet, kann auch mit einem qualitativ guten Ergebnis rechnen.

- Bei neueren Reitanlagen haben pfiffige Bauherren und Architekten manchmal einen schönen und sehr ordentlichen Beschlagraum geplant und gebaut. Sie haben aber dabei etwas sehr Wichtiges vergessen: Das Pferd ist ein Herdentier! Wenn man in einem solchen Raum nur ein Pferd unterbringen kann, ist der Stress vorprogrammiert. Es muss für mindestens zwei Pferde Platz sein, und zwar so viel, dass auch Pferde, die nicht unbedingt die besten Freunde sind, gefahrlos beschlagen werden können. Noch besser ist es, wenn direkt neben dem Beschlagraum ein Stalltrakt ist, in den die zu beschlagenden Pferde einsehen können und somit zumindest Sicht- und Hörkontakt zu anderen Artgenossen haben. Dann kann die Hufpflege oder der Beschlag in entspannter und stressfreier Atmosphäre geschehen.

Das sichere Aufhalten

Nun noch einige Tipps zum sicheren Aufhalten der Füße.

Vorne

Um z.B. vorne links das Bein aufzuhalten, stellen Sie sich mit Ihrer linken Schulter neben die des Pferdes. Dann greifen Sie mit Ihrer linken Hand an der Innenseite vom Bein herab das Vorderfußwurzelgelenk und ziehen das Bein in Richtung Pferdemaul. In dem Moment, da der Fuß den Boden verlässt, greifen Sie mit der rechten Hand in die Fesselbeuge und heben den Fuß so hoch, bis das Röhrbein waagerecht ist. Dann nehmen Sie die linke Hand und greifen von außen am Unterarm vorbei auch in die Fesselbeuge. Versuchen Sie in eine möglichst gerade Stehposition zu gelangen, sonst bekommen Sie in kürzester Zeit mächtige Rückenschmerzen.

Für die andere Seite wird das Aufhalten genauso gehandhabt, nur eben seitenverkehrt.

Aufhalten vorn

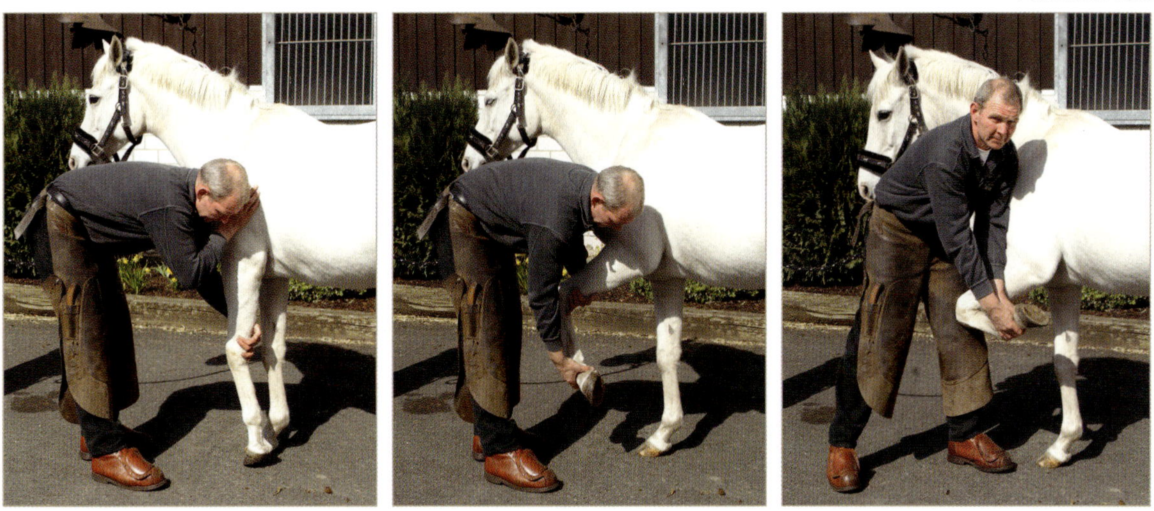

Hinten

Wenn Sie z.B. die linke Hintergliedmaße aufhalten wollen, müssen Sie mit der linken Schulter in Höhe des Hüfthöckers stehen, die linke Hand befindet sich auf der Kruppe, während die rechte langsam, aber sehr bestimmt vom Oberschenkel bis zum Fesselkopf heruntergleitet. Dann lässt man das Pferd durch leichtes Drücken mit der linken Hand die Last auf das rechte Bein nehmen. Genau in dem Moment hebt die rechte Hand das Bein nach vorwärts aufwärts. Wenn sich das Pferd jetzt nicht verspannt, können Sie es nun mit dem linken Oberschenkel nach hinten schieben, ansonsten warten Sie damit, bis es sich einigermaßen entspannt. Bei älteren oder erkrankten Pferden dauert es manchmal etwas länger. Haben Sie bitte Geduld, es lohnt sich bestimmt.
Nun legen Sie Ihren linken Arm über den Sprunggelenkshöcker und greifen wieder in die Fesselbeuge. Stellen Sie das rechte Bein zurück und das linke Bein nach vorn, so haben Sie eine sehr hohe Standfestigkeit, wenn sich das Pferd erschrecken sollte.

Aufhalten hinten

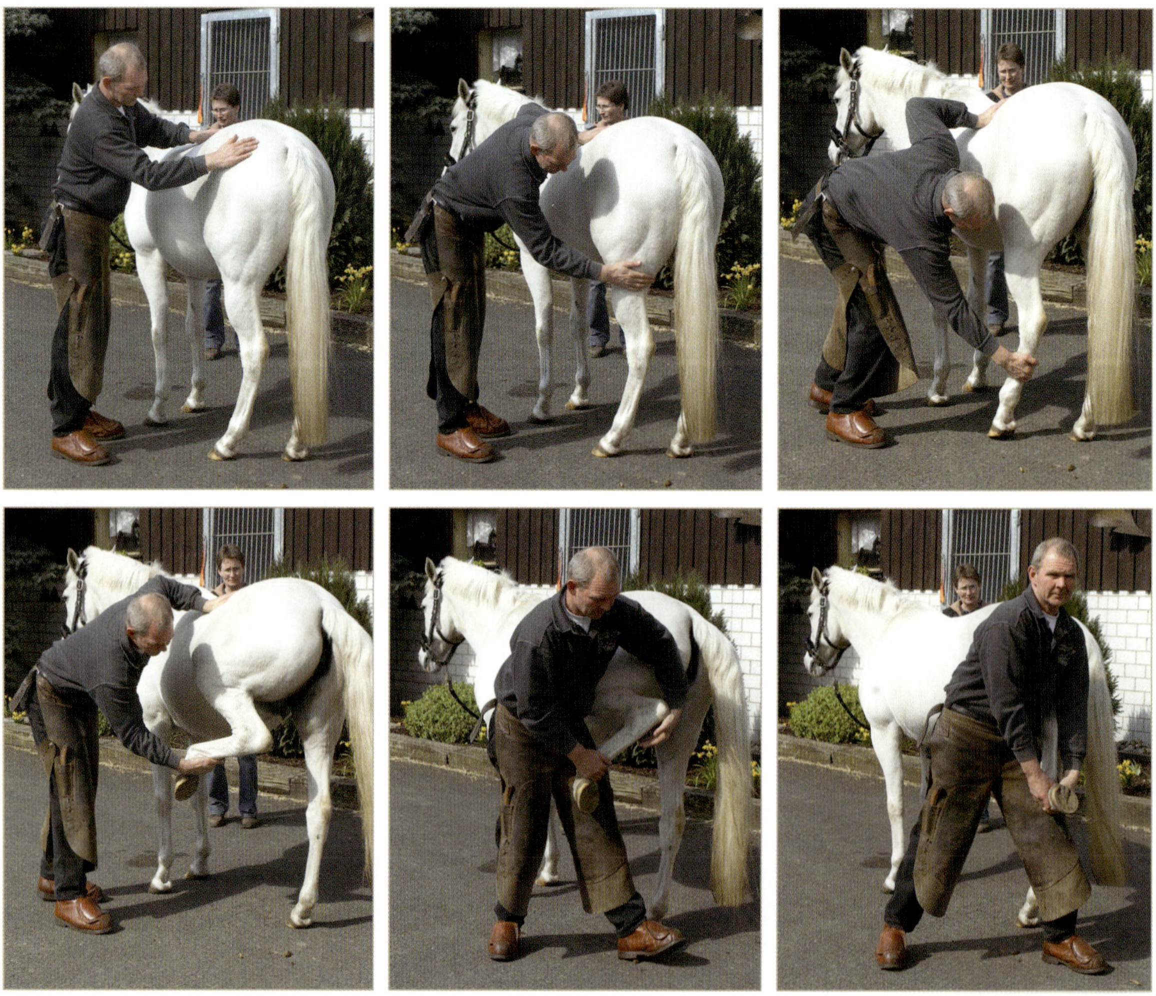

- Man kann sich das Aufhalten der Hintergliedmaße ein wenig mit einer sogenannten Aufhalteschlinge erleichtern. Sie wird über den Sprunggelenkshöcker gelegt und dann von außen nach innen unter dem Fesselbein hergeführt und mit der jeweils äußeren Hand gehalten. Damit kann man sehr ermüdungsfrei und sicher aufhalten.

Hoof-Jack

Aufhalteschlinge hinten

- Bei Pferden, die Rückenprobleme haben, hat sich der sogenannte „Hoof-Jack" als eine sehr gute Hilfe erwiesen. Die Pferde können sich auf diesem Gerät sehr gut abstützen und genießen es sehr, wenn sie ein Gefühl von sicherem Halt haben.

Nervöse oder verdorbene Pferde

Wenn Sie ein Pferd besitzen, das sehr nervös oder ängstlich ist, weil es beim Beschlag schlechte Erfahrungen gemacht hat, sollten Sie eine weitere Person an den Kopf des Pferdes stellen, um es zu beruhigen. Ein tägliches Training der Pferde hat sich als sehr hilfreich erwiesen. Wenn man es ermöglichen kann, sollte man das Pferd in einer Box unterbringen, in unmittelbarer Nähe zu anderen Pferden, die beschlagen oder ausgeschnitten werden. Der Lerneffekt ist oft erstaunlich. Wenn das nicht funktioniert, sprechen Sie mit Ihrem Tierarzt. Der kann Ihrem Pferd ein leichtes Beruhigungsmittel verabreichen, aber nur so viel wie nötig. Denn das Pferd sollte noch registrieren, was mit ihm geschieht, sonst lernt es dabei nichts und man muss immer wieder ein Beruhigungsmittel einsetzen.

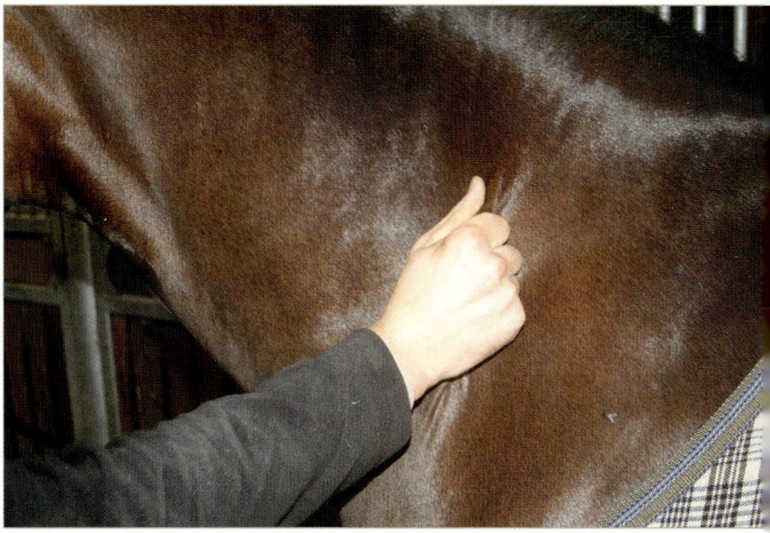

Der Einsatz von Zwangsmitteln

Dies ist eigentlich abzulehnen, denn ein Pferd, das ein grundsätzliches Problem damit hat, einen Menschen an seine Beine zu lassen, wird dies auch unter dem Einsatz von Zwangsmitteln nicht lernen, sondern nur erdulden. Das Einzige, was man tolerieren kann, ist das Ergreifen einer Hautfalte am Hals, um das Pferd abzulenken (siehe Foto). Dies wirkt übrigens oft wahre Wunder.

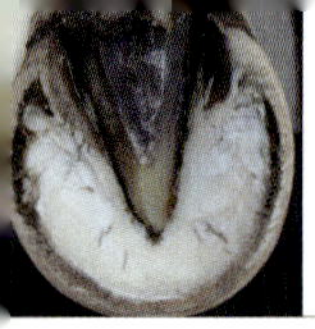

Eine andere Möglichkeit ist der sehr dosierte Einsatz einer Nasenbremse. Die Bremse sollte eine Schlaufe aus einem 10 mm dicken Seil haben, damit man die empfindliche Haut an der Nüster nicht verletzt. Die Bremse muss sehr vorsichtig und vor allem mit Verstand und nicht aggressiv eingesetzt werden. Schon bei geringem Druck auf die Nüstern erfolgt die Ausschüttung von Endorphinen, die das Pferd in eine Art von Trancezustand versetzen. Dreht man die Bremse zu fest, verspürt das Pferd nur Schmerz und wehrt sich. Dann hat die Nasenbremse den Sinn verfehlt.

Ich selbst benutze eine Nasenbremse schon seit Jahren nur noch im absoluten Ausnahmefall. Und das ist vielleicht ein- bis zweimal im Jahr, und dann auch nur, weil der Pferdebesitzer eine Sedierung des Pferdes nicht möchte. Dies ist der Fall, wenn beispielsweise ein Turniereinsatz bevorsteht und das Pferd dadurch ein positives Dopingergebnis aufweisen könnte.

Unerzogene und respektlose Pferde

Um es vorwegzunehmen, es ist nicht die Standardaufgabe eines Hufschmiedes, das Pferd zu erziehen. Natürlich kann er diese Aufgabe aufgrund seiner qualifizierten Ausbildung übernehmen. Da dies aber mit dem Beschlag nichts zu tun hat, ist diese Zusatzleistung gesondert abzurechnen. Und welche Methode im Einzelfall anzuwenden ist, muss man vom Pferdetyp abhängig machen. Hier hilft viel eher ein intensives Training vonseiten des Besitzers, um die Frage der Dominanz zu klären oder aber Angstzustände vor dem Menschen abzubauen. Langfristig ist dies der einzig wirksame Weg.

Zusammenarbeit von Hufschmied und Pferdebesitzer

Dass hier nicht nur eine rein geschäftliche Beziehung besteht wie bei dem Kauf einer Dienstleistung oder der Reparatur eines Autos, liegt in der Natur der Sache. Allein durch die Tatsache, dass ein Tier die „Hauptperson“ dabei ist!

Rein juristisch gehen der Hufschmied und der Pferdehalter einen Werkvertrag nach dem § 631 BGB ein. Ganz anders ist die Situation, wenn Sie einen Hufpfleger beauftragen, Ihr Pferd auszuschneiden. Er haftet nur im Rahmen des Dienstleistungsvertrages, in dem er sich zur Erbringung der Leistung der vereinbarten Arbeit verpflichtet. Im Gegensatz zum Hufpfleger muss der Hufschmied das Pferd so beschlagen, dass es nach der Behandlung nicht schlechter, sondern möglichst besser als vor der Hufpflege oder dem Beschlag laufen kann. Dies gilt aber nur für normale Voraussetzungen. Wenn ein Pferd sich widersetzt oder starke Anomalien aufweist, können diese Eigenschaften nicht zugesichert werden und sind dann auch nicht haftpflichtmäßig zu erfassen.

Der Halter verpflichtet sich durch den Vertrag zur Vergütung der Leistung. Sollte einmal eine Arbeit nicht zu dem vereinbarten Ergebnis führen, muss dem Schmied die Möglichkeit der Nachbesserung gegeben werden. Geschieht das nicht, kann er für einen Schadenersatz in aller Regel nicht in den Regress genommen werden.

So weit das gesetzliche Prozedere. Der Hufbeschlag ist jedoch ein wesentlich sensiblerer Bereich. Durch sehr guten Hufbeschlag und Hufpflege kann ein Pferd über lange Jahre seine Aufgaben erfüllen, ohne Schaden an seinen Gliedmaßen zu nehmen. Aber ebenso ist es möglich, durch die Hufpflege oder einen weniger guten Beschlag einem Pferd das Gehen fast unmöglich zu machen.

Aber auch die Arbeit des besten Hufschmieds ist von den Informationen über das zu beschlagende Pferd und von den Bedingungen, unter denen er vor Ort arbeiten kann, abhängig. Aber wie bekommt er die notwendigen Infos? Zuerst einmal über das Pferd selbst, indem er sich das Pferd als Ganzes in der Ruhe und in der Bewegung anschaut. Dabei kann er sich schon ein recht gutes Bild machen. Das reicht jedoch bei Weitem noch nicht für einen guten Beschlag aus. Und genau hier fängt die Zusammenarbeit mit dem Besitzer an.

Der Schmied spricht mit dem Halter und fragt ihn quasi über sein Pferd aus:

- Wie alt ist das Pferd?
- Wie wird es gehalten (Weide, Box, Offenstall)?
- Wie wird es geritten (Dressur, Springen, Freizeit etc.)?
- Wie ist der Ausbildungsstand?
- Vorberichte (vom Vorbesitzer)
- Erkrankungen
- Festlegung des Beschlagintervalls, in Vorausschau auf Turnierplanung oder wichtige Ereignisse.

Theoretisch vermitteln diese Informationen dann ein Gesamtbild von dem Pferd, und so kann der Beschlag optimal ausgewählt werden und immer in einem optimalen Zustand sein. In der Praxis sieht die Situation häufig leider ganz anders aus! Der Schmied kommt in den Stall, der Besitzer ist gar nicht anwesend, er hat den Auftrag nur telefonisch auf dem Anrufbeantworter erteilt. Schon ist der Informationsfluss unterbrochen. Jetzt versucht man über den Stallbetreiber oder das Pflegepersonal etwas zu erfahren. Aber diese Mitteilungen reichen oft einfach nicht aus. Gerade wenn ein Hufschmied ein Pferd noch nicht kennt, braucht er Hintergrundwissen. Deshalb sollte es auch unbedingt im Interesse des Halters liegen, dass der Schmied die für ihn wichtigen Informationen erhält. Denn in aller Regel liegt dem Besitzer doch etwas an der Gesundheit seines Pferdes. Oder?

Darüber hinaus sollte dem Pferdebesitzer ebenso die Gesundheit des Schmiedes am Herzen liegen. Aus diesem Grund hat der Halter auch über Untugenden oder Besonderheiten im Umgang mit dem Pferd zu informieren. Macht er das nicht, handelt er als Halter grob fahrlässig. Schaffen Sie als Stallbesitzer oder Betreiber eines Pensionsstalles auch die Möglichkeiten für ordentliche Arbeitsbedingungen, denn damit legen Sie schon einen Grundstock für eine gute Arbeit des Schmiedes und ein gutes Arbeitsklima.

Eine weitere Unterlassungssünde ist es, den Schmied nicht über Lahmheiten und Erkrankungen zu informieren. Dies ist nicht selten bei „Reitern“ vorzufinden, die im „Leistungssport“ reiten, denn Sportpferde sind nicht krank oder lahm. Diese Info würde ja, wenn sie bekannt würde, sofort den Marktwert des Pferdes senken oder das Pferd sogar unverkäuflich machen. Ich spreche hier nicht von den wirklichen Professionals, sondern von denen, die sich dafür halten. Ein echter Profi hat durchaus verstanden, was es heißt, ein Pferd zu managen, das möglichst lange gesund bleiben soll. Und man weiß auch, dass der Schmied seines Vertrauens nicht mit dem Wissen, das er über das eine oder andere Pferd hat, hausieren geht. Denn wer in diesem Metier arbeitet, weiß, wie sensibel das System reagieren kann. Aus diesem Grund gilt für den gewissenhaften Hufschmied eine ähnliche Schweigepflicht wie für den Tierarzt! Hier wird deutlich, dass der Hufbeschlag mehr als eine Dienstleistung am Pferd ist.

Nur wenn der Hufschmied von den möglichen Erkrankungen weiß, kann er folglich auch die richtigen Maßnahmen ergreifen. Manchmal wird es sogar nötig sein, dass er ein Pferd vorgeritten bekommt, um sich ein besseres Bild machen zu können. Und wenn der Schmied dann auch noch selbst Reiter ist oder war, kann das sehr oft zu einem grundlegend anderen Ergebnis führen als bei der Vorstellung des Pferdes vorher an der Hand. Manchmal muss man auch mal die bittere Wahrheit sagen dürfen, und zwar dann, wenn man genau sieht, dass die „Probleme des Pferdes“ einzig und allein am falschen Reiten und nicht am Pferd selbst liegen. Ich kann Sie nur bitten, sprechen Sie mit dem Hufschmied Ihres Vertrauens offen über Ihr Pferd und Sie werden sehen, Sie benötigen weniger oft den Tierarzt.

Dass ein solches Engagement Ihres Schmiedes natürlich auch seinen Preis hat, dürfte jedem klar sein. Aber was nützt einem der preiswertere Hufschmied, wenn das Pferd ständig lahmt.

Hufbeschlagmanagement

Damit Ihr Pferd immer optimale Hufe oder einen gut sitzenden Beschlag hat, sind viele Probleme schon durch gute Planung vermeidbar. Dazu sollte man die nun folgenden Punkte einfach mal für sich abarbeiten und Sie werden sehen, es ist viel entspannter, wenn man nicht immer unter Zeitdruck steht. In erster Linie zählen für einen reibungslosen Ablauf vorbereitende Maßnahmen:

- Sprechen Sie früh genug über Termine!
  Normalerweise können Sie mit einer Terminvorplanung von ca. acht bis 14 Tagen rechnen. Berücksichtigen Sie dabei Ihre eigenen Turnier- oder Ferientermine, die ja in aller Regel längerfristig geplant werden.
- Sorgen Sie dafür, dass Ihr Pferd zu dem vereinbarten Termin in der Box steht und nicht auf der Weide oder eventuell bei Regenwetter in einem Schlammpaddock, denn solche Voraussetzungen erhöhen nicht gerade die Motivation bei einem Hufschmied.
- Klären Sie den Hufschmied über gewisse Eigen- oder Unarten des Pferdes auf, man kann dann mit manch einer „Liebkosung" viel besser umgehen.
- Setzen Sie Ihren Schmied in Kenntnis über bestehende Lahmheiten oder orthopädische Probleme, oder noch besser, bitten Sie Ihren behandelnden Tierarzt, sich mit dem Schmied über das Problem zu unterhalten. Das vermeidet Übertragungsfehler und hilft den nötigen orthopädischen Beschlag so optimal wie möglich zu gestalten. Denn die Arbeit eines gewissenhaften Hufbeschlagschmiedes besteht nicht nur darin, zu lange Hufe zu kürzen bzw. vor übermäßiger Abnutzung zu schützen, sondern auch darin, Schäden an den Hufen und Gliedmaßen zu verhindern oder bestehende Schädigungen zu beheben, falls dieses mit dem Ausschneiden oder einem korrigierenden Beschlag möglich ist.
  Die einzusetzenden Mittel dafür haben sich in den letzten Jahren rapide verändert, nur die anatomischen und die wissenschaftlich abgesicherten Grundsätze lassen sich nicht ungestraft über Bord schmeißen. Deshalb sollten Sie auch nicht irgendwelche angelernte Laien an die „wertvollen Beine" Ihres Pferdes lassen!
- Eine kleine Anregung für größere Reitbetriebe, wie sie die Terminplanung besser organisieren und sich so manch nervenden Telefonanruf ersparen: Erstellen eines Beschlagplans mit folgendem Inhalt:

Name des Pferdes

Name und Anschrift des Besitzers

Telefonnummer

Gewünschter Beschlag: (Stollenlöcher etc.)

Eventuell Tel. Nr. Tierarzt:

Solch eine Liste kann dann einige Tage vor dem Beschlagtermin an Ihren Schmied gefaxt werden. All diese relativ einfachen Dinge helfen Ihnen und auch Ihrem/n Pferd/en Probleme, die durch den Hufbeschlag entstehen können, zu vermeiden. Denn nur ein gut funktionierendes Team aus Ihrer Person als Züchter/Besitzer/Reiter/Fahrer, einem erfahrenen Ausbilder, einem versierten Tierarzt und einem engagierten Hufbeschlagschmied wird langfristig die Gesundheit Ihres Sportkameraden sicherstellen können!

KAPITEL 4

Hufbeschlag

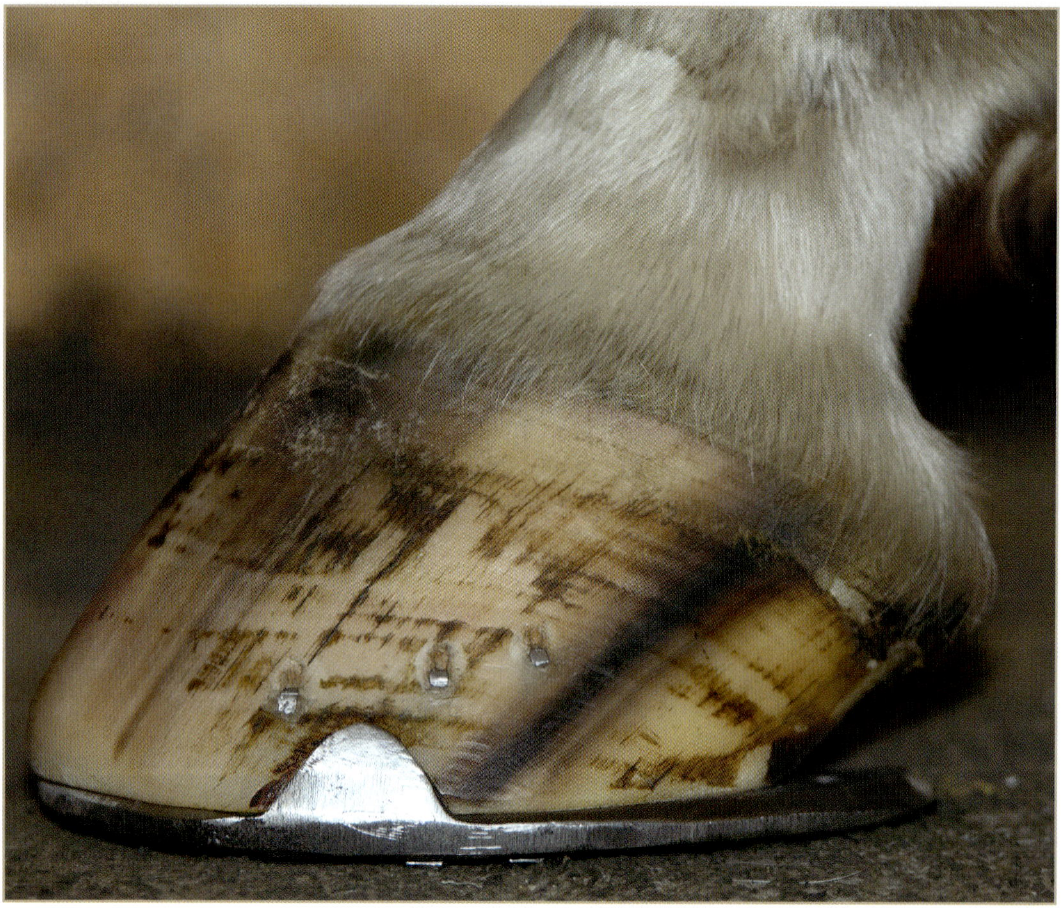

Warum überhaupt Hufschutz?

Diese Frage stellt sich immer dann, wenn man sein Pferd nur wenig oder unregelmäßig nutzt. Viele Pferde kommen ein Leben lang ohne einen Hufschutz aus und haben hervorragende Hufe. Der Idealzustand.

Durch das zusätzliche Gewicht, das ein Reit- oder Fahrpferd zu tragen hat, entsteht jedoch oft auch bei gesunden Hufen ein Ungleichgewicht zwischen Abrieb und Nachwachsen des Hufhorns. Dies wird umso deutlicher, wenn die Böden sehr hart und steinig werden. Wenn der Tragerand und die Sohle sich schneller abnutzen, als das Horn nachwächst, braucht das Pferd entweder einen Hufschutz oder man muss die Nutzung einschränken.

Auch bei manchen Pferdesportarten ist ein Hufschutz unumgänglich, allein aus dem Aspekt der Sicherheit von Pferd und Reiter oder Fahrer (Reiten/Fahren auf Teerstraßen oder bei Trabrennpferden).

1984 ließ die Schweizer Kavallerie an der veterinärmedizinsichen Fakultät der Universität Zürich Untersuchungen über den Einfluss des Beschlages durchführen: Der Stoß, welcher den lebenden mit Eisen armierten Huf vom harten Untergrund her trifft, ist zehn- bis 33-mal stärker als beim unbeschlagenen Pferd. Die Nachvibration in der Hornkapsel durch die Eisenschwingungen beträgt etwa 800 Hz gegenüber „nur" 150 Hz bei Gummibeschlag. Stoßdämpfung und Blutpumpe können auch beim unbeschlagenen Pferd beeinträchtigt sein, wenn Hufform und -stellung nicht in Ordnung sind und/oder der Huf zu wenig elastisch ist (das Hufhorn muss viel Wasser enthalten, Wandhorn etwa 25 %, Strahlhorn sogar 50 %!). Hufbeschlaglehrbuchautoren sprechen schon im 18. Jahrhundert von einem notwendigen Übel. In dieser Untersuchung wurde aber auch erkannt, dass Hufbeschlag für viele Probleme hilfreich sein kann, wenn er sachgemäß und korrekt ausgeführt wird.

Wer nur wenig und auch nicht so häufig reitet, der kann sicherlich die meiste Zeit ohne Hufbeschlag auskommen, oder nur für die Zeit, in der vermehrt geritten oder gefahren wird, sein Pferd beschlagen lassen. Es bedeutet nämlich nicht, wie so oft behauptet: Einmal beschlagen, immer beschlagen.

Leider finden wir immer häufiger Pferde, speziell bei unseren Warmblutrassen, bei denen die Hornqualität den Ansprüchen zum Reiten und Fahren nicht „gewachsen" ist. Dies ist auf der einen Seite zum Teil eine genetische Veranlagung, aber auch die Haltungs- und Aufzuchtbedingungen sind dafür häufig mitverantwortlich. Versuchen Sie möglichst „bodenständige" Pferde zu bekommen, ich will damit sagen, dass die Pferde schon seit einigen Generationen auf den gleichen oder ähnlichen Bodenverhältnissen gelebt haben, auf denen sie geritten/gearbeitet worden sind. Denn die Tiere passen sich dem Boden an, auf dem sie aufwachsen. Dies ist ein völlig natürlicher Vorgang.

Schauen wir uns doch zum Beispiel mal ein rein spanisch oder arabisch gezogenes Pferd an. Es hat ausgesprochen hartes Hufhorn, aber sehr schmale Hufe mit hohen Trachten und häufig eine tief gewölbte Sohle mit Tendenz zum Zwanghuf. Dies alles liegt an den Aufzuchtbedingungen in den Ursprungsländern, dort ist es lange sehr trocken und heiß und die Pferde laufen auf steinigen oder sandigen Böden. Viele dieser Pferde werden ein Leben lang nicht beschlagen, es ist einfach nicht notwendig.
Im Vergleich dazu nehmen wir nun ein Pferd, das in feuchten Regionen mit weichen Böden aufwächst und deren Vorfahren dort auch gelebt haben. Diese Pferde haben breite Hufe mit flachen Trachten, eine recht flache Sohle und einen stark entwickelten Strahl. Dies liegt daran, dass diese Pferde auf relativ weichen und feuchten Marschböden aufwachsen.

Wenn wir nun hergehen und diese Pferde aus ihrer ureigenen Umgebung entfernen, wird man recht schnell erkennen, dass dies nicht so einfach geht und die Pferde relativ lange brauchen, um sich den neuen Bodensituationen anzupassen. Manche Pferde schaffen es erst in ein paar Jahren, einige nie. Besonders in der Warmblutzucht gibt es seit einigen Jahren den globalen „Spermatourismus", kein Mensch weiß noch, welches Genmaterial dort zusammenkommt. Die Produkte dieser „Pferdezucht" sind oft unkalkulierbar, was den Zustand der Hufe und der Hornqualität betrifft.

Wer als Pferdehalter einen Hufschutz grundsätzlich ablehnt, muss sich darüber im Klaren sein, dass er sein Pferd unter Umständen nur bedingt einsetzen kann und die Haltungs- und Nutzungsbedingungen an diese Situation anpassen muss.

Folgende Punkte sollte man dann bedenken:

- schon beim Kauf des Pferdes auf eine optimale Hornqualität achten,
- das Pferd sollte keine gravierenden Stellungsabweichungen haben,
- optimale Stallhygiene als Voraussetzung,
- gutes Weidemanagement,
- sehr gute Hufpflege

Sind ein oder mehrere Punkte nicht gegeben, wird es schwierig, unter allen Umständen auf einen Schutz der Hufe zu verzichten. Diese Pferde brauchen dann zumindest in der Zeit, in der intensiver geritten wird, einen Hufschutz. Wer dieses nicht beachtet und ein Pferd reitet, das sich nur unter Schmerz bewegen kann, verstößt gegen das Tierschutzgesetz. Richten Sie sich bitte nach den Bedürfnissen des Pferdes und nicht nach der eigenen Weltanschauung. Sonst müssten die Menschen ja auch alle noch barfuß laufen.

Modernes Material und handwerkliche Kunst im Hufbeschlag

Eine kleine Auswahl von Kunststoffhufschutz

Ein kleiner Einblick in die große Palette an Produkten für den Hufbeschlag:

- Hufeisen aus Stahl/Guss/Aluminium/Titan in vielen Formen und Stärken,
- Hufschutz aus verschiedenen Kunststoffarten, Hufschuhe, Sohlen zum Kleben und Nageln,
- Gleitschutz für alle Gebrauchszwecke, Stollen, Stifte etc.
- Viele verschiedene Kunststoffeinlagen,
- Hufpolster mit unterschiedlicher Stoßdämpfung aus Silikon und Polyurethan,
- Kunsthorn von unterschiedlicher Aushärtung und Möglichkeiten der Verarbeitung

Klebbarer Hufschutz

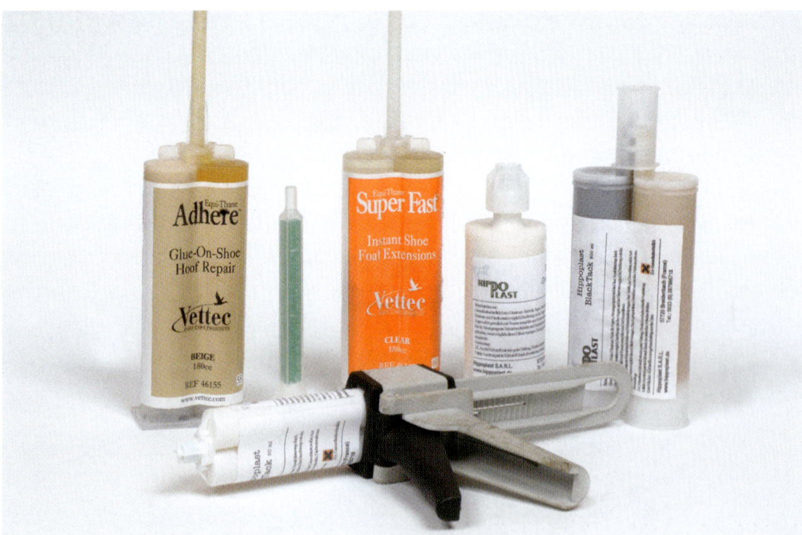

Kunststoffkomponenten
zur Hufrekonstruktion

Worin besteht die Kunst im Hufbeschlag?

Jedes Pferd unterscheidet sich von dem anderen. Oftmals weist das einzelne Pferd noch Unterschiede bei den Beinen und die Hufe betreffend auf. Daraus ergibt sich eine Vielzahl von Kriterien, welche für die präzise Ausführung der Hufkorrektur und den Hufschutz unerlässlich sind.

Für die Erstellung des Beschlagplans sind folgende Kriterien unerlässlich:

- Alter
- Ausbildungstand
- Haltungsbedingungen
- Verwendungszweck
- Gliedmaßenstellung und Führung
- Form der Hufe
- Konsistenz der Hufkapsel
- ...

Verwendung aller Materialien in Verbindung mit der Hufbeschlagskunst

Alle Materialien benötigen spezielle Kenntnisse, um sie zu ver- und zu bearbeiten. Die Kunst liegt in der klaren Analyse der vorgegebenen Kriterien. Die Qualitäten eines guten Hufschmiedes liegen in der Symbiose, ergeben sich aus dem Zusammenspiel der korrekten Hufkorrektur und Anbringung der vorgegebenen Materialien. Aufgrund der vielen Erkenntnisse durch die Forschung und die rasante Entwicklung der Werkstoffe ist Fort- und Weiterbildung in diesem modernen Beruf notwendiger den je!

Viele Reiter sind durch die Vielfalt der Produkte rund um den Hufbeschlag verwirrt und verunsichert. Laufend werden neue Entwicklungen als das Nonplusultra angepriesen. Die Verunsicherung, welcher Hufschutz für das eigene Pferd am besten ist, wächst. Seit dem letzten Jahrhundert sind bei dem deutschen Bundespatentamt ca. 700 Patente für alternativen Hufschutz eingereicht worden. Leider haben sich nur einige wenige in der Praxis bewährt. Sie sehen, alternativer Hufschutz ist keine Erfindung der letzten Jahre; immer wieder wurde und wird versucht, einen optimalen Hufschutz zu entwickeln.

Hier ist nun der moderne und kompetente Hufbeschlagschmied gefragt: Mit seinem Fachwissen kann er den Kunden beraten und aus seiner Kenntnis über die Problematik des einzelnen Pferdes das richtige Produkt empfehlen und mit seiner handwerklichen Fertigkeit optimal anbringen.

Die Durchführung eines regelmäßigen Beschlages

In erster Linie sollte der regelmäßige (normale) Beschlag mit der Beurteilung beginnen. Beurteilt werden der alte Beschlag, das Pferd im Stand (Statik) sowie in der Bewegung (Dynamik, Biomechanik). Die Beurteilung des Pferdes in der Bewegung ist für den Schmied unumgänglich, damit er sich ein Bild über die Fußung sowie das Zusammenwirken von Gliedmaßenstellung und Gliedmaßenführung machen kann. Hierfür muss eine ebene Vorführbahn vorhanden sein.

Bestandsaufnahme: Vorführen und Beurteilen

Ist dieser Punkt korrekt durchgeführt, kann das Pferd nun auf dem Beschlagplatz bearbeitet werden. Die alten Eisen werden entfernt. Das Ausschneiden beginnt mit dem Probeschnitt mit Hilfe des Hufmessers in der Hufzehe zur Kontrolle der Länge des Tragrandes sowie der Dicke und Beschaffenheit der Hornsohle. Nach dem Reinigen der Sohle wird der Tragrand passend zur Fußung und zum Fesselstand gekürzt. Dies geschieht entweder mit der Hufschneidezange oder mit der Hauklinge und einem Schlegel oder aber nur mit der Raspel. Es bedarf schon einiger Erfahrung, um hier immer die optimale und verträglichste Lösung für das Pferd zu finden. Auch das Vormustern mit abgenommenen Eisen ist oftmals eine große Hilfe, da durch den Beschlag der Gang des Pferdes erheblich beeinflusst werden kann.

Ist der Huf jetzt passend zum Fesselstand gekürzt und ist die Fußung korrekt und möglichst plan, werden nun noch Sohle und Strahl mit dem Hufmesser nachbearbeitet.
Der Arbeitsvorgang des Ausschneidens vor dem Beschlag kann gar nicht genau genug ausgeführt werden, da nur so ein optimaler Beschlag gewährleistet werden kann! Die Hufzubereitung ist neben der Beurteilung des Pferdes die wichtigste Arbeit bei einem Beschlag.

„Ein Haus steht auch nur perfekt auf einem gutem Fundament".

Es werden jetzt nach Exterieur, Alter, Verwendungszweck und eventuellen Korrekturmaßnahmen die Eisen ausgewählt. Nach Berücksichtigung aller entscheidenden Faktoren werden die Eisen perfekt gerichtet. Dafür ist ein gewisses Maß an Erfahrung und handwerklichem Geschick erforderlich. Hierbei darf man keinen Kompromiss eingehen. Es muss immer der Beschlag an den Huf angepasst werden und nicht umgekehrt.

Ist das Eisen genau angepasst worden, wird es beschliffen, um sämtliche scharfen Kanten zu entfernen und die Möglichkeit des Abtretens zu mindern. Darüber hinaus kann je nach Einsatz des Pferdes natürlich auch noch ein Gleitschutz etc. angebracht werden. Nach der Bearbeitung wird das Eisen aufgenagelt. Auch hier können je nach Verwendungszweck des Pferdes und dem Zustand der Hornwand die verschiedensten Arten von Nägeln gewählt werden. Es gibt ca. 300 verschiedene Hufnagelsorten. Das Aufnageln muss mit größter Sorgfalt geschehen, da der Huf kein, wie oftmals angenommen, einfacher Hornklumpen, sondern ein äußerst empfindliches, mit zahlreichen Lederhäuten und einem dichten Nerven-, Venen- und Arteriennetz versehenes Organ ist.

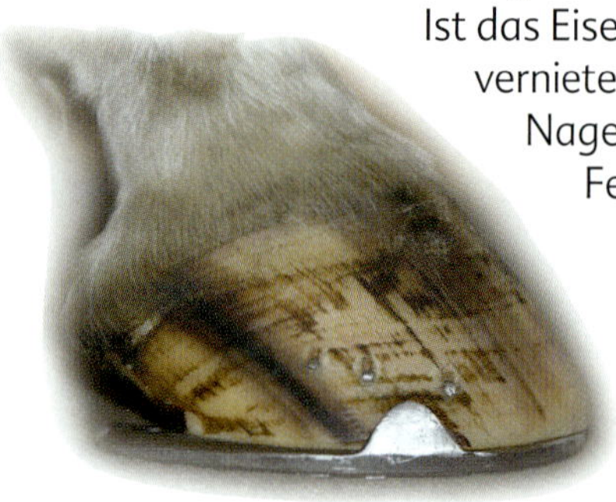

Ist das Eisen fertig aufgenagelt, so werden zum Abschluss die Nägel vernietet und der Huf beraspelt. Man kann nun die alten und neuen Nagellöcher mit Hufwachs versiegeln, um ein Eindringen von Feuchtigkeit in die Hornwand zu vermeiden.

Abschließend wird das Pferd noch einmal auf der geraden Vorführbahn gemustert, um die Korrekturmaßnahmen zu kontrollieren. Ist die Fußung korrekt und das Pferd lahmfrei, ist der Beschlag abgeschlossen.

Probeschnitt

Kürzen des Tragerandes

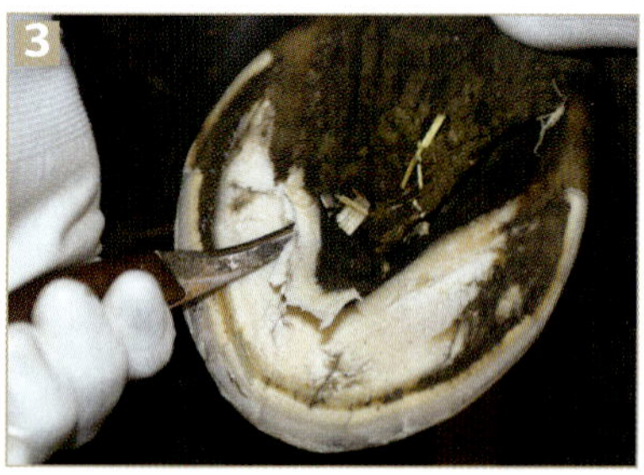

Lockeres Sohlenhorn wird entfernt

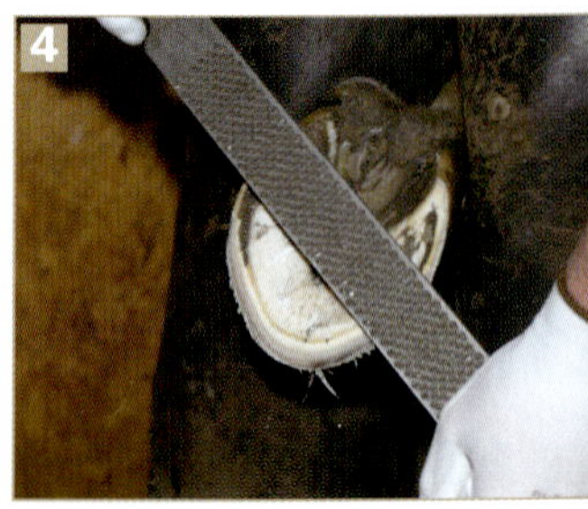

Tragrand wird beraspelt

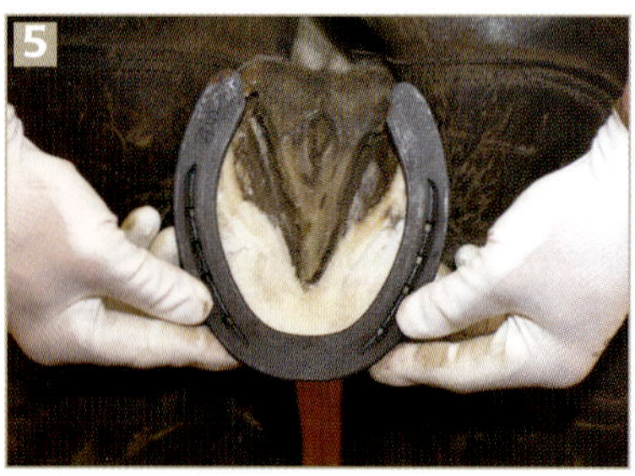

Auswahl des Beschlages

Das Eisen wird gerichtet

Das Eisen wird warm oder kalt angepasst

Die Kanten werden beschliffen

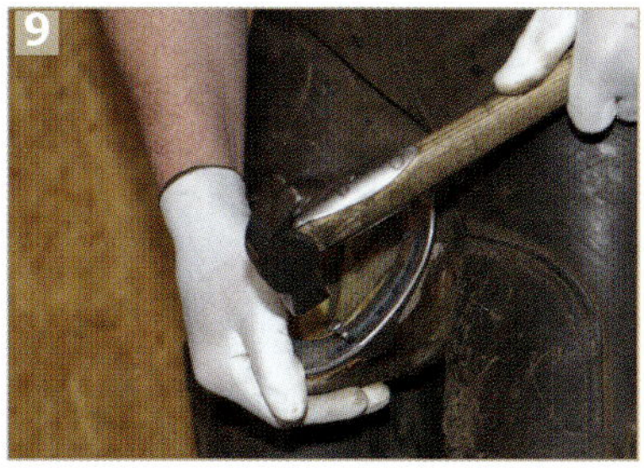

Befestigung mit den Hufnägeln

Die Nägel werden abgekniffen

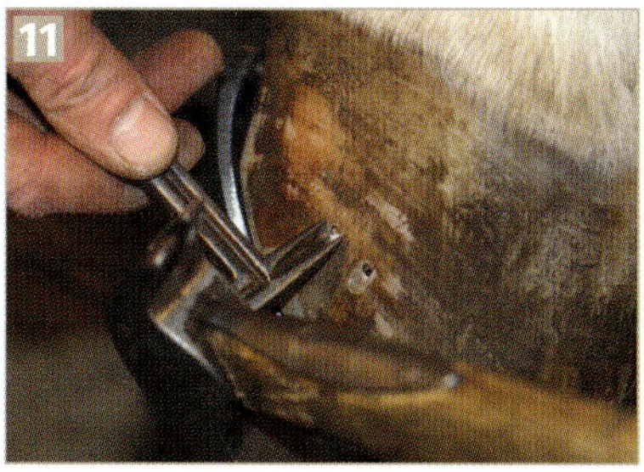

Nietbett mit Unterhauer herstellen

Vernieten mit Nietzange

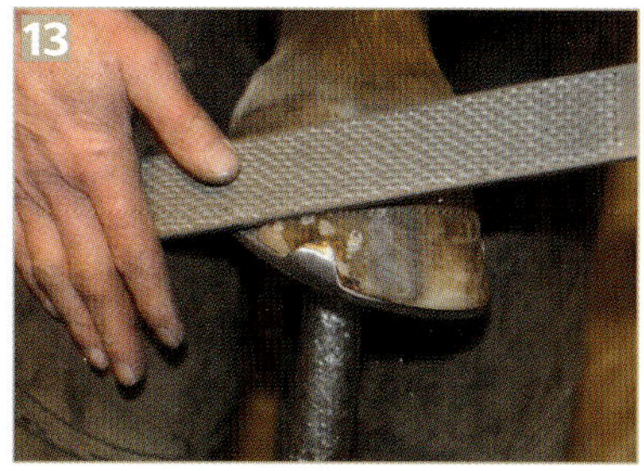

Abschließendes Beraspeln

Die unterschiedlichen Beschläge nach Nutzung des Pferdes

Aufgrund der sehr unterschiedlichen Einsatzmöglichkeiten unserer Pferde gibt es mittlerweile eine Vielzahl von Beschlägen und Beschlagformen. Der Handel bietet über 750 verschiedene Hufeisen an, ohne die alternativen Klebeschuhe oder Boots.
Die Anatomie des Pferdes hat sich jedoch nicht geändert! Das gesamte Exterieur und die Gliedmaßenstellungen sind bei dem Beschlag eines Pferdes immer besonders zu beurteilen und zu beachten. Überdies sind der Ausbildungsstand und das Alter weitere wesentliche Aspekte für die Auswahl des Beschlages. Es macht einen Unterschied, ob ein junges nicht ausbalanciertes oder ein trainiertes und erfahrenes Pferd zu beschlagen ist. Je nach Verwendungszweck (Freizeit, Dressur, Springen, Vielseitigkeit, Fahren) kann die gesamte Bandbreite der Beschlagformen variieren.

Freizeitpferde

Für diese Pferde gibt es keinen speziellen Beschlag, denn aufgrund der verschiedenen Nutzungsmöglichkeiten ist hier die oberste Maxime: Hufgesundheit und Zweckmäßigkeit! Die komplette Bandbreite des Hufschutzes ist hier möglich. Vom Barhuf über den Hufschuh bis zum modernen Kombinationsbeschlag oder klassischen Eisenbeschlag. Das Pferd soll möglichst komfortabel laufen können, damit es dem Besitzer lange Freude bereiten und gesund bis in das hohe Alter geritten oder gefahren werden kann.
Das Freizeitpferd kann saisonbedingt mit oder ohne Hufschutz auskommen. Natürlich gilt das auch für alle anderen Pferde, aber im Turniersport gibt es durch die vielen Hallenturniere mittlerweile kaum noch einen Unterschied zwischen Sommer- und Wintersaison.

Dressurpferde

Bei dieser Disziplin werden vor allem Takt und Reinheit der Gänge bewertet, deshalb ist es besonders wichtig, dass diese durch einen Beschlag nicht gestört, sondern eher noch gefördert werden. Ein leichtes Abrollen mit der Zehe nach der Stützphase ist genauso wichtig wie ein Verhindern von zu tiefem Absinken der Trachten im Reitboden. Dies erreicht man zum einen mit einer guten Zehenwinklung und Zehenrichtung und zum anderen mit genügend langen Schenkelenden am Hufeisen. Die Hufeisen sollen am Vorderhuf etwa so lang sein, dass sie die Hufe um 8 bis 10 mm überragen. Hinten, wo keine Greifgefahr besteht, sollen die Hufeisen mit den Ballenenden abschließen, um möglichst viel Unterstützung zu geben. Ein gut ausgeführter Beschlag ist auch immer Gesundheitsprophylaxe. Durch entsprechenden Beschlag kann der Bewegungsablauf geringfügig verändert werden. Beispielsweise kann ein sehr flacher Bewegungsablauf mit etwas schwereren Eisen verbessert werden. Bei Pferden, die zu aufwendig traben, kann man mit Aluminium-, Titan- oder Kunststoffbeschlägen ebenfalls Verbesserungen erreichen. Solche Veränderungen dürfen jedoch nur sehr maßvoll vorgenommen werden, weil sonst durch die veränderte Gangdynamik Schäden an Bändern und Gelenken entstehen können.

Springpferde

Bei den Springpferden stehen andere Schwerpunkte im Vordergrund. Hier wird nicht der schöne und ausdrucksvolle starke Trab bewertet, sondern es geht vielmehr um Trittsicherheit und Geschwindigkeit. Wenn es darum geht, im Stechen möglichst schnell und ohne großes Risiko für das Pferd in das Ziel zu gelangen, so wird das in aller Regel durch Schraubstollen erreicht. Unsere international erfolgreichen Springreiter haben oft drei oder vier Stollen in jedes Hufeisen eingeschraubt, je nach Bodenbeschaffenheit. Ich persönlich halte das für bedenklich, insbesondere, wenn das von nicht so erfahrenen Reitern nachgeahmt wird. Warum?
Man muss sich vorstellen, dass sich der Fuß fest im Boden verankert, man sieht das besonders gut bei Fernseh- oder Videoaufzeichnungen. Aber wohin werden die entstehenden Kräfte umgeleitet? Es gibt eine sehr große Belastung auf die Gelenkflächen und den Sehnenapparat. Deshalb hat jeder Reiter abzuwägen, ob er lieber die eine oder andere Platzierung möchte oder aber ein über Jahre hinweg einsatzfähiges Pferd. Ich will hiermit nicht den sicherlich wichtigen Gleitschutz infrage stellen, aber man muss den Gebrauch von Stollen von Sinn und Nutzen abhängig machen (siehe Kapitel 5 „Warum Gleitschutz?").

Vielseitigkeits- und Jagdpferde

Beim Vielseitigkeitspferd gibt es sicherlich die größte Herausforderung für einen optimalen Beschlag. Denn das Pferd muss mit denselben Eisen eine Dressur, den Cross und das Springen gehen. Das heißt, wir brauchen einen sehr leichten, sicheren und verschleißarmen Beschlag. Weil in diesen Disziplinen sehr hoch im Blut stehende Pferde genutzt werden, haben wir es auch mit sehr sensiblen Hufen zu tun. Häufig haben diese Pferde sehr flache Hufe mit schwachen und untergeschobenen Trachten und eine empfindliche flache Sohle. Hier müssen wir besonders sorgfältig die Auswahl der Materialien abwägen. Gut bewährt haben sich die profilierten Eventer-Eisen aus den USA. Sie sind zum einen sehr griffig, zum anderen ziemlich leicht und stabil. Zum Schutz der Sohle kann der Schmied heutzutage aufgrund der Entwicklung im Hufbeschlag auf sehr schnell härtende Siliconpolster zurückgreifen, die z.B. auch ohne Platten eingegossen werden können. Gerade im Gelände hat sich herausgestellt, wenn Platten verwendet werden, können die Nägel oft die Scherkräfte nicht aufnehmen und das Eisen geht verloren. Stellen Sie sich vor, das geschieht am zweiten Hindernis und der Reiter bemerkt es nicht. Wenn das Pferd das Ziel erreicht, bleibt meistens nur noch eine Ruine des Hufes übrig, was dann?

Am nächsten Morgen Vet-Check mit Bangen und Zittern! Lahmt das Pferd oder nicht? Für solche Fälle gibt es seit einiger Zeit ein System. Wenn die Hornwand stark beschädigt ist, können handelsübliche Aluminiumhufeisen mit einer besonderen Technik geklebt werden. Sicherlich ist dies eine Lösung, wenn der Beschlag mit Nägeln ein nicht zu überblickendes Risiko bedeutet und ein Start sonst infrage gestellt wäre. Ein versierter Schmied ist sicherlich auch in der Lage, einen solchen Huf mit „Kunsthorn" zu rekonstruieren. Für eine solche Arbeit sind sehr viel Erfahrung und Routine notwendig. Grundsätzlich kann man aber sagen, vieles ist möglich.

● Fahrpferde

Auch in dieser Disziplin gilt eigentlich dasselbe wie für die Vielseitigkeit, denn auch das Fahrpferd braucht einen in erster Linie griffigen und verschleißarmen Beschlag. Früher wurde dieser Verschleiß über dicke und schwere Eisen abgefangen, heute hat das nur noch bei Arbeitspferden Bedeutung. (Selbst Kaltblüter brauchen solch einen Beschlag nur noch im schweren Zug oder in einer sehr hügeligen Landschaft.)
Wer wird versuchen, in Arbeitsschuhen sportliche Leistungen zu erzielen. Deshalb verwende ich für die Fahrpferde genauso leichte Eisen wie für Spring- oder Vielseitigkeitspferde. Nur wird das Eisen noch weiter aufbereitet, z.B. durch Einsetzen von Hartmetallstiften oder das Anbringen einer Rinne in der Zehe, die mit hartem Stahl aufgefüllt wird. Denn aus Gründen der Statik sollte man unbedingt auf Schweißstollen und Griffe an der Zehe verzichten. Für das Training auf der Straße oder sehr steinigen Böden haben sich Beschläge mit Hufpolstern gut bewährt. Je nach Hufform und Hornbeschaffenheit kann der Schmied mit verschiedenen Platten und Polstermaterialien dem Pferd ein sehr komfortables Gehen über lange Distanzen ermöglichen.

● Gangpferde

Mithilfe des Beschlages kann man bei den Gangpferden versuchen, eine optimale Balance des Pferdes zu erreichen, um den Gang, sei es Tölt oder Pass, so sauber und ausdrucksstark wie möglich erscheinen zu lassen. Grenzen in der Ausführung des Beschlages sind durch das Regelwerk des Islandpferdesportverbandes vorgegeben. Und das ist auch gut so. Denn überall, wo Menschen im Sport beteiligt sind, versuchen sie an das Limit des Möglichen zu gehen. Da im Reitsport die Pferde als Lebewesen beteiligt sind, gilt es sie oft vor dem Ehrgeiz der Menschen zu schützen. Dies trifft natürlich für alle Reitsportdisziplinen zu.

● Westernpferde

Hier unterscheiden wir die Hauptkategorien

- **Pleasure**
- **Reining**
- **Cutting**

Die besonderen Ansprüche ergeben sich durch die Anforderungen in den verschiedenen Disziplinen. So benötigen wir bei einem Cutting-Pferd einen Hufschutz, der sehr griffig ist, aber das Pferd dennoch nicht verletzen kann. Zusätzlich soll er relativ leicht sein, um die schnellen Reaktionen des Pferdes am Rind nicht zu verzögern.

Bei dem Reining-Pferd wird immer sehr stark auf die Sliding-Eisen geschaut und viel hineininterpretiert. Meiner Meinung nach zu viel. Entweder ist ein Pferd aufgrund seiner körperlichen Verfassung zu der ein oder anderen Leistung imstande oder nicht. Ich meine, man kann aus einem Trabbi kein Formel-1-Auto machen, bloß weil man Rennreifen montiert. Ist das Fahrgestell eines Trabbis verschlissen, kommt es auf den Schrott. Was passiert mit dem „Sportpartner“ Pferd?

Wenn man das Pferd gesund erhalten möchte, muss man spezielle Sportbeschläge grundsätzlich in starker Anlehnung an die Anatomie durchführen. Die guten Trainer mit Horsemanship haben das schon lange verstanden. Sie führen die weniger begabten Pferde anderen Aufgaben zu. Damit können sie den Besitzern lange Freude bereiten.

Tipp:

Eines möchte ich Ihnen ans Herz legen: Sparen sie bei Ihrem Pferd nicht am Hufbeschlag. Messen Sie die Qualität Ihres Schmiedes nicht daran, wie lange die Beschläge halten oder wie lange man die getragenen Eisen wieder benutzen kann. Sondern daran, wie gut Ihr Pferd geht! Denn nur ein Pferd, das sich auf seinen Hufen wohlfühlt, wird auch bereit sein, im Sport langfristig Leistung zu erbringen. Und es wird auf den Beinen gesund bleiben. Denn ein aufgrund von Beschlagproblemen lahmes Pferd verursacht Kosten (Tierarzt, Boxenmiete, ohne das Pferd nutzen zu können, Nenngeld, nicht erzielte Preisgelder, eventuell notwendig werdender orthopädischer Beschlag), von vielen anderen Unannehmlichkeiten ganz abgesehen.

Fazit

Die aufgeführten Beschläge zeigen nur einen Bruchteil von dem auf, was möglich ist. Die Zulieferindustrie ist auf dem Gebiet des Hufbeschlages in den letzten Jahren sehr innovativ gewesen und hat für alle Disziplinen des Reit- und Fahrsports viele alternativen Lösungen entwickelt. Letztendlich bleibt es abzuwägen, was sinnvoll und nützlich und für das einzelne Pferd gut ist. Denn jedes einzelne Pferd reagiert anders auf einen Beschlag. Auch deshalb ist es so wichtig, dass Reiter oder Fahrer, Tierarzt und Schmied offen miteinander sprechen. Denn letztendlich profitieren alle davon, vor allem Ihr Pferd!

KAPITEL 5

Warum Gleitschutz?

Ein Pferd, welches ohne Hufschutz laufen kann, hat den besten Gleitschutz, den man sich vorstellen kann. Denn durch die Struktur der Unterseite des Hufes hat die Natur die Voraussetzung geschaffen, dass ein Pferd nicht zu sehr rutscht. Das funktioniert auf Gras, Asphalt, bei Matsch und bei Schnee sehr gut. Ein echter Ganzjahresgleitschutz.

Alle Arten von Hufschutz kommen an den natürlichen Gleitschutz des Hufes nur mehr oder weniger gut heran. So ist ein Eisenbeschlag auf der Straße sehr glatt und ein Kunststoffbeschlag oder Hufschuh auf der Grasnarbe ziemlich rutschig. Um Pferde vor dem Ausrutschen und damit vor gravierenden Verletzungen dennoch zu schützen, hat man im Laufe der Zeit verschiedenartige Möglichkeiten des Gleitschutzes entwickelt.

Verschiedene Arten von Stollen und Vidia-Stifte

- **Schraubstollen**
  Die am weitesten verbreitete Art von Gleitschutz ist der Schraubstollen. Die Befestigung erfolgt, wie der Name schon sagt, durch das Einschrauben der Stollen in ein Gewinde, das in die Eisen eingebracht wird. Diese Gewinde gibt es in verschiedenen Größen (8, 10, 12 mm und 3/8 Zoll). Es ist möglich, nahezu in alle Arten von Hufschutz Schraubstollen anzubringen.

- **Steckstollen**
  Daneben gibt es den Steckstollen, dieser wird in ein konisches Loch im Hufeisen eingeschlagen. Dieser Stollen lässt sich jedoch von einem Laien nicht so einfach entfernen, hat aber den Vorteil, dass man kein Gewindeloch benötigt. Auch ist die Auswahl an verschiedenen Formen begrenzt. Diese Art von Stollen ist vor allem in der Schweiz sehr verbreitet.

- **Aufschweißstollen**
  Diese Stollen haben den gravierenden Nachteil, man kann sie nicht einfach entfernen. Dadurch wird permanent die Gliedmaßenstellung beeinflusst. Die Aufschweißstollen sollten aus gesundheitlichen Gründen heute nicht mehr verwendet werden, weil die Verletzungsgefahr für das Pferd selbst und seine Weidegenossen viel zu groß ist.

- **Alternativen**
  In den letzten Jahren kommen immer mehr Befestigungssysteme auf den Markt, bei denen die Stollen durch einen Klemm-Mechanismus befestigt werden. Teilweise haben diese Systeme schon eine gute Praxisreife erreicht (Klick'n ride oder das System von BDF Solutions), andere Systeme werden wahrscheinlich nur sehr kurzfristig am Markt bleiben, weil sie sich in der Praxis als nicht sehr haltbar erweisen.

Der richtige Einsatz von Stollen

Eindrehen von Stollen

Wichtig: Die Stollen sind sofort nach Gebrauch wieder zu entfernen!
Sie sind wirklich nur für die Zeit einzusetzen, in der sie benötigt werden. Weder in der Box noch auf dem Transporter oder gar auf der Weide haben Stollen etwas zu suchen. Das Verletzungsrisiko für das Pferd ist viel zu hoch (Kronentritt, Stollbeule usw.). In der Regel kommen die Pferde mit zwei Stollen pro Huf aus. Am wichtigsten sind Stollen an den Hintergliedmaßen, denn diese übernehmen in den Wendungen und bei dem Absprung die wichtigste Funktion.

Nehmen Sie niemals nur einen Stollen, der entweder an der Innen- oder Außenseite in den Beschlag gesetzt wird! Diese ungleiche Belastung mögen die Gelenke überhaupt nicht.
Benutzen Sie auf sehr festen Böden nur kurze Stollen, denn durch

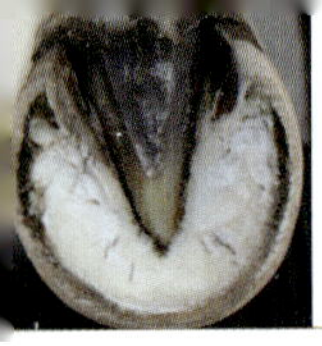

die Höhe der Stollen wird die Gliedmaßenstellung des Pferdes verändert. Dies kann zu schweren Schäden führen.

Tipp:

Reinigen Sie die benutzten Stollen direkt nach dem Gebrauch und sprühen Sie die Stollen mit einem Ölspray ein.
Lagern Sie die Stollen in einer Kiste, in der Sie auch Stollenschlüssel und Stollenlochreiniger aufbewahren, so haben Sie immer alles griffbereit.
Verschließen Sie die Stollenlöcher im Eisen mit Kunststoffkappen oder mit Wattekugeln bis zum nächsten Gebrauch (siehe Foto unten).

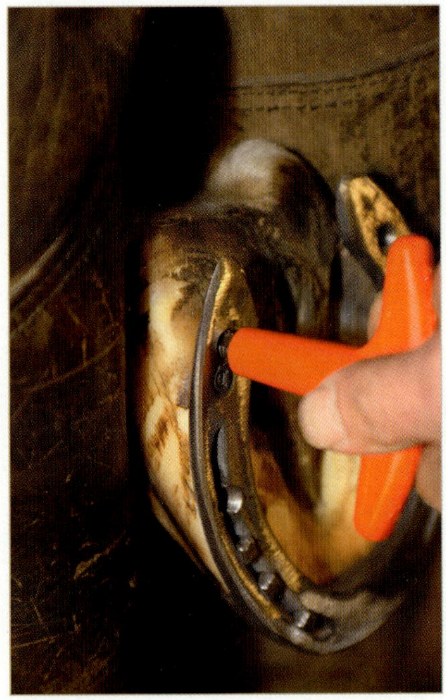

Reinigen der Gewindelöcher

Tauschen Sie kaputte Stollen gegen neue aus.

Im Springsport sieht man in den letzten Jahren immer mehr Reiter, die ihren Pferden drei bis fünf Stollen pro Huf einschrauben. Dies mag unter Umständen hilfreich sein, wenn die Bodenverhältnisse wirklich schlecht sind. Aber sollte der Reiter in dieser Situation nicht eher darüber nachdenken, ob er auf einem solchen Boden überhaupt reitet?
Durch den massiven Einsatz von vielen Stollen ist der Huf in der Belastungsphase am Erdboden wie festbetoniert und die Gelenke, Sehnen und Bänder werden überbelastet. Langzeitschäden werden so begünstigt. Da ist ein kleiner Ausrutscher sicherlich weniger gravierend, auch wenn er vielleicht 3/100 Sek. Zeit kostet. Die Gesundheit des Pferdes sollte Ihnen wichtiger sein!

- **Stollenformen**
  Die Stollenform ist abhängig von dem Boden, auf dem geritten oder gefahren wird, und natürlich vom Laufverhalten des einzelnen Pferdes. Es gibt eben auch bei den Pferden mehr oder weniger laufbegabte Tiere.

Stollen werden für die Straße, den Rasen, trocken oder nass, für Schlamm und für Sand, mit oder ohne Hartmetalleinsätze angeboten. Vonseiten der Hersteller sind keine Wünsche offen geblieben. Informieren Sie sich vor dem Kauf von Stollen genau über deren Einsatzzweck!

Stollen in allen Varianten und Vidia-Stifte

- **Vidia-Stifte**

  Sehr beliebt sind die Hartmetallstifte, die direkt in das Hufeisen eingesetzt werden oder die schon im Hufnagel eingesetzt sind. Es gibt sie in verschiedenen Abmessungen von 1,5 bis 8 mm Durchmesser. Je dünner der Stift ist, umso schärfer greift er z.B. in den Asphalt und umso stärker ist die Bremswirkung. Lassen Sie sich beraten, welche Abmessung für Ihr Pferd geeignet ist. Benutzen Sie die Stifte nur als Gleitschutz und nicht als Verschleißschutz gegen die Abnutzung der Hufeisen. Das geht auf Kosten der Pferdegesundheit.

  Diese Stifte sollten normalerweise nur im Trachtenbereich vom Hufeisen eingeschlagen werden. An der Zehe haben sie wenig Sinn, eigentlich nur, wenn Pferde im bergigen Gelände auf Asphaltstraßen arbeiten müssen. Und auch dann dürfen sie nur im hinteren Bereich der Zehe eingesetzt werden. Ansonsten machen die Stifte es den Pferden unmöglich, vernünftig abzurollen. Dies begünstigt wiederum einen frühzeitigen Verschleiß der Pferdebeine.

Winterbeschlag

Der Winter stellt besondere Anforderungen an einen Hufbeschlag. An erster Stelle soll er dem Pferd ausreichenden Schutz gegen das Ausrutschen bieten und außerdem sollte man damit normal reiten oder fahren können.
Der beste Winderbeschlag ist der Barhuf, denn damit kann das Pferd am besten fühlen, wie es sich verhalten muss. Wer in relativ schneesicheren Regionen lebt, sollte, wenn es die Hufsituation erlaubt, in den Wintermonaten den Beschlag entfernen lassen und die Hufe nur gut berunden.

In Regionen, in denen nur manchmal Schnee fällt und dann auch nur für wenige Tage, wird es schwierig, eine 100 %ige Lösung zu finden. Eine gute Lösung erreicht man durch einen Hufbeschlag, der eine Kombination von Schraubstollen und Hartmetallstiften besitzt. Bei gefrorenem Boden geben die Hartmetallstifte in aller Regel genug Halt, damit das Pferd nicht ausrutscht.

Bei Schnee und Eis sollte man kurze, aber relativ spitze Stollen benutzen. Bei unruhigen Pferden ist beim jeweils inneren Stollen eine stumpfe Form zu wählen, damit sich das Pferd keine schlimme Kronrandverletzung zuziehen kann (siehe Foto rechts).

Wichtig!
Die Stollen sind unmittelbar nach dem Reiten wieder zu entfernen und erst vor dem nächsten Gebrauch wieder einzuschrauben!
Auf keinen Fall sollten die Stollen bei der dressurmäßigen Arbeit im Huf verbleiben, denn bei Übungen wie Rückwärtsrichten oder Vor- und Hinterhandwendungen können sich die Pferde mit den spitzen Eisstollen schwer verletzen (siehe Kapitel 9 „Erste Hilfe“).

Um das Einballen von Schnee zu verhindern, gibt es verschiedene Möglichkeiten:

- Wer nur ein paar Meter vom Stall bis in die Reithalle zu gehen hat, aber trotzdem auf einen Beschlag, aus welchen Gründen auch immer, nicht verzichten kann, der kann seinem Pferd für diesen kurzen Weg alte Socken über die Hufeisen ziehen. Dies funktioniert sehr gut.

- Starkes Einfetten oder Ölen der Hufunterseite hat den Nachteil, dass es nur sehr kurzfristig hilft und der Huf dadurch zu spröde wird. Das Einbringen von Kerzenwachs ist ebenfalls nur kurzfristig wirksam.

- Huflederkitt war über Jahrzehnte das Mittel der Wahl und es hat eigentlich gute Dienste geleistet. Dieser Naturkautschuk, auch Perchakutta genannt, muss in heißem Wasser erwärmt werden, um weich zu werden. In der Zwischenzeit müssen die Hufe gut gereinigt werden, damit es unter dem Kitt keine Fäulnis gibt. Danach wird der weiche Kitt in alle Vertiefungen des Hufes und so weit möglich unter den Hufeisenrand gedrückt. Dann bedeckt man die Oberfläche mit ein wenig Papier oder Folie, damit der Kitt nicht am Boden anklebt, und setzt den Fuß ab. Danach wartet man ca. 20 Minuten, bis der Kitt erkaltet ist und zu einer zähen festen Form gefunden hat.
  Ein Nachteil hierbei ist der relativ hohe Zeitaufwand. Dem steht der Vorteil gegenüber, dass man den Kitt selbst anbringen kann und nicht die ganze Winterperiode über Einlagen im Beschlag benötigt, auch wenn kein Schnee da ist. Man kann den Huflederkitt immer wieder benutzen, indem man ihn nach Gebrauch abkocht und zu Streifen geformt lagert.

- Geschlossene Hufeinlagen aus thermoplastischen Kunststoffen haben sich nicht so sehr durchsetzen können. Diese Einlagen werden in heißes Wasser gelegt, wodurch sie dann modellierbar sind. Sie werden mit dem Hufeisen aufgenagelt. Diese Einlagen haben eine sehr glatte Oberfläche, an der der Schnee keinen Halt findet. Bedauerlicherweise besteht für das Pferd jedoch auf der Weide oder dem Auslauf erhebliche Rutschgefahr. Zudem sammeln sich gerne Schmutz und Feuchtigkeit unter der Platte an.

- Snow-Grip, das sind Gummiringe, die bei dem Beschlag zwischen Huf und Eisen angepasst und dann mit aufgenagelt werden (siehe Foto rechts). Der Gummiwulst verhindert zum größten Teil, dass der Schnee am Hufeisen festklebt. Dies ist eigentlich die eleganteste Methode, um Schneeeinballungen zu verhindern. Auch stark einballende Reithallenböden können sich bei der Verwendung von Snow-Grips nicht so gut festsetzen.

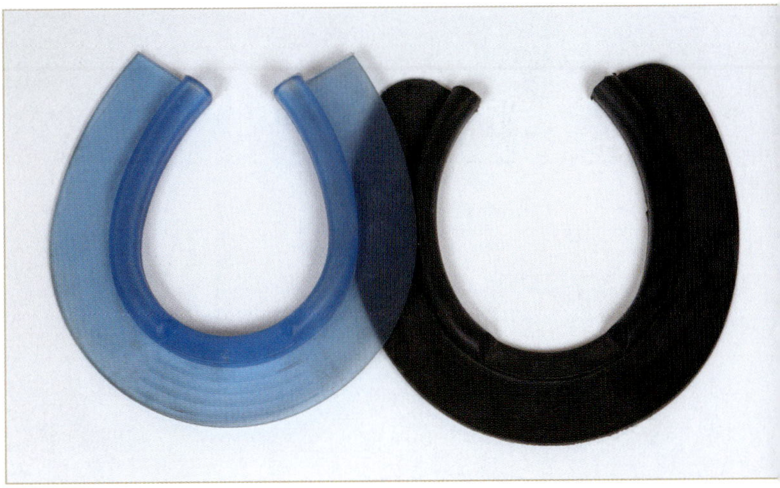

Es werden immer mehr Varianten dieser Einlagen angeboten. Sprechen Sie mit Ihrem Hufschmied darüber, welches System für Ihr Pferd das beste ist. Denn Hufform und Nutzung sind entscheidend bei der Auswahl des Materials.

- Eine andere Alternative ist es, die Pferde während der Winterzeit mit einem guten Kunststoffbeschlag auszustatten, der auch die Möglichkeit bietet, zusätzlichen Gleitschutz anzubringen.

Kapitel 6

Orthopädische Beschläge bei Erkrankungen an Hufen und Gliedmaßen

Spezial- und Sonderbeschläge

Für fast jede Erkrankung oder Gliedmaßenfehlstellung gibt es verschiedene Möglichkeiten, um mit einem besonderen Beschlag korrigierend zu helfen.

Korrektur der seitlichen Zehenachse

Dies ist sicherlich die am häufigsten anzuwendende Korrektur.
In den meisten Fällen ist der **Zehenwinkel zu spitz**, d.h., er ist kleiner als 45° und die gedachte Achse durch die Mitte der Zehenknochen ist nach hinten gebrochen.

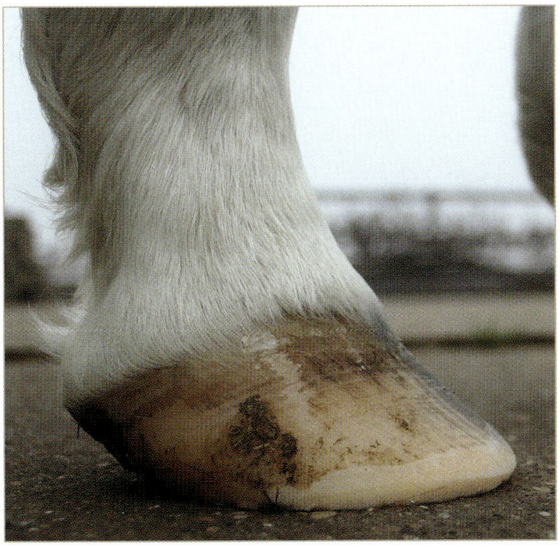

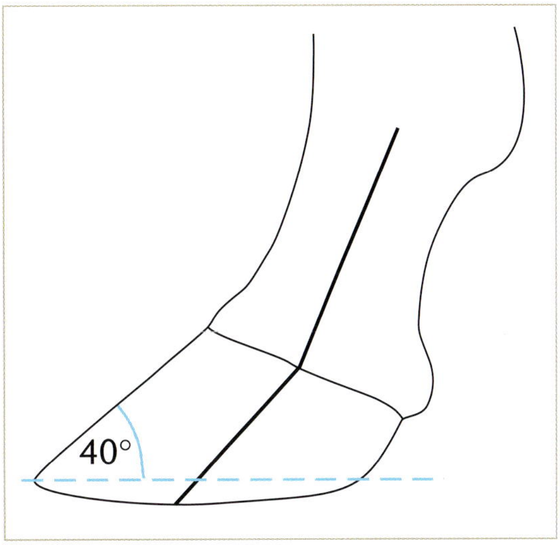

Langer, spitzer Huf, gebrochene Zehenachse, Überstreckung des Hufgelenks

In diesem Fall wird als Erstes durch Kürzen der Hufzehe zu korrigieren versucht. Wenn das nicht ausreicht, muss mit dem Beschlag ausgeglichen werden. Die erste Möglichkeit besteht darin, ein Hufeisen anzubringen, das ein zurückgearbeitetes Zehenteil hat. Je nach Hufform kann diese Korrektur mehr oder weniger stark ausgeprägt sein.

Außerdem werden Hufeisen mit zurückgelegter, gerader oder konkaver Zehe, aber auch zehenoffene Eisen verwendet. Seit einiger Zeit finden die in den USA entwickelten NBS-Eisen hier ebenfalls Verwendungsmöglichkeiten, wobei die Art der Hufzubereitung in Europa noch umstritten ist. Für unsere europäischen Warmblutpferde sind diese Eisen nicht immer ideal gelocht und die Hufwände brechen relativ schnell aus.

Reicht diese Korrektur nicht aus, besteht noch die Möglichkeit, die Hufwinkel durch verschiedene Arten von Erhöhungen anzupassen. Es gibt hier die unterschiedlichsten Variationen, z.B. verdickte, an den Eisen angeschweißte Schenkel oder viele Arten von Kunststoffkeilen und die konisch zulaufenden Sohlen, die in Verbindung mit einem Polster angebracht werden.

Aber Achtung! Vorsicht!
Alle Erhöhungen bringen zwar eine optische Verbesserung der Zehenachse, aber sie erhöhen auch die punktuelle Belastung auf die Trachten, was zur Folge hat, dass sie sich immer weiter zurückbilden und schwächer werden. Es tritt genau das Gegenteil von dem ein, was man erreichen möchte. Gegebenenfalls muss man auf Dauer immer mehr erhöhen, um den Zehenwinkel zu erhalten.
Dies trifft jedoch nicht auf den Beschlag mit einem Hufpolster zu, denn hier wird der Druck von den Trachten weg auf den gesamten Huf übertragen und bringt im Trachtenbereich Entlastung. Dadurch kann sich die eingerollte und untergeschobene Trachte wieder aufrichten und erholen!

Wenn der **Zehenwinkel zu stumpf** ist, d.h. größer als 60°, müssen die Trachten vorsichtig gekürzt werden.

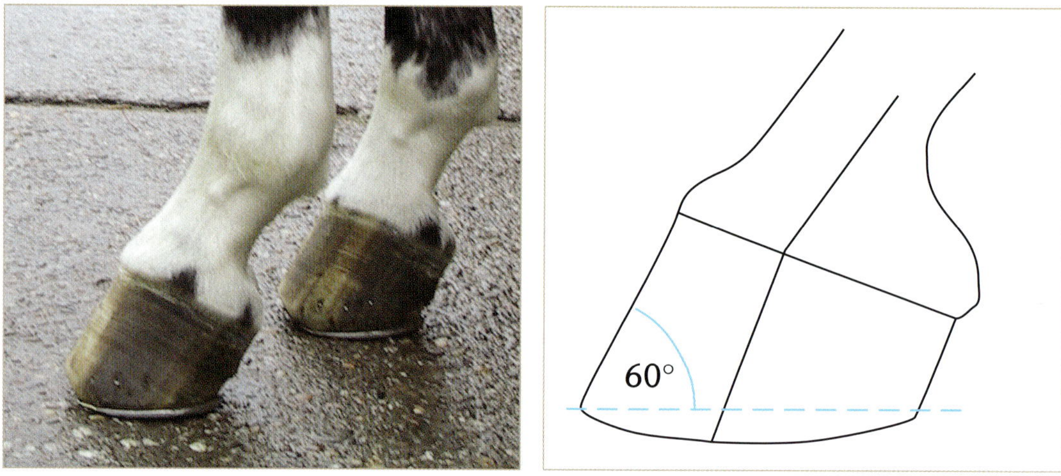

Stumpfer Huf, gebrochene Zehenachse, vermehrte Beugung des Hufgelenks

In diesem Fall ist es sinnvoll, sich vor dem Beschlag mit dem Tierarzt in Verbindung zu setzen, der dann eine seitliche Röntgenaufnahme machen wird, um sicherzugehen, dass nicht andere Veränderungen an der Gliedmaße eine Korrektur verbieten (z.B. eine Hufbeinrotation).

Korrektur der Zehenachse von vorne und hinten gesehen

Hierbei handelt es sich um Abweichungen wie bodenweit und bodeneng oder zehenweit und zeheneng oder eine Kombination aus beiden (siehe S. 31 und 32).
Auch hier wird zunächst versucht, durch korrigierendes Ausschneiden zum Ziel zu gelangen. Sollte das nicht gelingen, gibt es einige Möglichkeiten mit Hilfe eines entsprechenden Beschlags einzugreifen. So können die Hufeisenschenkel verschieden dick oder breit geschmiedet werden. Außerdem können die Eisen entsprechend der zu korrigierenden Stellung angebracht werden, sodass sie unterstützend wirken. Wichtig ist auf jeden Fall, dass diese Maßnahmen bei dem erwachsenen Pferd sehr vorsichtig vorgenommen werden, weil die Zehengelenke eine seitliche Rotation nur begrenzt mitmachen können.

Sinn und Zweck von Sonderbeschlägen

Es gibt zahlreiche Möglichkeiten, Pferden einen Hufbeschlag anzufertigen. Trotz der oft besprochenen Nachteile hat der Hufbeschlag durchaus viele Vorteile zu bieten.
Zum einen gibt es den regelmäßigen und dem entsprechenden Gebrauchszweck angepassten Beschlag. Darüber hinaus existieren der entlastende Beschlag und nicht zuletzt der orthopädische und therapeutisch wirkende Sonderbeschlag. Es gibt unendlich viele Möglichkeiten, solch einen Sonderbeschlag anzufertigen. Wichtig ist nur, dass das Pferd damit gut laufen kann und das Problem den Bewegungsablauf nicht mehr oder deutlich weniger stört.

Im Folgenden werden einige Beispiele von Sonderbeschlägen und deren Einsatzgebiet vorgestellt.

Beschlag mit gerader Zehe und Steg

Diese Eisen werden in erster Linie benutzt, um den Pferden eine größere Unterstützungsfläche zu geben, wenn z.B. die Zehenachse nicht passend ist und der Bereich der Beugesehnen und der Zehengelenke durch diese Disbalance zu stark belastet wird. Oder um den Sehnenapparat bei einer Verletzung zu entlasten und so eine bessere Abheilung zu gewährleisten. Aber auch bei bestimmten Formen des Spats oder einer Schwäche des Fesseltrageapparates werden diese Eisen häufig eingesetzt.
Die Stege verhindern, dass der hintere Hufabschnitt (Trachten) zu tief im weichen Reitboden absinkt. Durch das Absinken der hinteren Hufhälfte entsteht eine zu lange Stützphase und die erkrankte Sehne wird zu stark belastet.

Beschlag mit gerader Zehe und Steg

Im Vergleich dazu wurden früher die Trachten meistens mit Keilen aus Kunststoff oder Stahl erhöht, um so eine Entlastung der Gelenke und Sehnen zu erreichen. Diese Maßnahme hatte aber den Nebeneffekt, dass die ohnehin schon schwachen Trachten dadurch noch mehr zerstört wurden.
Heutzutage werden diese künstlichen Trachtenerhöhungen nur noch sehr selten vorgenommen, und wenn doch, dann nur im äußersten Notfall.

Kaputter Huf durch Trachtenerhöhung. Mit solchen „Prothesen“ wird nur noch im Notfall gearbeitet.

Beschlag mit Eieisen bzw. Egg-Bar-Shoe

Eieisen, Egg-Bar-Shoe

Bei der Art von Beschlag wird weiter unterschieden zwischen einem geraden Steg, auch Schlusseisen genannt, und dem runden Steg, der auch Eieisen oder Egg-Bar-Shoe genannt wird.

Das Eieisen hat eine deutlich größere Unterstützungsfläche als das Schlusseisen und wird besonders bei Dressurpferden eingesetzt, bei denen die Gefahr des Greifens geringer ist als bei Springpferden. Deshalb wird bei den Springpferden mehr das Schlusseisen benutzt. Meistens werden diese Beschläge in Verbindung mit einem deutlich zurückgearbeiteten Zehenteil des Hufeisens angebracht. Man bezeichnet dies als gerade Zehe.

Es empfiehlt sich vor Sonderbeschlägen ein Röntgenbild zu erstellen, um eine Korrektur fachgerecht ausführen zu können. Der erfahrene Schmied wird einen Sonderbeschlag immer mit dem Tierarzt besprechen, um später Missverständnisse auszuschließen.

Beschläge mit Einlagen und Polster

Orthopädische Einlagen

Diese Beschlagsformen haben sich in den letzen Jahren rasant entwickelt und man muss sagen, eindeutig zum Wohle der Pferde. Gab es früher den Klassiker, eine Ledersohle mit einem Hanfpolster oder Schafwolle, so steht heute eine Vielzahl von verschieden Materialien zur Auswahl, unter denen man genau das Richtige aussuchen kann:

- **Silikon aus der Kartusche**
- **knetbares Dental-Silikon**
- **Polyurethan in vielen unterschiedlichen Härten und Gewichten**

Verschiedene flüssige Komponenten zur Herstellung eines Hufpolsters

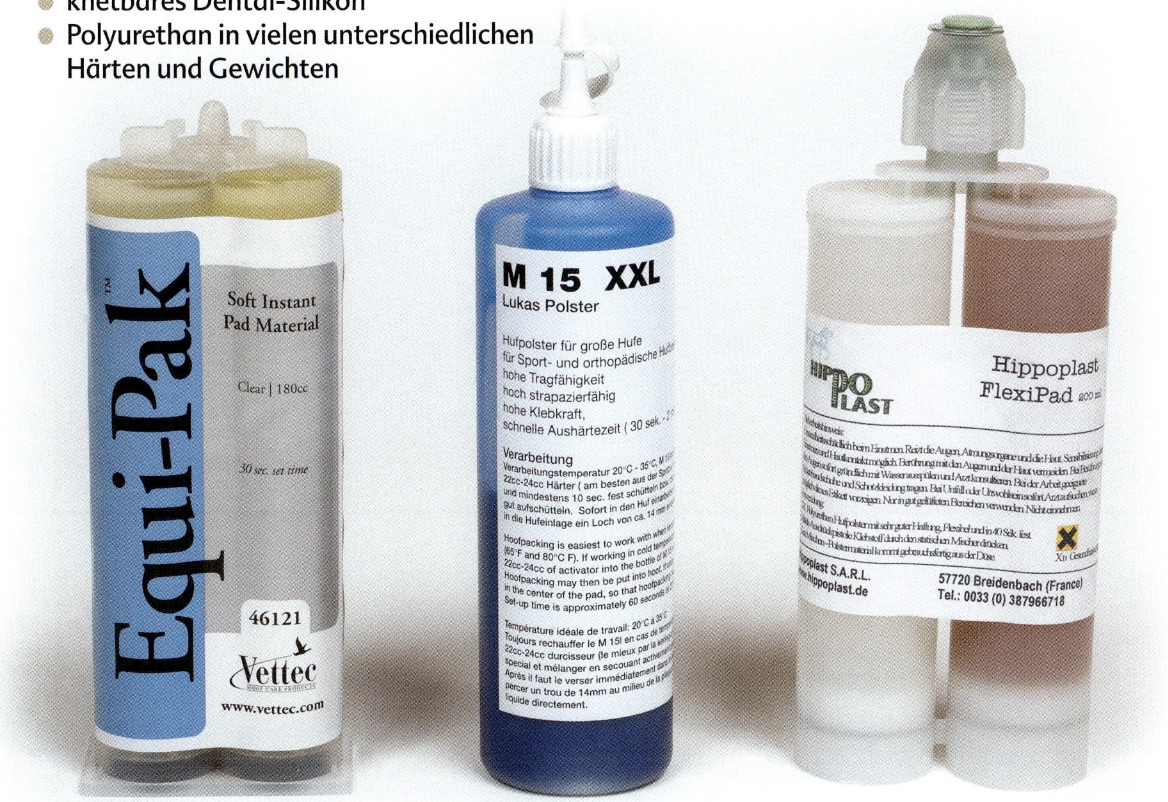

Einsatzgebiete für Polsterbeschläge können sein:

- **dünne empfindliche Sohlen**
- **schwache Trachten**
- **enge Hufe und Zwanghufe**
- **Hornspalten**
- **Huflederhautentzündungen**
- **Hufrehe**
- **Hufrollen- oder Hufgelenkentzündungen**
- **Arthrosen**
- **Hufbeinfrakturen**

Für die Vielzahl von Problemen gibt es mittlerweile sehr unterschiedliche Materialien, von sehr weich und elastisch bis zum sehr festen und harten Polster. Der qualifizierte Hufschmied weiß genau, was wann gebraucht wird, und er wird das Material so auswählen, dass der größtmögliche Nutzen für das Pferd erreicht wird. Er bringt den geeigneten Beschlag jedoch erst an, wenn er von dem Tierarzt, der das Pferd untersucht hat, eine klare und eindeutige Diagnose erhalten hat, um dann mit ihm gemeinsam den Beschlag abzustimmen. Nur durch diese Vorgehensweise kann das Pferd einen optimalen Beschlag erhalten, der ihm wirklich hilft.

Beispiel:
Ein ganz besonderes Einsatzgebiet hat ein Polster, das aus mehreren Komponenten besteht. Dieses wird bei vielen Erkrankungen im Bereich des Hufes eingesetzt.

Ein sehr elastisches Hufpolster aus Polyurethan fängt sehr gut Stöße und Schwingungen ab und hat außerdem einen positiven Effekt auf den Hufmechanismus. Es kann dadurch die Durchblutung und Versorgung des Hufes sichern. Dieser Beschlag setzt sich zusammen aus dem eigentlichen Hufeisen, einer Platte und einem Polster, wobei das Hufeisen in seiner Ausführung und Art dem Pferd schon alleine ein sehr gutes Abrollen und Fußen ermöglicht. Das Eisen ist meistens mit einer geraden Zehe versehen und hat dadurch eine Besonderheit, die man als Zehenrichtung bezeichnet. Durch sie erhält das Pferd die Möglichkeit, ohne großen Widerstand abzufußen. Das ist sehr wichtig, denn alles, was leicht und ohne Behinderung bewegt werden kann, unterliegt einem geringeren Verschleiß. Dies trifft auf uns Menschen, auf Maschinen und eben auch auf Pferde zu. Schlichtweg auf alles, was sich bewegt!
Zwischen Huf und diesem Eisen wird die ausgewählte elastische Platte angebracht. Und zuletzt wird das Polster eingegossen, das aus zwei unterschiedlich elastischen Materialien besteht. Dieses System hat sich hervorragend bewährt, weil es nicht nur einen günstigen Einfluss auf den Hufmechanismus hat, sondern außerdem den gesamten Trageapparat sehr gut entlastet.

Spezialpolster Luwex

Fazit

Durch eine qualifizierte Hufpflege und einen guten Beschlag lassen sich schon sehr viele Erkrankungen im Vorfeld vermeiden oder aber zumindest hinauszögern. So zielt ein guter Hufbeschlag nicht zuletzt darauf, das Pferd möglichst lange gesund und lahmfrei zu halten. Eine Bestätigung dafür ist, dass es viele Pferde gibt, die aufgrund einer guten Betreuung durch den Hufschmied bis ins hohe Alter geritten werden können.

Hinweis:
Sollte Ihr Pferd einen Hufbeschlag benötigen, rate ich Ihnen dringend, lassen Sie sich von Fachleuten beraten und nicht von Laien. Denn ein nicht korrekt angebrachter Beschlag, egal ob aus Stahl, Aluminium oder auch Kunststoff, wird mehr schaden als nutzen. Da fast jedes Pferd anders auf einen Beschlag reagiert, kann kein direkter Vergleich mit anderen Pferden gezogen werden.
Bitte beachten Sie auch, dass es immer wieder eine Rückkehr zum regelmäßigen Beschlag oder zum unbeschlagenen Huf geben sollte, wenn die Erkrankung abgeheilt ist. Die Ausnahme stellt das Vorhandensein eines Dauerschadens dar, der langfristig einen orthopädischen Hufbeschlag erfordert.
Aber ein noch so aufwendiger und teurer Beschlag kann nicht das gesamte Management rund ums Pferd ersetzen. Er ist nur ein Bestandteil aller Maßnahmen, die zur Gesunderhaltung bzw. Gesundung des Pferdes beitragen. Denn wenn die Nutzung und die Behandlung nicht dem Gesundheitszustand des Pferdes angepasst werden, ist mit keinem Erfolg zu rechnen.

Orthopädische Hufbeschläge bei Erkrankungen der Hufrolle, des Hufgelenks und Strahlbeins

Diese Erkrankungen treten relativ häufig an den vorderen Zehenendgliedmaßen auf, an den Hinterhufen sind sie eher selten. Sie verlangen besondere Aufmerksamkeit in der Beurteilung des Pferdes und bei der Auswahl und Ausführung des Beschlages.

Gerade bei Pferden, die aufgrund ihrer Gliedmaßenstellung für eine Erkrankung dieser Art prädestiniert sind, ist ein korrekt angepasster Beschlag die beste Gesundheitsprophylaxe! Das heißt im Einzelnen: Anstreben einer ungebrochenen Zehenachse, möglichst plane Fußung, sowohl in der seitlichen als auch in der Betrachtung von vorne.
Ein Hufbeschlag, der das Pferd in der Bewegung unterstützt und in keiner Weise behindert, sollte selbstverständlich sein.

Bei Lahmheit ist durch den Tierarzt eine Diagnose zu erstellen, um den Bereich der Lahmheit genau zu lokalisieren. Denn sehr häufig wird nach einer Röntgenaufnahme schnell ohne weitere differenzialdiagnostische Absicherung gehandelt. Dies hat häufig zur Folge, dass eine genaue Diagnose ausbleibt und der Beschlag dann nicht immer optimal ausgeführt werden kann. Aus diesem Grund ist die enge Zusammenarbeit zwischen Tierarzt und Schmied für eine erfolgreiche Tätigkeit so wichtig.

Beschlag bei der chronischen Hufrollenentzündung/Podotrochlose

Die meisten Pferde, die an einer chronischen Hufrollenerkrankung leiden, haben keine regelmäßige Gliedmaßenstellung. Die einen haben eine nach hinten gebrochene Fesselachse, einen Huf mit spitzer Zehenwinkelung (siehe Seite 77), schwache untergeschobene Trachten, andere haben eine stumpfe Hufform und kurze steile Fesselung (siehe Seite 78). Die erkrankten Pferde zeigen in der Bewegung eine deutliche Zehenfußung, um die schmerzenden hinteren Hufabschnitte zu entlasten. Manchmal entstehen durch die ständige Entlastung auch sehr hohe Trachten mit deutlicher Tendenz zu einem Zwanghuf.

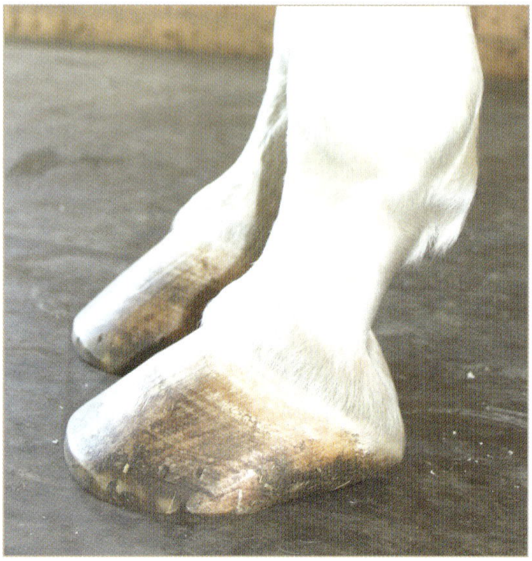
Zu spitzer ...

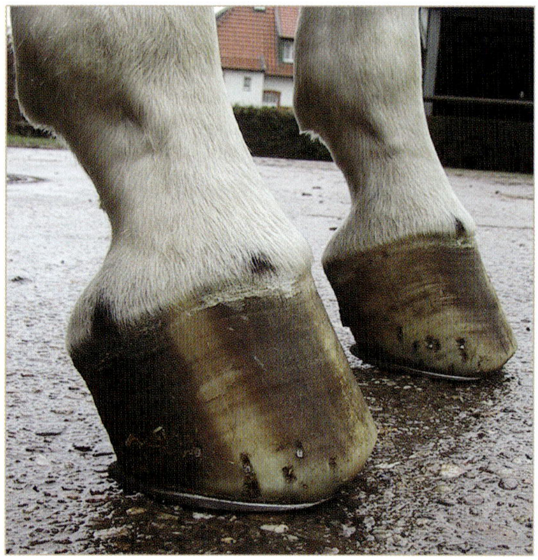
zu stumpfer Zehenwinkel

Die Hauptaufgabe bei diesem Beschlag liegt in der Optimierung der Gliedmaßenstellung und der Entlastung des entzündeten Hufrollenbereichs und der tiefen Beugesehne. Die Korrektur sollte, wenn möglich, nur durch die Hufzubereitung und die Positionierung des Eisens geschehen. Eine künstliche Erhöhung der Trachten sollte meiner Meinung nach erst nach genauem Abwägen der Vor- und Nachteile geschehen. Um ein leichtes Abfußen zu erreichen, haben sich das Hufeisen mit gerader Zehe, ein bodeneng gerändertes Eisen, ein Eisen mit offener Zehe oder das NBS-Eisen als geeignet erwiesen.

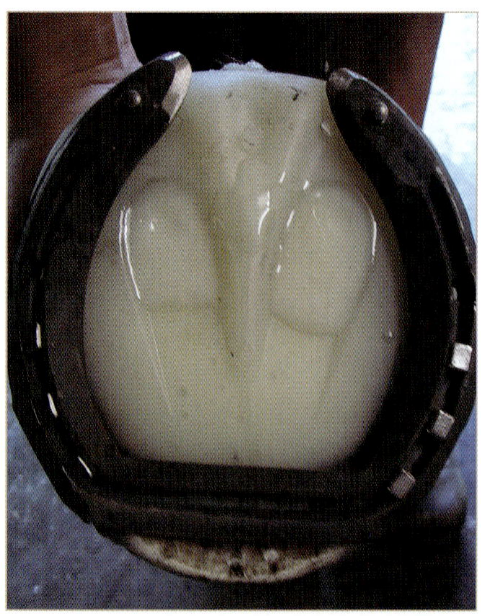
Podotrochlosebeschlag

Weitere Hilfsmittel können Schluss- oder Eieisen sein. Zur Stoßdämpfung eignen sich Hufpolster verschiedener Materialien und Einlegesohlen, die nach Verwendung und Nutzung des Pferdes auszuwählen sind. Sehr gute Erfolge lassen sich außerdem mit einem Softbar-Beschlag erzielen.

Softbar-Polster

Auf diesem Weg wird auf einfache Weise eine gute Stoßdämpfung erreicht, genügend Unterstützungsfläche hergestellt und aufgrund des geringen zusätzlichen Gewichtes ist eine Veränderung der Gangdynamik selten zu beobachten. Mit einem Polsterbeschlag wird außerdem der Hufmechanismus angeregt. Daraus folgt eine verbesserte Durchblutung in den unteren Extremitäten, wodurch entzündliche Prozesse besser abgebaut werden können. Zudem wird der punktuelle Druck von der Trachte auf den gesamten Huf verteilt, sodass die Belastung pro cm^2 deutlich geringer wird. Untergeschobene und eingerollte Trachten können sich so wieder aufrichten und eine gute Hufbalance kann wiederhergestellt werden.

Bei engen Hufen lässt sich eine Erweiterung feststellen, was wiederum zu einer größeren Aufstandsfläche führt. Bei dieser Hufform ist häufig eine Einblutung im Bereich der Trachten und Eckstreben zu beobachten, was auf eine geringe Fähigkeit zur Kraftaufnahme hinweist.

Beschlag bei Hufgelenkentzündung

Hierbei handelt es sich häufiger um eine akute Form, seltener um eine chronische. Beschlagtechnisch gesehen sind bei der Hufzubereitung die gleichen Punkte zu beachten, wie sie bereits bei der Hufrollenentzündung aufgeführt wurden.

Im akuten Fall kann eine kurzfristige mäßige Trachtenerhöhung Linderung bringen. Für die Folgezeit ist es sinnvoll, den Beschlag unter Hinzuziehung von Röntgenbildern durchzuführen, um einen optimalen Stand der Gelenkflächen zueinander zu erreichen.
Gängige Beschlagmöglichkeiten sind hier Eisen mit gerader Zehe, Egg-Bar-Shoe usw.

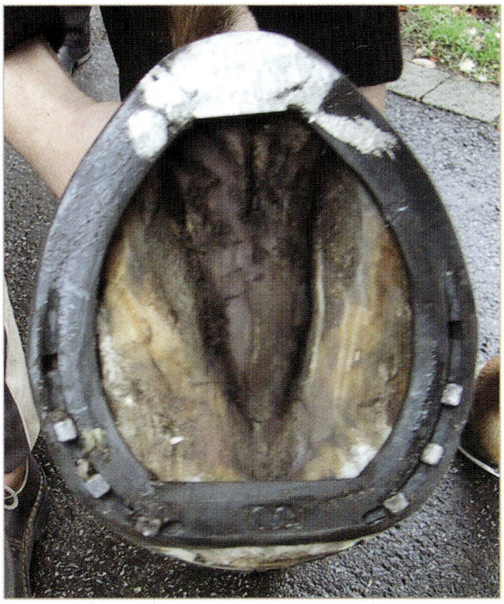
Egg-Bar-Shoe mit gerader Zehe

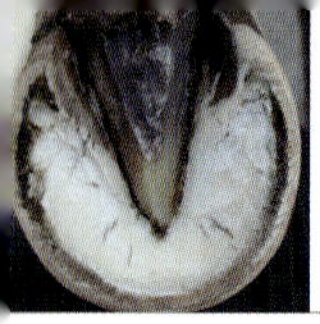

● Beschlag bei Erkrankungen des Strahlbeines und der Strahlbeinbänder

Hier gilt es in erster Linie eine Entlastung im Bereich der Sehnengleitfläche zu erreichen. Wichtig ist dabei, die zweite Stützphase so kurz wie möglich zu halten und dadurch ein schnelleres Abrollen über den Zehenbereich zu erzielen, z.B. durch Verlagerung des Abrollpunktes in die Nähe des Hufzentrums. Dafür bietet sich ein Beschlag mit deutlich gerader Zehe, ein zehenoffenes Eisen oder ein NBS-Eisen an. Ein Hufpolster ist zu empfehlen, um dem Absinken des Ballen-/Strahlsegmentes entgegenzuwirken. Würde man z.B. eine Trachtenerhöhung anbringen (z.B. verdickte Schenkel und Kunststoffkeile), wäre der gesamte hintere Hufbereich gezwungen, sich bei jedem Auffußen noch mehr abzusenken. Dies würde wiederum die Stresssituation in der Hornkapsel noch fördern.
Auch hier ist der Beschlag mit einem sogenannten Softsteg als eine optimale Lösung zu sehen, denn er bringt durch Reduzierung der Erschütterungen Ruhe in die gereizten Bereiche. In fast idealer Weise werden so die auftretenden Kräfte in die gewünschte Richtung geleitet.

Es ist unbedingt empfehlenswert, sich jedes Pferd eingehend anzusehen und zu beurteilen, denn selbst bei gleicher Diagnose gibt es sehr unterschiedliche Lösungsmöglichkeiten, die entscheidend für den Erfolg des Hufbeschlages sind.
Darüber hinaus ist es für jede Art der Hufzubereitung und des Beschlages hilfreich, das Pferd in der Arbeit zu beobachten, weil sich hieraus noch oft viele nützliche Informationen ergeben. So ist manche Lösung, die man vielleicht gerne gewählt hätte, dann hinfällig.

Orthopädische Hufbeschläge bei Erkrankungen des Sehnenapparates

Viele von Ihnen kennen es sicherlich, wenn das Pferd nach einer Sehnenerkrankung täglich auf festem Boden Schritt geführt werden muss. Das ist besonders bei Minustemperaturen, oft begleitet von Temperamentsausbrüchen des Pferdes, nicht von hohem Unterhaltungswert, höchstens für die zuschauenden Reiterkollegen. Aber Spaß beiseite, denn so ein Sehnenproblem kann eine längere Reitpause verursachen.

Was kann der Schmied machen, wenn ein Sehnenproblem besteht?
Zuerst muss der Informationsfluss gewährleistet sein. Das heißt, er braucht eine sichere Diagnose von dem Tierarzt, der das Pferd untersucht hat. In dem Gespräch wird dann gemeinsam nach einer bestmöglichen Lösung für einen orthopädischen Hufbeschlag gesucht. Denn je nach Lage und Ausdehnung der Sehnenschädigung kann der Beschlag in seiner Ausführung sehr stark variieren. Wir unterscheiden zwischen der Sehnenentzündung, einer Auffaserung, bei der Teile der Sehne zerstört sind, und der vollständigen Zerreißung einer Sehne.

Die häufigsten Probleme treten an den Beugesehnen und am Fesseltrageapparat auf, seltener ist der Zehenstrecker betroffen. Natürlich gibt es noch andere Schäden, z.B. an den Strahlbeinbändern oder Gleichbeinbändern.

Beschlag bei Erkrankung der Beugesehne

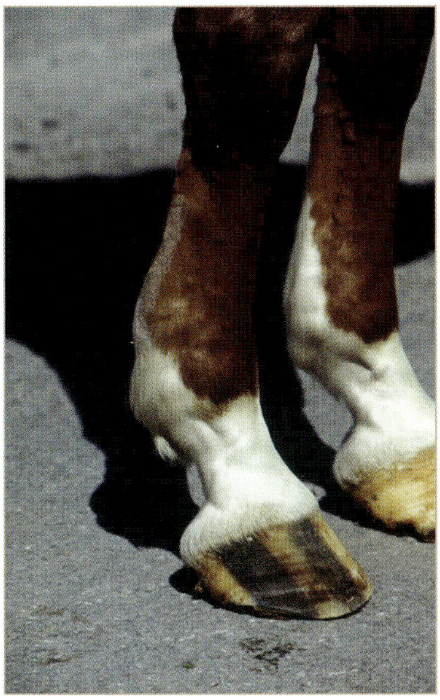

Entzündung und Schwellung der oberflächlichen Beugesehne

Als Ursache einer Erkrankung der Beugesehne kommt beispielsweise ein zu langes Beschlagintervall infrage, denn durch eine lange Zehe wird der Abrollpunkt viel zu weit nach vorne gebracht und provoziert eine Überstreckung der tiefen Beugesehne (Hufbeinbeuger), was natürlich bei einem spitzgewinkelten Huf noch stärker ins Gewicht fällt. Deshalb ist bei einer Beugesehnenerkrankung besonders wichtig, dem Pferd das gute Abrollen über die Zehe zu erleichtern. Zur Beurteilung der Lahmheit ist das Pferd deshalb zunächst vorzuführen. Auf diese Maßnahme sollte nie verzichtet werden, da der Hufschmied dadurch wichtige Erkenntnisse und Informationen für seine weitere Arbeit erhalten kann.

Manchmal ist auch schon bei einer leichten Entzündung ein korrekt angebrachter Beschlag hilfreich. Auf jeden Fall wird, wie auch bei den Beschlägen einer Hufrollenerkrankung, das Zehenteil vom Eisen um einige Millimeter zurückgelegt, sodass der Huf das Eisen überragt. Selbstverständlich ist vor dem Beschlag eine korrekte Hufzubereitung vorzunehmen, bei der eine passende Zehenachse, von der Seite und von vorne betrachtet, angestrebt wird. Ziel ist es, wieder eine Balance in den Gliedmaßen zu erreichen.

Vorsicht!
Auch beim Abreißen eines Eisens kann sich ein Pferd eine Sehnenzerrung zuziehen. Deshalb nagele ich solche Therapieeisen höchstens mit sechs leichten Nägeln und die Nieten werden relativ dünn geraspelt, damit sich das Pferd beim Tritt in das Eisen keine weitere Traumatisierung zuzieht. Stege an den Trachten verhindern das Einsinken im weichen Boden, was die Sehne zusätzlich stressen kann.

Egg-Bar-Shoe- Eisen

Bei einer Auffaserung an den Beugesehnen ist sicherlich eine weitreichende Unterstützung an den Trachten angebracht, das kann in Form von sehr langen Schenkelenden, Schlusseisen oder Eieisen (Egg-Bar-Shoe) geschehen. Je mehr Unterstützung möglich ist, umso besser.

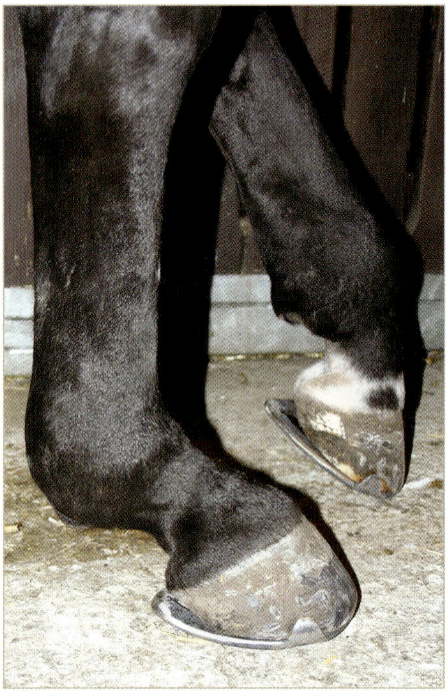

Durchtrittigkeit bei alter Zuchtstute durch Bindegewebsschwäche, verursacht durch häufige Trächtigkeiten.

Bei einem völligen Abriss einer oder aber auch beider Beugesehnen (Niederbruch) bleibt dem Schmied nur noch die Möglichkeit, ein Hufeisen anzubringen, das ungefähr dort endet, wo eine gedachte senkrechte Linie an der Hinterseite der Gliedmaße den Boden berühren würde. Als Hufeisen wird meistens ein eiförmiger Steg (Egg-Bar-Shoe) gewählt. Ein ähnlicher Beschlag kommt bei der Durchtrittigkeit in Betracht.

Mit zunehmender Länge des Eisens muss der Radius am hinteren Hufeisenende kleiner werden, um ein Abtreten des Eisens zu vermeiden. Eine andere Möglichkeit besteht in dem Versuch, durch massives Hochstellen der Trachten die Sehne so weit zu entlasten, dass sie wieder zusammenwachsen kann. Diese Erhöhung an den Trachten muss dann nach Absprache mit dem Tierarzt nach und nach wieder gekürzt werden. In den meisten Fällen ist bei den betroffenen Pferden die Karriere als Reitpferd beendet, aber mit dem entsprechenden Management kann solch ein Pferd durchaus noch Fohlen bekommen, im Deckeinsatz stehen oder sein Gnadenbrot genießen.

Beschlag bei Erkrankung des Fesselträgers

Der Fesselträgerschaden ist nach meiner Ansicht der in den letzten Jahren am häufigsten diagnostizierte Schaden am Trageapparat. Wo wir vor zehn Jahren noch die sogenannten „Bananen“ (Bogen) an den Beugesehnen hatten, haben wir heute den Fesselträgerschaden. Aus meiner persönlichen Erfahrung kann ich sagen, dass sich die Bodenverhältnisse auf unseren Reitplätzen im Laufe der Jahre sehr stark verändert haben. Vor einigen Jahren hatten wir noch sehr tiefe Reitböden, z.B. Ledermehl, Sägemehl und nicht sehr haltbringenden Flusssand. Diese Böden ließen die Pferdehufe sehr weit einsinken und der Beugesehnenapparat wurde sehr stark beansprucht. Fast jedes Pferd fühlte sich unter dem Sattel an wie der Olympiasieger von morgen. Das Erwachen kam aber dann meistens auf dem Turnierplatz, der andere Bodenverhältnisse aufwies.

Im Laufe der letzten Jahre sind die Reitböden wesentlich fester geworden und weniger tief. Die Festigkeit lässt sich dann durch die Zugabe von Zusatzstoffen und Wasser variieren. Dies kann u.a. dazu führen, dass der Boden sehr fest wird und den Fesseltrageapparat mehr belastet als ihm gut tut.

Zudem gibt es Pferde, die aufgrund ihrer Gliedmaßenstellung für eine Sehnenerkrankung anfälliger sind. Es sind meist Pferde mit relativ steilen Hufen und Fesselwinkelungen, die mit der Trachte oder mit der einen oder anderen Hufhälfte immer zuerst auffußen. Darüber hinaus belastet auch eine ausgeprägte Trabmechanik den Fesselträger stärker.

Für den Schmied bedeutet dies, wie immer eine sehr genaue Ganganalyse zu machen und zu versuchen, die Gliedmaßen genau auszubalancieren, damit der Sehnen- und Knochenapparat wieder im Gleichgewicht ist. Zur Unterstützung wird auch hierbei gerne ein geschlossenes Eisen benutzt. Alternativ gibt es einen Aluminiumbeschlag, der in Frankreich von Prof. Denoix entwickelt worden ist.

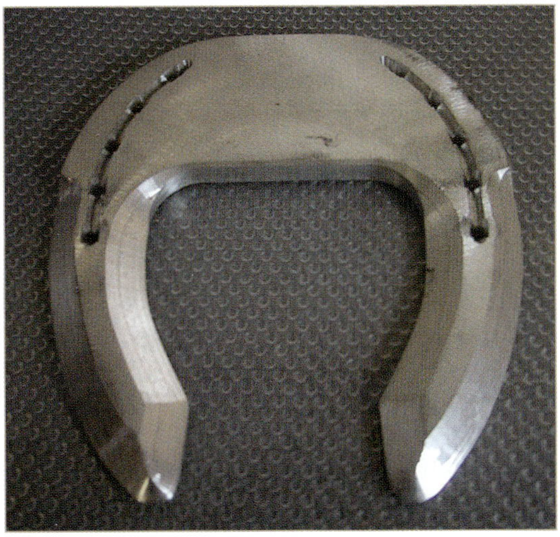

Denoix-Eisen

Geschlossenes Eisen

Manch einer vertritt die Theorie, durch radikales Kürzen der Trachten den Fesselträger zu entlasten. Diese Maßnahme führt oft dazu, dass die Pferde sehr spitze Zehenwinkel bekommen. Demgegenüber bevorzuge ich eher die Methode, das Pferd zu seinem Körperbau passend und physiologisch auszuschneiden und zu beschlagen. Das geschädigte Gewebe braucht einfach Zeit, um abzuheilen, und das kann es am besten, wenn ein Gleichgewicht am Bein herrscht. Da man erkrankte Bereiche nur maximal entlastet, wenn man andere Bereiche belastet, kann das Ziel also nur die Balance sein.

Beschlag beim Zehenstreckerschaden

Der Zehenstreckerschaden ist eine relativ seltene Erkrankung, die in erster Linie aufgrund von Verletzung entsteht und weniger durch Überlastung. Der Schaden entsteht häufig an der Ansatzstelle des Hufbeines, an der sogenannten Hufbeinkappe. Hier kommt es dann zu Teil- oder Komplettabrissen der Sehne. Früher wurden den Pferden zur Therapie Erhöhungen am Zehenteil des Hufeisens angeschraubt. Damit sollten sie dann auf hartem Boden geführt werden. In so manchem Fall war das der Anfang vom Ende. Denn durch den ständigen Zug auf die tiefe Beugesehne wurde eine Hufbeinrotation provoziert.
Der Zehenstreckerschaden wird am besten klinisch und durch Ruhigstellung des Patienten behandelt.

HINWEIS:
Aus meiner Erfahrung als Hufschmied und Reiter möchte ich Ihnen einige Tipps an die Hand geben, die Ihrem Pferd sicherlich nicht schaden werden.

- Zwei- bis dreimal in der Woche 15 bis 30 Minuten Schritt auf hartem ebenem Boden reiten (muss nicht immer Asphalt sein) oder in der Aufwärmphase täglich. Dies ist besser als nach der Erkrankung zwei bis drei Monate Schritt bei Wind und Wetter führen.
- Die Beschlagintervalle sollten keinesfalls länger als fünf bis sieben Wochen betragen.
- Das Abtasten und das Anschauen der Sehnen vor und nach dem Reiten müssen zur Routine werden, denn so sind Schäden frühzeitig erkennbar.
- Wenn ein Turnierplatz oder Trainingsplatz extrem hart oder tief ist, lassen Sie Ihr Pferd auf dem Anhänger, gehen Sie lieber mit Ihrem Begleitteam einen Kaffee trinken. Letztlich wird jeder Schaden an Ihrem Pferd teurer als eine Runde Kaffee und Kuchen. Und das Wichtigste ist: Sie haben dadurch Ihrem Pferd die Gesundheit erhalten!

Die Entstehung von Gallen

Abweichungen von der regelmäßigen Gliedmaßenstellung, von der Seite, aber auch von vorne oder hinten betrachtet, können sicherlich die Entstehung von Gallen beeinflussen.

Welche Stellungsfehler führen zu welchen Fehlbelastungen und begünstigen die Entwicklung von Gallen?

Zunächst sind es erst einmal die zu spitz gewinkelten Gliedmaßen vom Fesselkopf abwärts. Durch das starke Absinken in der Stützphase gibt es mehr Spannung im Fesseltrageapparat, den Sehnenscheiden und in den Schleimbeuteln. So kann dieser Bereich bei einem Zuviel an Training eine permanente Überlastung erfahren.
Aber auch die zu stumpf gewinkelten Pferde können eher Gallen entwickeln als regelmäßig gestellte Pferde, denn bei den stumpfen Gelenkwinkeln gehen die Erschütterungen relativ ungebremst in das Bein. Hier können Polsterbeschläge zur Stoßdämpfung hilfreich sein.

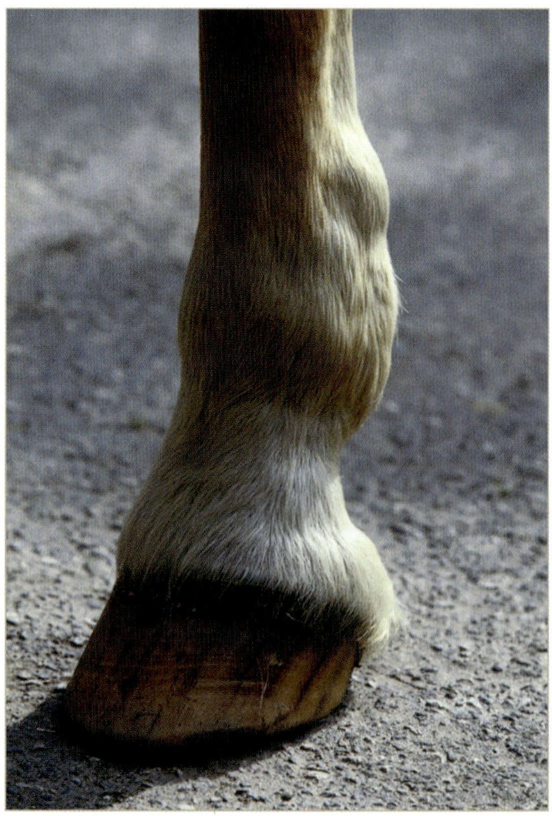

Wie beurteilt der Hufschmied die unterschiedliche Ausprägung von Gallen (Lokalisation, weiche Gallen, harte Gallen etc.)?

Für den Hufschmied ist es auch hilfreich zu wissen, worauf die Gallen zurückzuführen sind:
- **genetische Prädisposition**
- **Überfütterung**
- **Überarbeitung (kurz oder langfristig)**
- **Gliedmaßenverstellung**

Die eher harmlose Version ist sicherlich die weiche Galle direkt oberhalb des Fesselkopfes, sie kann über mehrere Jahre unverändert bleiben.
Bei den verhärteten Gallen ist die anzustrebende korrekte Stellung und Fußung schon deutlich mehr zu beachten. Denn weitere Schäden wie z.B. Sehnenscheidenentzündungen oder Fesselringbandverengungen können schnell folgen. Diese Pferde sollten unbedingt mit einem deutlich entlastenden und korrigierenden Hufbeschlag ausgestattet werden (Eieisen o.Ä.).

Ein besonderes Thema bilden die sogenannten Kreuzgallen, die man häufiger bei stark gewinkelten Sprunggelenken findet. Hier ist man beschlagtechnisch nur sehr begrenzt in der Lage, positiv einzuwirken. Eigentlich kann man nur versuchen bestmöglich zu unterstützen.

Wann ist ein Korrekturbeschlag notwendig?

Der Korrekturbeschlag, der nicht mit einem orthopädischen Beschlag zu verwechseln ist, ist immer dann anzuraten, wenn man damit eine positive Veränderung an der geschwächten Gliedmaße erreichen kann. Denn die Korrektur kommt vor dem Schaden. Erst wenn der Schaden vorhanden ist, gibt es einen orthopädischen Beschlag, der in dem Moment eine maximale Entlastung bewirkt. Er ist jedoch nur für einen begrenzten Zeitraum und zwar bis zur Genesung bestimmt.

Welche korrigierenden Maßnahmen sind notwendig?
- **Für das Pferd individuell passende Gliedmaßenstellung**
- **Langes Eisen, eventuell geschlossen (Eieisen)**
- **Kurze Beschlagintervalle**

Welche vorbeugenden Maßnahmen sind sinnvoll?
- Die beste und einfachste Prophylaxe ist sicherlich aus der Sicht des Hufschmiedes die sehr frühe Korrektur der jungen Fohlen (in den ersten Lebenswochen) und deren permanente, weitere Beobachtung. Bei gravierenden Problemen sollte unbedingt eine Zusammenarbeit mit dem Tierarzt erfolgen!

- Beim erwachsenen Pferd ist das regelmäßige Korrigieren der Huf- und Gliedmaßenstellung genauso wichtig, egal ob mit oder ohne Beschlag. In der Regel sollte die Korrektur alle vier bis sieben Wochen erfolgen. Wenn der Huf zu lange nicht korrigiert wird, prägen sich Stellungsfehler immer stärker aus und die Kräfte, die auf die Schwachstellen wirken, werden immer größer.

- Beim Beschlag sollte darauf geachtet werden, dass die Eisen lang genug sind, um während der gesamten Periode genügend Unterstützung zu leisten.

FAUSTREGEL FÜR DIE HINTERHUFE:
Das Eisen der Hinterhufe endet mit der Lotrechten des Ballens.

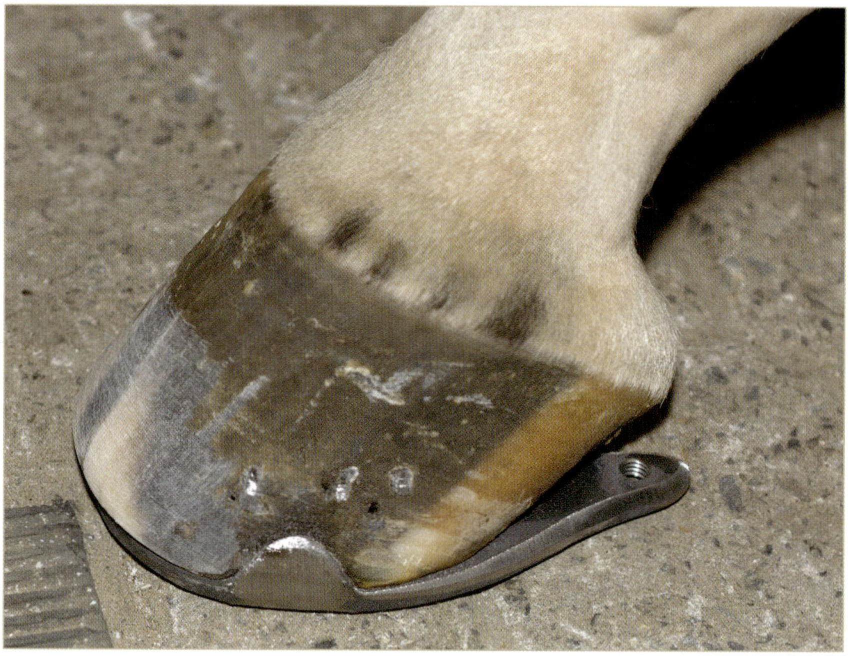

FAUSTREGEL FÜR DIE VORDERHUFE:
An den Vorderhufen überragt das Eisen den Huf um die halbe Trachtenlänge, manchmal auch mehr.

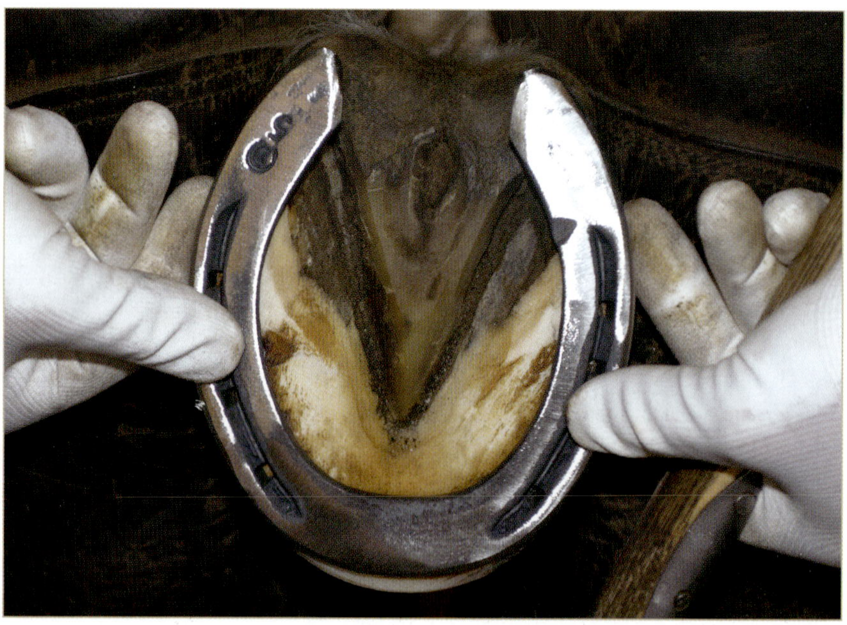

- Auch wenn einmal ein Eisen abgetreten wird, ist das nicht so tragisch. Schlimmer ist es, ein Leben lang mit zu kleinen Eisen herumlaufen zu müssen!

HINWEIS:
Solange es aber immer noch Reiter und Pferdebesitzer gibt, die die Qualität eines Hufbeschlages daran messen, wie lange ein Beschlag hält, nämlich zwischen zwölf und 18 Wochen, braucht man sich auch nicht über Veränderungen oder Lahmheiten wundern. Aber auch in Zeiten, in denen es manchem Pferdebesitzer nicht leicht fällt, die Unterhaltskosten aufzubringen, sollte gerade hier nicht gespart werden.

Möglichkeiten und Grenzen der huforthopädischen Maßnahmen

Durch die fast grenzenlose Vielfalt verschiedener Beschläge, Hufschutzmaterialien, Kunststoffe und Hilfsmittel ist man heute zum größten Teil in der Lage, Pferde länger in der Nutzung zu halten. Vor 15 bis 20 Jahren war das noch nicht möglich.
Aber ist dies wirklich als Fortschritt zu werten? Sind die zahlreichen Möglichkeiten rund um den Huf nur notwendig geworden, weil die Hufe der Pferde sich verändert haben?

Es besteht von vielen Seiten ein verständliches Interesse daran, dass ein Pferd auf seinen Hufen laufen kann:

- Der Züchter, dessen Fohlen man mit viel Aufwand korrigieren kann.
- Der Reiter oder Fahrer kann sein Pferd trotz kaputter Hufe oder angeschlagener Beingesundheit (z.B. arthroseartige Erscheinungen, Verschleißerscheinungen (z.B. Spat, Strahlbeinerkrankungen ...)) weiter nutzen.
- Der Händler, der ein Pferd durch entsprechende Maßnahmen noch gut verkaufen kann.
- Der „Tierschützer“, der sagt: „Alle Pferde können barhuf leben“.

Aber wer hat schon mal mit einem Pferd gesprochen und es gefragt, was ihm am besten gefällt. Ich glaube, in unserer heutigen Zeit ist es einfach nur wichtig, dass der Hufbeschlagschmied sich den individuellen Bedürfnisse des Pferdes anpasst. Und nicht umgekehrt.

Huforthopädie ist ein sehr weites Feld, wer sich mit ihr beschäftigt, wird immer wieder mal an seine Grenzen stoßen, und dann muss man sich Hilfe von außen holen. Am ehesten kann das mit einem qualifizierten Tierarzt und/oder mit einem guten Kollegen gelingen.

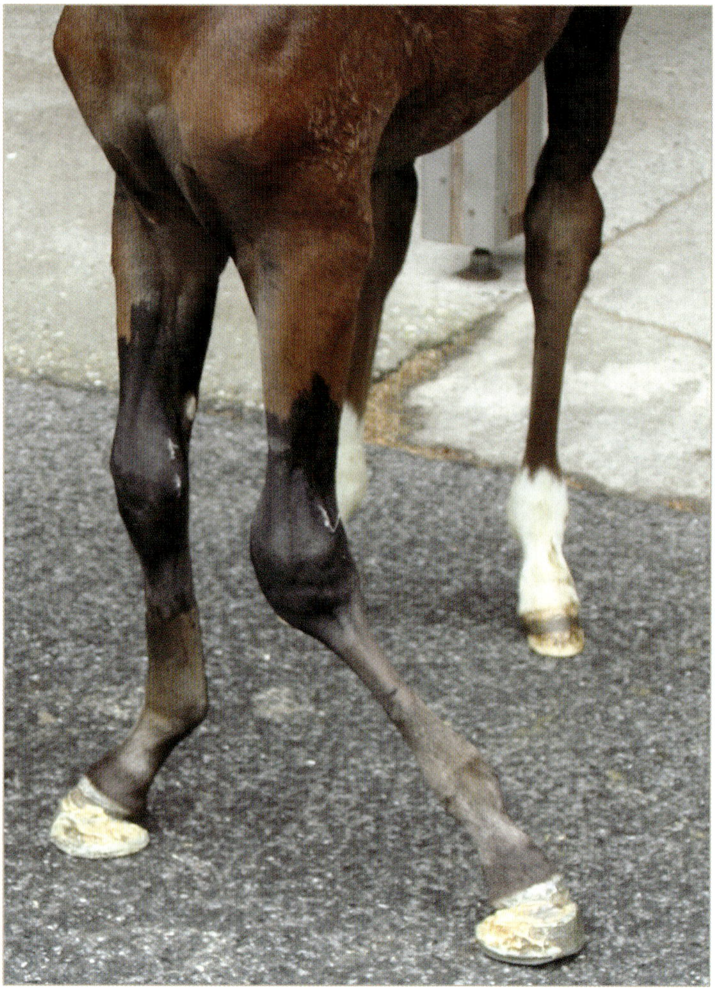

Bei den jungen Pferden ist in den meisten Fällen eine angeborene oder erworbene Gliedmaßenfehlstellung Grund für huforthopädische Maßnahmen. Zwar kann man sehr viel positiv beeinflussen, aber man muss auch erkennen, wie die Prognose für ein weiteres Leben als Reit- oder Zuchtpferd aussieht. Wenn die Verstellung bei einem Fohlen so gravierend ist, dass durch Huforthopädie und/oder tiermedizinische Eingriffe keine nennenswerte Verbesserung erreicht werden kann, die dem Fohlen zu einem normalen Bewegungsablauf verhilft, dann ist eine weitere Behandlung abzulehnen und das Tier zu erlösen.

Wohin geht der Weg?

Bei den erwachsenen Pferden ist es ungleich schwieriger, eine Prognose zu erstellen, da eine Vielzahl von Faktoren hierbei zu berücksichtigen ist.

- **Haben wir ein akutes oder chronisches Problem?**
- **Wie wird das Pferd genutzt?**
- **Wie wird das Pferd gehalten?**
- **Wie alt ist das Pferd?**
- **u.v.m.**

Bei allen Maßnahmen, die man ergreifen kann, muss der Tierschutzgedanke im Vordergrund stehen.

Für eine erfolgreiche Behandlung ist die Zusammenarbeit aller beteiligten Personen (Pferdebesitzer, Hufschmied, Tierarzt, Trainer, Physiotherapeut usw.) von großer Bedeutung. Aber der wichtigste Helfer ist die Zeit! Wer keine Zeit hat, wird sich immer kurz vor dem Abgrund bewegen. Ein Körper, egal ob von Mensch oder Pferd, braucht Zeit, um sich zu regenerieren. Gibt man ihm nicht die Zeit, die er braucht, wird das Problem nicht zu beheben sein, sondern es wird nur kaschiert.

An dieser Stelle möchte ich Ihnen ein Beispiel aufzeigen:
Ein junges erfolgreiches Springpferd zieht sich durch ein Trauma eine akute Hufgelenkentzündung zu. Der Besitzer unternimmt alles Erdenkliche, um dem Pferd zu helfen. Ein sehr guter Tierarzt wird mit der Behandlung beauftragt, die er auch sehr sorgfältig ausführt. Zeitgleich wird ein erfahrener und guter Hufbeschlagschmied, der sich im Bereich der orthopädischen Hufbearbeitung und des Beschlages sehr gut auskennt, mitbeauftragt. Das Pferd wird für mehrere Wochen in einen Rehabilitationsstall gebracht, wo es langsam im Aquatrainer bewegt wird. Nach diesem „Rundum-sorglos-Programm" kommt das Pferd in den Heimatstall und ist lahmfrei. Nach einer Woche Training wird es wieder gesprungen und ist am nächsten Tag erneut lahm. Dieser Verlauf ist wahrscheinlich auf völlige Unkenntnis zurückzuführen, wie lange ein Körper zur Regeneration eines entzündeten Gelenkes benötigt.
Die Geschichte geht aber noch weiter. Ein neuer Tierarzt, ein neuer Hufschmied müssen her, weil die anderen ja bestimmt einen Fehler gemacht haben! Das Pferd wird erneut medizinisch mit Injektionen behandelt und bekommt als Reaktion auf das erneut eingesetzte Medikament eine schwere Medikamentenrehe. Der jetzt behandelnde Tierarzt hatte keine Information über die im Voraus gegebenen Medikamente erhalten und handelt im guten Glauben. Der Zustand des Pferdes eskaliert, es verliert an beiden Vorderbeinen die Hornkapsel und muss eingeschläfert werden.
Hätte man diesem Pferd ausreichend Zeit gegeben, sich von dem Schaden zu erholen, würde es wahrscheinlich jetzt noch leben und auf gesunden Füßen durch den Parcours springen.

Was ich damit sagen will:
Alle huforthopädischen Maßnahmen müssen im Einklang mit dem Pferd stehen. Es ist unsinnig, dass auf der einen Seite für viel Geld Fachleute herangezogen werden, wenn auf der anderen Seite keine Zeit und Geduld vorhanden sind, um den Pferden die Chance zu geben, gesund zu werden.

Kapitel 7

Hilfe bei Hufkrankheiten

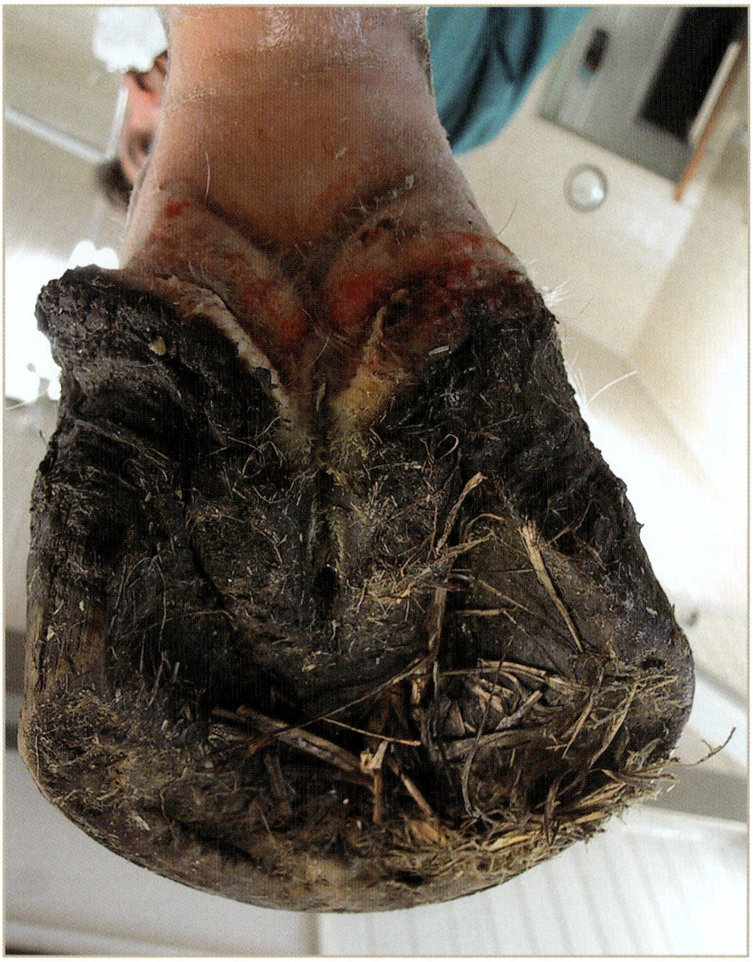

Strahlfäule – Die Hufkrankheit Nr. eins !!!

Symptome

Auffällig ist ein penetranter, fauliger Geruch im Pferdehuf sowie der Zerfall des Strahlhorns zu einem schmierigen, grauen und/oder auch schwarzen eitrigen Sekret, das Fäulnisspalten und Aushöhlungen nach sich zieht. Da das Horn schneller zerfallen als nachwachsen kann, schrumpft der Strahl, bis er sich schließlich völlig ablöst.

Fäulnis bis in die Ballen reichend

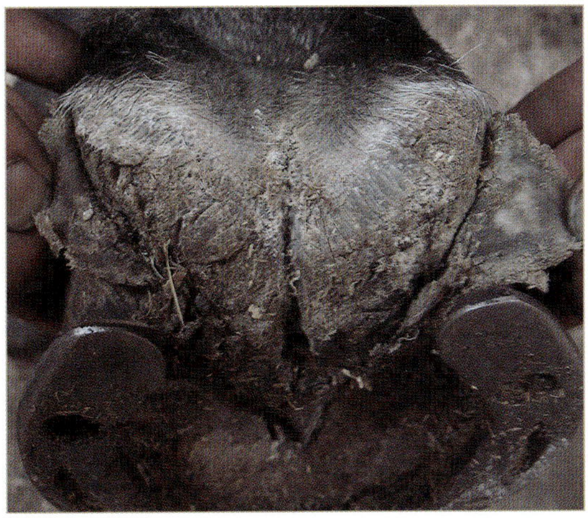

Völlige Loslösung des Ballenhorns

URSACHE

Die Hauptursache für die Strahlfäule, die gewöhnlich an mehreren Hufen gleichzeitig auftritt, ist die mangelhafte Pflege und Reinigung der Hufe

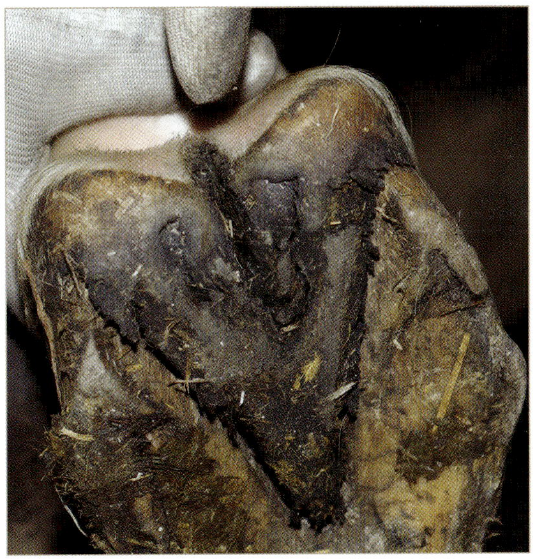

Starker Fäulnisbefall in der mittleren Strahlfurche

Durch solche verdreckten Hufe wird die Entstehung der Strahlfäule gefördert.

Bei dieser Erkrankung handelt es sich um eine Infektion in den Strahlfurchen. Sie entsteht unter verunreinigten und feuchten Bedingungen, z.B. infolge durchnässter und durchjauchter Strohmatratzen, die mit ihren Ammoniak-Ausdünstungen auch die Atemwege belasten. Auch ein matschiger, kotverschmutzter Paddock bietet den Erregern den optimalen Nährboden. Es handelt sich um Fäulnisbakterien aus der Gruppe der Anaerobier. Diese sogenannten Spindelbakterien leben im Pferdedarm und werden ständig mit dem Kot ausgeschieden.

„Bioreservat" für Fäulnisbakterien

Darüber hinaus können Hufeinlagen unter der Bedingung diese Krankheit begünstigen, dass der Huf schon vorgeschädigt ist. Sie verhindern, dass Luft an die Hufunterseite kommt und somit ebenfalls ein feuchtwarmes und anaerobes Klima entsteht.

Auch ungünstige Bedingungen am Huf selbst fördern die Strahlfäule, insbesondere dann, wenn Risse oder Spalten entstanden sind und den Bakterien einen Nistraum geben. Zwanghufe verhindern ebenfalls, dass ein gesunder Strahl entstehen kann.

Eine weitere Ursache für die Strahlfäule kann mangelnde Bewegung sein: Durch die Bewegung fußt das Pferd auf, der Strahl berührt den Boden und drückt gegen die Huflederhaut. Dadurch werden der Blutkreislauf und die Produktion des Hufhorns angeregt. Bei Pferden, die in reiner Weidehaltung leben, ist die Strahlfäule eine absolute Ausnahmeerscheinung. Im Gegensatz dazu hat ein Pferd, das den ganzen Tag in der Box steht, somit nur eine sehr geringe Möglichkeit, Hufhorn bzw. Hornzellen zu produzieren. Daraus resultiert die Verkümmerung des Strahls und auch der anderen Teile des Hornschuhs. Letztlich wird dadurch der Nährboden für die oben genannten Fäulnisbakterien geschaffen, die jetzt wesentlich leichter eindringen können. Schon Louis Pasteur hat zu seiner Zeit gesagt: „Nicht das Bakterium ist das Problem, sondern das Milieu."

Ein weiterer Grund für Strahlprobleme kann die Arbeit des Hufschmiedes sein, z.B. wenn zu tief ausgeschnitten und ein falscher Beschlag ausgewählt wurde. Werden die Trachten durch Stollen oder verdickte Schenkelenden ständig hochgestellt, kann der Strahl beim Auffußen häufig nicht den Boden berühren und die Funktion des Hufmechanismus nicht mehr erfüllen. Er degeneriert zwangsläufig, wodurch das Auftreten der Strahlfäule begünstigt wird.

Krankheitsverlauf

Der Anfang der Fäulnis beginnt meist in der mittleren oder in den seitlichen Strahlfurchen. Sind darüber hinaus noch Strahlschenkel oder Hornballen befallen, löst sich das Horn ab – bis die Huflederhaut frei liegt. Erst bei einer gründlichen Säuberung der Hufe wird man erkennen können, wie weit die Strahlfäule fortgeschritten ist. Wenn der scharfe Hufkratzer die Huflederhaut berührt, wird das Pferd den Huf vor Schmerz zurückziehen.
Lahmheit besteht nur in hochgradigen Fällen bei Pferden, die dann einen Zwanghuf bekommen oder deren Huflederhaut durch Steine oder Sand gereizt und entzündet ist.

Behandlung

Der wichtigste Aspekt der Behandlung ist die Stallhygiene und eine sachgemäße Hufpflege. Bevor ein Pflegemittel zum Einsatz kommt, müssen Schmutz und ungesundes Gewebe aus den Strahlfurchen entfernt werden. Nur so haben Sie die Chance einer erfolgreichen Behandlung. Bestehen unter der Oberfläche des Strahls Nischen bzw. Taschen, die den Bakterien ideale Brutstätten bieten, sollte nach folgender Maßgabe gehandelt werden: „Es muss so viel wie nötig, aber so wenig wie möglich freigeschnitten werden." Danach können in die Strahlfurche entsprechende Medikamente eingebracht werden. Dieses kann mit einem Holzspatel oder Eisstiel erfolgen, indem dieser Gegenstand so eingesetzt wird, dass die Spalte auseinandergespreizt wird und die entsprechende Flüssigkeit eingeträufelt werden kann. Eine andere Möglichkeit wäre, in den Spalt einen Tupfer zu platzieren, der wie ein Depot wirkt und nur alle zwei Tage gewechselt werden muss. Unterstützend wirkt das Baden der Hufe in antiseptischen Lösungen und die Reinigung der Strahlfurchen mit einer kleinen harten Bürste zweimal täglich.

Sauberes Auswaschen

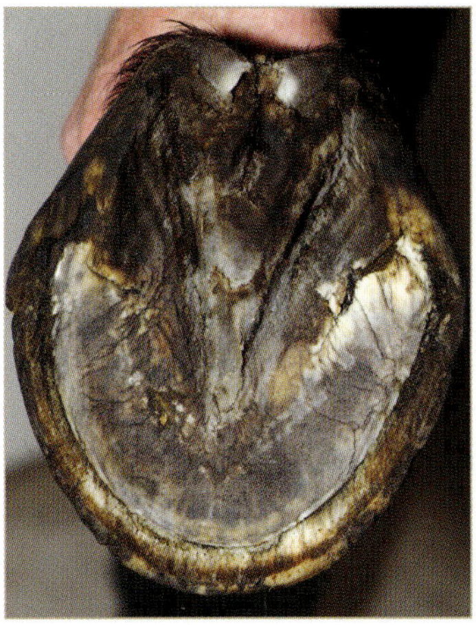
Gereinigter Huf

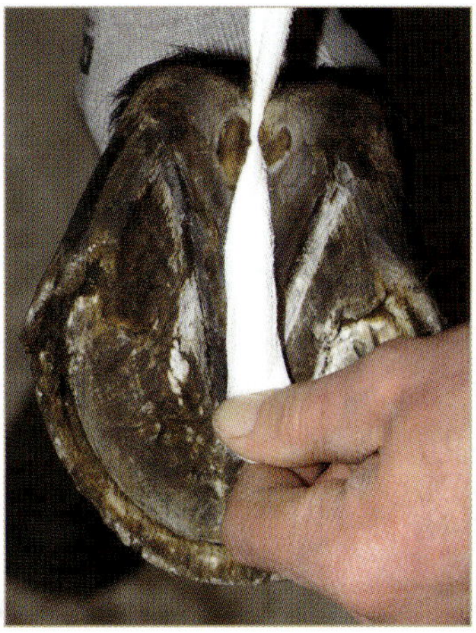
Reinigen der Strahlfurchen

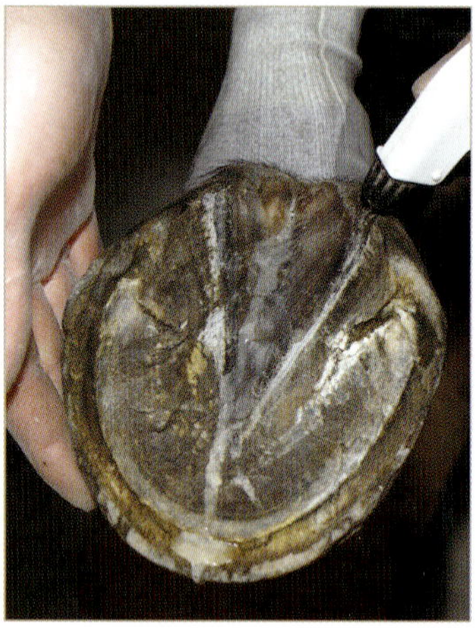

Auswaschen mit Wasserstoffperoxyd

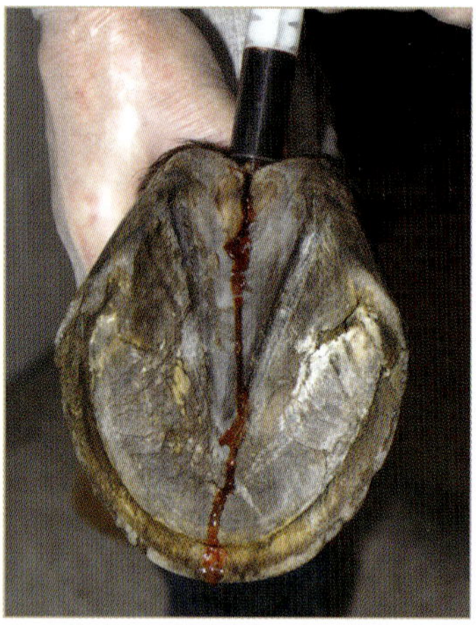

Desinfizieren mit alkoholischer Jodlösung

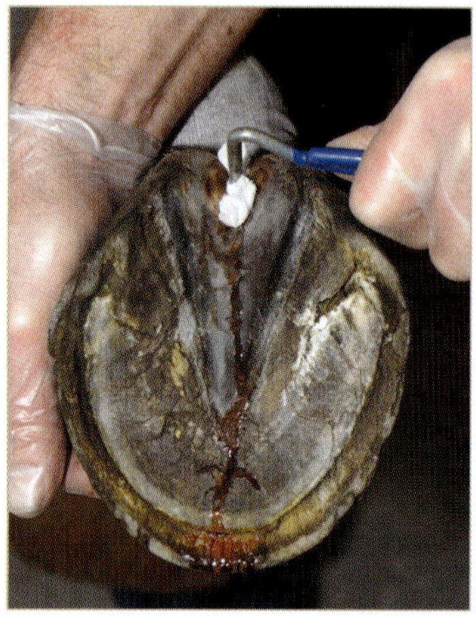

Austamponieren der mittleren Strahlfurche

Folgende Mittel haben sich zur Unterstützung unterschiedlich gut bewährt:

- Jodoformätherlösung (4 bis 10 %)
- Pulverartiges Jodoform
- Alkoholische Jodtinktur
- Wasserstoffperoxid-Lösungen
- Kaliumpermanganat-Lösungen
- Entozon-Lösungen
- Rivanol-Lösung
- Socatyl-Paste (sulfonamid- und formaldehydhaltig)
- Holzessig
- Aloe- und Myrrhentinktur
- Zinksulfat-Lösung (10 %)
- Formaldehyd
- Teebaumölhaltige Paste („Trush magic, Hoof-Formula“)
- Cavalor Dry Feet
- Marienfelder Strahltinktur
- usw.

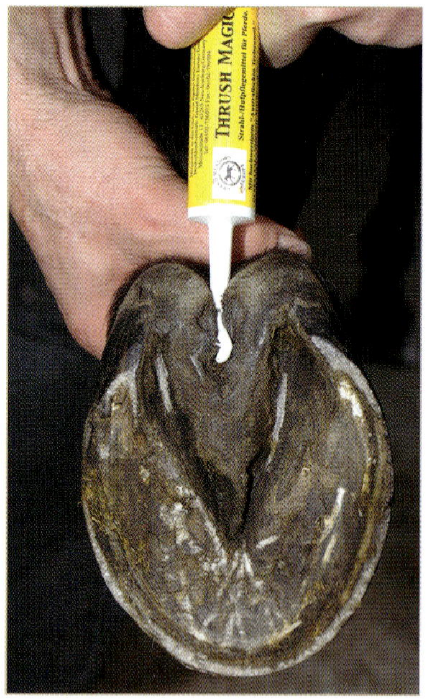

Behandlung mit Strahlpflegemittel

Eine Kombination aus diesen Mitteln ist ebenfalls denkbar, wenn die Behandlung zunächst das Auf- und Ausschäumen des Strahls vorsieht, sodass die Fäulnisbakterien aktiv bekämpft werden.

Nachdem der Huf gesäubert und getrocknet ist, sollte eine Pflegepaste verwendet werden, die in die Spalte gestrichen wird. Zuletzt wird eine Mullbinde oder Watte in die Spalte gedrückt. Somit erreicht man den Effekt, dass der Schmutz abgehalten und ein entsprechender Druck auf die Lederhaut ausgeübt wird. Die Behandlung kann erst eingestellt werden, wenn die Mullbinde nach dem Entfernen relativ sauber aus der Spalte kommt und nicht mehr an ihr haftet. Die Medikamente können schon früher abgesetzt werden.

ALTERNATIVE BEHANDLUNG
Das Strahlhorn bzw. die erkrankten und zum Teil losen Teile des Horns werden mit einem Hufmesser entsprechend entfernt. Danach werden die entstandene Fläche und die Strahlfurchen mit einer 5 bis 10 %igen Wasserstoffperoxyd-Lösung behandelt. Ergänzend und auch mehrmals täglich werden Pulver aus Gerbstoffdrogen und/oder deren alkoholische Extrakte täglich über eine Tamponage im Verband aufgetragen. Auch starker schwarzer Tee soll sehr hilfreich sein.
Aus Erfahrungsberichten geht hervor, dass in leichteren Fällen und in der Folgebehandlung schon oft Zahncreme geholfen hat.

VORBEUGUNG
Saubere und trockene Einstreu beugen der Strahlfäule vor. Damit die Feuchtigkeit besser gebunden werden kann, sollte klein gehäckseltes Stroh verwendet werden. Hobelspäne und auch Zeitungsschnipsel als Einstreu entziehen dem Huf mehr Feuchtigkeit als Stroh. Wenn die Hufe zu trocken werden, schrumpft und reißt das Horn und es kann die sogenannte Trockenfäule entstehen. Das ist darauf zurückzuführen, dass die Qualität und die Widerstandsfähigkeit des Hufhorns mit dem Wassergehalt im Huf zusammenhängen.

Das Abmisten der Box – am besten mehrmals täglich – unterstützt die Gesunderhaltung des Hufes entscheidend.

Achtung: Je saugfähiger das Einstreumaterial ist, umso sorgfältiger müssen Sie misten. Denn man erkennt hier nicht mehr so deutlich, wie stark die Urinbelastung in der Einstreu wirklich ist.

Auch die Hufpflege ist entscheidend. Der Huf muss richtig ausgeschnitten werden: Die Strahloberfläche ist glatt und die Verstecke für Keime, z.B. in den Nischen und Taschen, sind beseitigt worden. Unter diesen Voraussetzungen kann sich Strahlfäule nicht so schnell bilden. Weiterhin muss der Huf täglich gesäubert werden, selbstverständlich vor und nach jeder Bewegung. Zusätzlich zur Bewegung braucht der Huf regelmäßige Pflege mit der Wurzelbürste und mit warmem Wasser, um gesund zu bleiben oder wieder zu werden.

Darüber hinaus fördern ausgewählte Zusatzfuttermittel die Hornqualität (siehe Kapitel 8).

Hufkrebs

Die Bezeichnung Hufkrebs ist leicht irreführend, weil der Hufkrebs mit der Krebserkrankung im eigentlichen Sinne nicht vergleichbar ist. Denn es werden keine Tumore gebildet und auch Metastasen sind nicht vorhanden. Er ist lokal auf den Huf beschränkt. Neueste wissenschaftliche Untersuchungen lassen den Verdacht zu, dass Papova-Viren, die in die Gruppe der Warzenviren fallen, für die Entstehung verantwortlich sein können. Es gibt aber auch Erkenntnisse darüber, dass noch nicht spezifizierte bakterielle Erreger im Spiel sind. Dafür sprechen Behandlungserfolge aus den USA mit einem besonderen Antibiotikum, welches anaerobe Erreger bekämpft.

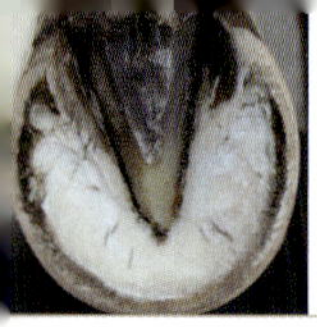

Die Entstehung von Hufkrebs kommt aus den inneren Strukturen des Hufes. Er wird in erster Linie durch unhygienische Haltungsbedingungen begünstigt. Zum Beispiel durch die Haltung der Pferde in Tiefboxen, die nur selten gemistet werden, oder in Paddocks, die mehr Kot als Sand enthalten.

Bei allen an dieser Hufkrankheit leidenden Pferden, die ich bisher gesehen habe, war eine deutlich ausgeprägte Strahlfäule an den vier Hufen vorhanden. Folglich kann man sagen, dass eine Prädisposition für den Hufkrebs gegeben ist, wenn die Strahllederhaut schon durch Fäulnisprozesse vorgeschädigt ist. In den Rissen und Furchen können sich dann die Erreger hervorragend einnisten und vermehren .

Wie erkennt man den Hufkrebs?

Am aufgehobenen Huf sieht man, dass der Strahl blumenkohlartige Veränderungen aufweist und in seiner Struktur nicht mehr glatt ist. Das Horn ist von weicher, käseartiger und schmieriger Konsistenz, ein strenger übel riechender Geruch begleitet die visuellen Eindrücke, hervorgerufen durch die Zersetzung von Hornzellen und eitrigem Sekret. Die Hornzöttchen sind sehr langfaserig und haben keine feste Verbindung mehr zueinander. Je nachdem wie lange die Erkrankung besteht, kann der erkrankte Bereich sich auf den Strahl beschränken oder sich aber auch auf die Trachten und auf die seitliche Hornwand ausdehnen. Bei vielen an Hufkrebs leidenden Pferden findet man gleichzeitig eine Saumbandentzündung in unterschiedlicher Ausprägung.

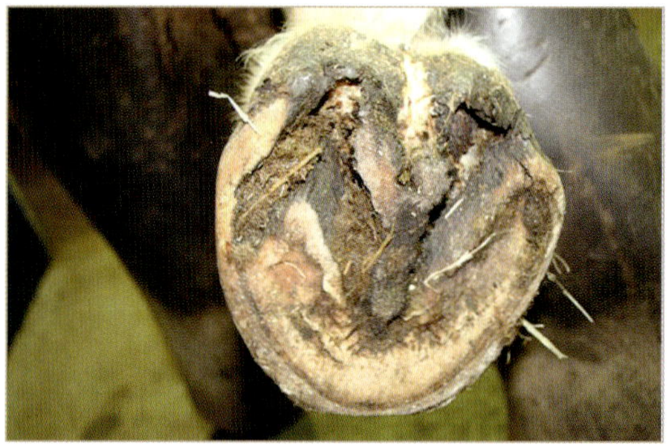

Hufkrebs unbehandelt

Bei durchgeführten Blutuntersuchungen haben die meisten Pferde ein erhebliches Defizit an Zink. Woran das liegt, weiß man im Moment noch nicht genau. Ob der Körper für die Abwehr der Erkrankung so viel Zink verbraucht oder ob ein Zinkmangel die Entstehung begünstigt, ist noch nicht festgestellt worden.

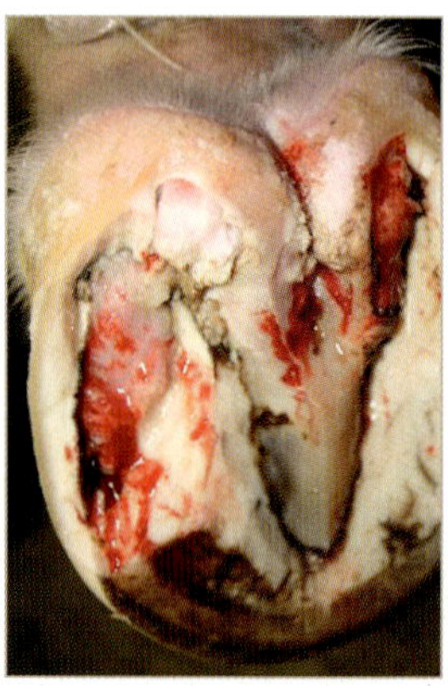

Hufkrebs Erstversorgung

BEHANDLUNGSMÖGLICHKEITEN

Die Erstbehandlung gehört auf jeden Fall in die Hand eines erfahrenen Tierarztes!!

Um das gesamte krankhafte Gewebe zu entfernen, das auch nur den geringsten Verdacht auf die Erkrankung zulässt, muss mindestens eine Lokalanästhesie, besser noch eine Vollnarkose durchgeführt werden. Um die Blutungen auf ein Mindestmaß zu reduzieren, wird der Blutkreislauf direkt hinter dem Huf durch eine fest angelegte Gummibandage unterbrochen. So kann der Arzt das gesamte kranke Gewebe abtragen, und das Behandlungsfeld bleibt übersichtlich.

Die Folgebehandlung findet entweder in der Klinik oder bei einem sehr erfahrenen Hufschmied statt. Nur in leichteren Fällen bietet sich die Alternative der Behandlung durch den Besitzer an. Der sollte aber bei dem geringsten Zweifel sofort fachmännische Hilfe in Anspruch nehmen, denn sonst kann es schnell zu einem Rückfall kommen und der gesamte vorher betriebene Aufwand ist vergebens.

Die zur Anwendung kommenden Pflegemittel und Medikamente sind sehr unterschiedlich. In erster Linie werden in der Praxis desinfizierende und austrocknende Mittel eingesetzt. Ein permanenter Druck auf die erkrankten Bereiche ist notwendig, um ein übermäßiges Wachstum einzuschränken und um einen weiteren Vorfall der Huflederhaut zu verhindern. Dies wird in erster Linie durch Hufverbände erreicht, weil das Pferd dann allein durch das Körpergewicht schon viel Druck ausübt. Oder man benutzt einen Beschlag mit einem abschraubbaren Metalldeckel. Diese Verbände müssen sehr trocken gehalten und regelmäßig gewechselt werden. Der Einsatz von Einwegwindeln hat sich ebenfalls sehr gut bewährt.

Erst wenn eine komplette Regeneration des erkrankten Bereiches stattgefunden hat, kann das Pferd wieder in die Arbeit genommen werden.

Vorsicht!
Eine nicht zu unterschätzende Gefahr besteht darin, dass es zu einem Rezidiv kommen kann. Deshalb müssen bei diesen Pferden alle Beteiligten immer besonders aufmerksam sein und eine optimale Hufpflege gewährleisten.
Darüber hinaus ist hier eine optimale Nährstoffversorgung sehr wichtig. Deshalb empfiehlt sich die Zufütterung von Futterzusatzmitteln, die speziell auf die Hornqualität abgestimmt sind. (Siehe Kapitel „Gutes für die Hufe“, S. 134 ff.)

Hufkrebs nach 3,5 Monaten

Völlige Genesung nach 6 Monaten ...

und 11 Monate nach der Behandlung

Hufrehe

Mit der Diagnose Hufrehe beginnt für die betroffenen Pferde und auch für deren Besitzer oftmals eine regelrechte Odyssee – der Ausgang ist oft ungewiss. Die verschiedenen Ursachen, Krankheitsgrade und -verläufe machen die Rehe scheinbar unberechenbar und stellen Tiermediziner, Hufschmiede und Pferdehalter immer wieder vor eine große Herausforderung. Häufig sorgt das Thema auch in Fachkreisen für heftige und manchmal sehr emotionale Diskussionen. Trotz offener Fragen existieren gesicherte Erkenntnisse zu den Ursachen der Hufrehe und den Vorgängen im Körper, sodass sich daraus für die Praxis nützliche Tipps zur Behandlung und Prophylaxe ableiten lassen. Fakt ist aber: So wenig, wie es „die" Hufrehe gibt, gibt es „die" Rehebehandlung oder „den" Rehebeschlag. Hufrehe ist nicht unbedingt ein Todesurteil. Doch auch der Umkehrschluss, dass jede Rehe heilbar ist, trifft nicht zu. Entscheidend für die Zukunft des Tieres ist, wie weit der Krankheitsprozess fortschreiten konnte, ob weitere Schübe folgen und ob dem Pferd eine Therapie zugemutet werden kann. Dabei muss im Einzelfall entschieden werden, wie die Zukunft des Vierbeiners während der Rekonvaleszenz gestaltet werden soll: Rehebeschlag oder nicht, Weidegang, Futterrationen, Bewegungspensum etc.
Die Gebrauchsfähigkeit des Pferdes wird sich erst nach einigen Wochen oder Monaten herauskristallisieren.

Was passiert im Rehehuf?
Bei der Hufrehe wird nach und nach der Aufhängeapparat des Hufes zerstört. Dieser besteht aus den sogenannten Blättchenschichten von Hornwand und Huflederhaut, die eng miteinander verzahnt sind. Die Huflederhaut ist wiederum eng mit dem Hufbein verbunden. Bei einer Hufrehe entzündet sich die Huflederhaut im Bereich der Zehenwand, schwillt an und sondert Blutserum ab. Da die starre Hufkapsel nicht nachgibt, haben die geschwollene Huflederhaut und die Flüssigkeit nur eine Möglichkeit, um sich auszubreiten: Sie dehnen die verzahnte Verbindung der Blättchenschichten von Huflederhaut und Hornwand auseinander und drücken zudem auf das umliegende Gewebe. Im Extremfall wird die Verbindung zwischen Hornkapsel und Hufbein komplett getrennt und das Pferd verliert die Hufkapsel, es schuht aus.

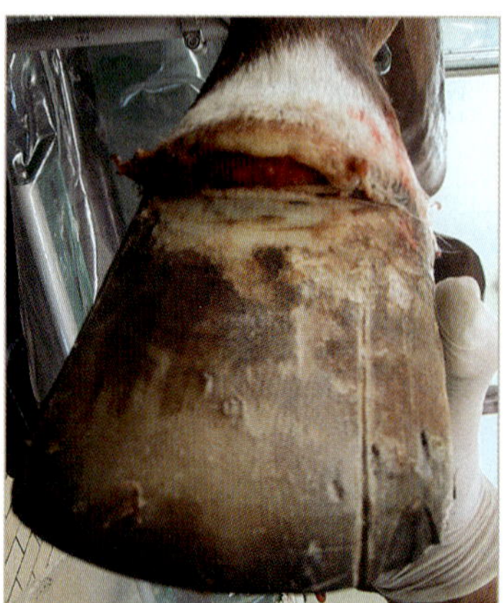

Beginnendes Ausschuhen

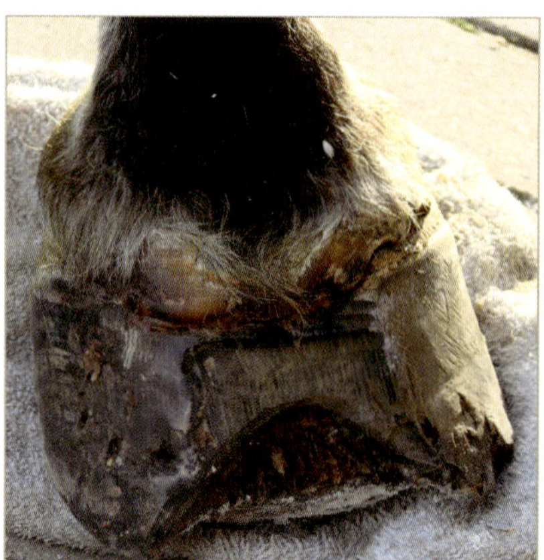

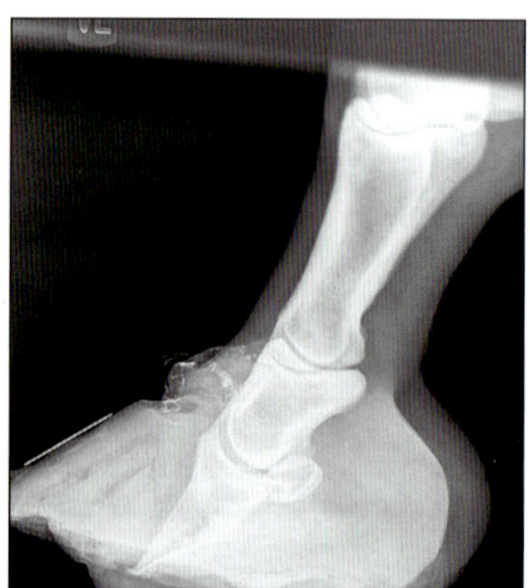

Fortgeschrittenes Ausschuhen mit entsprechendem Röntgenbild

Mit der Zerstörung des Aufhängeapparates im Huf lockert sich das Hufbein und senkt sich abwärts Richtung Sohle. Eine solche Hufbeinsenkung kann bereits nach wenigen Tagen auftreten. Im schlimmsten Fall kommt es zum Durchbruch des Hufbeins durch die Sohle.

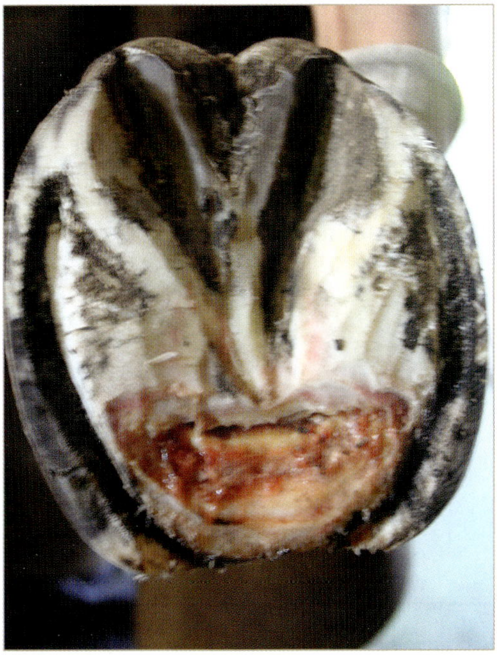

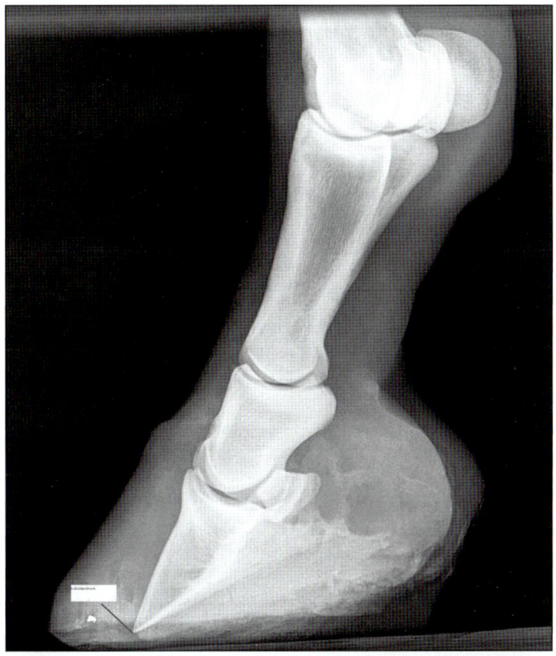

Hufbeinsenkung mit Sohlendruchbruch auf dem Foto und im nebenstehenden Röntgenbild.

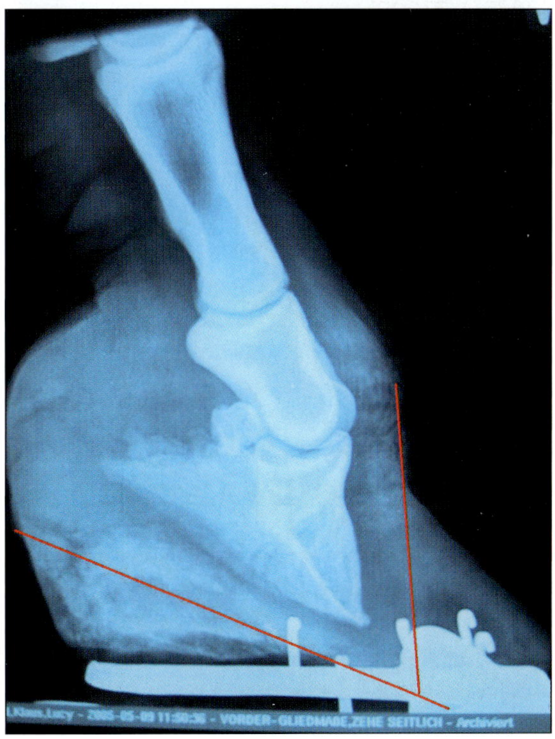

Durch den Zug der tiefen Beugesehne am hinteren Ende des Hufbeins, an dem der Sehnenansatz ist, richtet sich die Hufbeinspitze nach unten, das Hufbein rotiert um das Hufgelenk. Dieser Vorgang wird als Hufbeinrotation bezeichnet (siehe Foto rechts).

Die roten Linien (rechts) entsprechen der durchzuführenden Hufkorrektur.

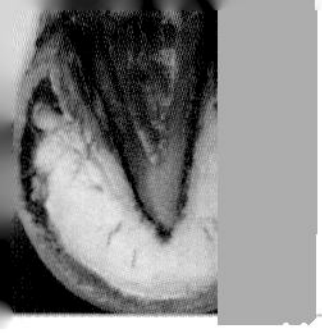

Ursachen für die Entstehung von Hufrehe

Die Rehe ist ein komplexe Erkrankung, die den gesamten Körper betrifft und letztendlich im Huf sichtbar wird. Eine wichtige Rolle in dem Geschehen spielt der Magen-Darm-Trakt des Pferdes. „Heute gilt als gesichert, dass Kohlenhydrate und Endotoxine die Hauptrollen bei dem Auftreten von Hufrehe spielen."

Angeführt wird die Liste möglicher Ursachen von Stoffwechselstörungen des Dickdarms, wenn das Pferd plötzlich große Mengen Kohlenhydrate aufnimmt, ohne dass sich die Darmflora darauf einstellen konnte. Stärke- und zuckerspaltende Darmbakterien sterben dann ab. Bei diesem Vorgang werden Toxine freigesetzt, die über den Blutkreislauf in die Huflederhaut gelangen. Dort beginnen komplizierte Enzymreaktionen, die in der Konsequenz zu der Ablösung von Hufbein und Hornkapsel führen.

Für den einzelnen Pferdehalter scheint es häufig mehr als rätselhaft, warum gerade sein Pferd betroffen ist – wenn nicht gerade der „Überfall" auf die Futterkammer offensichtlich ist. Inzwischen ist die Meinung überholt, dass Eiweiß der Übeltäter schlechthin ist. Andere Faktoren sind inzwischen in die Reihe der verdächtigen Auslöser aufgenommen und teilweise bereits überführt worden. Allen voran Fruktan.
Fruktan ist eine langkettige Zuckerverbindung (Polysaccharid), die von Gräsern als Speicher überschüssiger Energie genutzt wird, wenn diese nicht gleich für ihr Wachstum verbraucht wird. Dies ist beispielsweise an einem kühlen, trockenen Sonnentag der Fall. Die Fotosynthese läuft auf Hochtouren, doch es fehlt an Wasser oder es ist zu kühl, um reichlich Blattgrün zu entwickeln, wofür Energie verbraucht werden würde – die Rehegefahr steigt.
Seit Fruktan als ein Verursacher der Hufrehe definiert ist, wird klar, warum Pferde auch im Winter an Rehe erkranken können: Auch an einem sonnigen, frostigen Wintertag wird Fotosynthese betrieben, Fruktan gebildet und eingelagert, aber nicht verarbeitet, da die Vegetation sich nicht im Wachstum befindet.

Fruktan kann im vorderen Teil des Verdauungssystems kaum verwertet werden, und so gelangen große Mengen in den Dickdarm. Die dortige Darmflora ist nicht auf die Verarbeitung dieses Überschusses eingerichtet. Es kommt zu einer starken Vermehrung von Bakterien, die die vorhandene Darmflora verdrängen. Die Abbauprodukte der Bakterien führen zu einer Übersäuerung, die wiederum eine Kettenreaktion auslöst, an deren Ende ein akuter Reheschub steht.

Im Prinzip kann jede plötzliche Futterumstellung zu einer Übersäuerung führen, mit den gleichen fatalen Folgen. Dies kann auch bei einer massiven Eiweißüberversorgung geschehen, beispielsweise durch Kraftfutter oder Gras.

Für die Entstehung der Hufrehe werden weitere Ursachen diskutiert und die Erkrankung je nach Ursache unterteilt:

- **Geburtsrehe (Nachgeburtsverhalten)**
  Wird die Nachgeburt nicht komplett von der Stute abgestoßen und verbleiben auch nur kleinste Teile in der Gebärmutter, kann das zu einer Infektion führen. Bei diesen bakteriel-

Das Cushing Syndrom geht nicht selten mit leichten bis schweren Anfällen von Hufrehe einher.

len Vorgängen werden Gifte abgesondert, die aus der Gebärmutterwand in den Blutkreislauf gelangen und eine Hufrehe auslösen können.

- **Belastungsrehe**
  Hufrehe kann auch infolge von Überlastung entstehen. Lange Ausritte auf hartem Boden sind ebenso ein Risiko wie eine Überlastung durch zu langes Stehen auf hartem Stallboden oder einseitige Belastung, wenn das Pferd ein Bein schonen muss (Fraktur o.Ä.).

- **Toxische Rehe**
  Eine Reihe von Pilzgiften wie Schimmelpilze, aber auch Fungizide und Herbizide sowie verschiedene Giftpflanzen, wie z. B. das Wiesenschaumkraut, stehen im Verdacht, Hufrehe auszulösen.

- **Cushing Syndrom**
  Hierbei produziert das Pferd zu viel körpereigenes Cortisol. Dies geschieht durch eine Fehlfunktion der Hirnanhangdrüse (Hypophyse).

- **Metabolisches Syndrom**
  Es liegt eine Störung des Stoffwechsels vor, von der besonders die Robustpferderassen betroffen sind.

- **Medikamentenrehe**
  Diese wird durch eine Cortisonüberempfindlichkeit oder eine Überdosierung dieses Medikamentes ausgelöst.

- **Weitere Entstehungsmöglichkeiten**
  Ferner kann Rehe u.a. auch als Folge von Koliken, Stress, Darmentzündungen oder Hormonstörungen, z.B. bei der Schilddrüsenunterfunktion, ausgelöst werden.

Hufrehe erkennen und Sofortmaßnahmen

Ein akuter Reheschub ist immer ein Notfall und muss schnellstmöglich durch einen erfahrenen Tierarzt behandelt werden. Je früher die Rehe erkannt wird, umso besser, denn jede Stunde zählt. Doch je nach Stadium sind die äußeren Anzeichen nicht unbedingt eindeutig und für den Pferdebesitzer, der zum ersten Mal damit konfrontiert wird, nur schwer erkennbar.

Innerhalb der ersten Minuten und daher meist unbemerkt ist der Huf kühler als normal. Erst wenn die Entzündung abläuft, wird der Huf sehr warm. In jedem Fall gehört eine mehr oder weniger starke Lahmheit zum Krankheitsbild der Hufrehe. Während sich Pferde im Extremfall gar nicht mehr bewegen möchten, gehen weniger betroffene Patienten zumindest noch bereitwillig Schritt. Dabei verändert sich jedoch die Fußung. Um die schmerzende Zehe zu entlasten, treten die Pferde zuerst mit Ballen und Trachten auf, zudem wird der Gang kurz und flach, damit die Zeit, in der das Gewicht von nur drei Beinen getragen wird möglichst kurz ist. Das Pferd geht staksig. Selten ist es eindeutig rechts oder links lahm, weil meist beide Vorderhufe, manchmal auch die Hinterhufe betroffen sind. Besonders deutlich wird die Steifheit der Bewegungen in engen Wendungen.

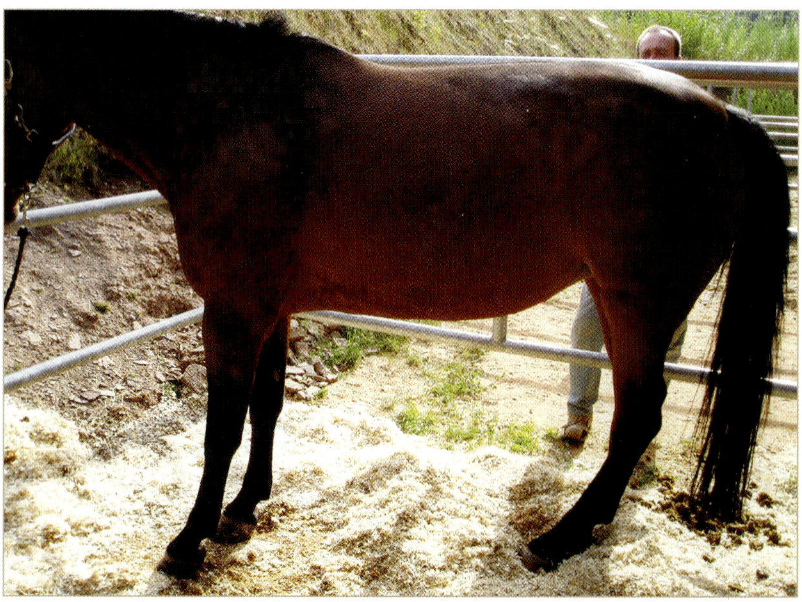

Typische Körperhaltung bei Rehe

Wird die Sohle mit einer Hufzange abgedrückt, reagiert das Pferd im Zehenbereich des Hufes schmerzempfindlich. Bereits jetzt ist höchste Eile geboten.
Je nach Verlauf nehmen viele Pferde irgendwann die typische Sägebockstellung ein. Sie versuchen sich durch das Verlagern ihres Schwerpunktes Linderung zu verschaffen. Dabei stellt das Pferd die Hinterbeine so weit wie möglich unter den Bauch und verlagert gleichzeitig das Gewicht der Vorhand auf die Trachten.

Manche Pferde legen sich ab. Das sollte ihnen wegen der Schmerzen unbedingt erlaubt werden, weil so das Hufbein in der Hornkapsel weniger leicht rotiert.
Unter Umständen zeigen die betroffenen Pferde aufgrund der Schmerzen ein Verhalten, das zunächst anderen Krankheiten zugeordnet wird und erklärt, warum Hufrehe nicht immer frühzeitig erkannt wird und die Pferde unter Umständen auf andere Erkrankungen hin behandelt werden. Es gibt Pferde, die verhalten sich ähnlich wie bei einer Kolik. Die Tiere fressen nicht, krümmen den Rücken vor Schmerzen oder legen sich hin. Eine Erhöhung der Atem- und Pulsfrequenz, ein Anstieg der Körpertemperatur sowie ein gestörtes Allgemeinbefinden mit Unruhe und Angstzuständen gehen mit dem Krankheitsbild ebenfalls einher.

Sofortmaßnahmen durch den Pferdehalter

Je früher eine Rehe erkannt wird, desto besser ist die Prognose. Dem Pferdehalter muss bewusst sein, dass Hufrehe immer ein Notfall ist und er den Tierarzt besser einmal zu viel als zu wenig benachrichtigt. Die sofortige Verständigung des Tierarztes und am besten auch des Hufschmiedes ist somit oberstes Gebot. Bis zu deren Eintreffen sollte der Pferdehalter aktiv werden und versuchen, seinem Pferd die Schmerzen zu erleichtern und zu vermeiden, dass sich dessen Zustand verschlimmert. Das Kühlen der Hufe ist die wichtigste Erste-Hilfe-Maßnahme!

Die Kühlung lindert nicht nur den Schmerz, sondern kann auch der Ödembildung in dem entzündeten Huf mit einer gestörten Durchblutung entgegenwirken. Dazu kann man das Pferd in einen Bach stellen, sofern es sich noch bewegen kann. Ist kein Bach erreichbar, werden bis zum Eintreffen des Tierarztes die Beine kalt abgespritzt. Weite Wege bis zum Abspritzplatz sollten dem Pferd allerdings erspart werden. Wenn das Pferd nicht zum Wasser gehen kann, muss das Wasser eben zum Pferd kommen. Das kann in Form von stabilen Eimern geschehen, in die der Huf oder die Hufe gestellt werden. Zwingen Sie das Pferd aber nicht, die Hufe zu heben.

Zusätzlich sollte bis zum Eintreffen des Tierarztes auch schon die Einstreu in der Box vorbereitet werden: Am besten ist eine saubere, dicke und elastische Einstreu.
Bei allen Arten der Rehe, also nicht nur bei der Futterrehe, muss die Fütterung sofort auf Heu und Stroh umgestellt werden.

Die Behandlung durch den Tierarzt

Eine alte aber immer noch bewährte Therapie ist der Aderlass. Dazu werden dem Pferd fünf bis zehn Liter Blut abgenommen, je nach Größe und Gewicht des Tieres. Mit dieser Prozedur sollen Giftstoffe im Körper und die festen Bestandteile sowie freigesetzten Gerinnungsstoffe im Blut reduziert werden. Da der Körper zuerst Blutflüssigkeit (Plasma) ersetzt, bevor er mit der Produktion anderer Blutbestandteile beginnt, wird mit dieser Behandlung eine vorübergehende Blutverdünnung erreicht. Manchmal wird die entnommene Menge Blut durch eine Elektrolytlösung oder physiologische Kochsalzlösung ersetzt.

Schmerztherapie

Während der akuten, aber auch chronischen Rehe gibt es verschiedene Ursachen für Schmerzen, die behandelt werden müssen. Schmerzen werden verursacht durch:

- den Entzündungsprozess,
- das Zerreißen der lamellaren Verbindung von Hufbein und Hufaußenwand und damit der Nervenbahnen,
- die örtliche Blutleere, wenn die Durchblutung von Gefäßen durch den Druck des Hufbeins gestört wird,
- den Folgeschmerz im Anschluss an eine Hufrehe durch die ungewohnte Beanspruchung von Sehnen und Bändern oder durch die Barhufzubereitung.

Druckschmerz entsteht, wenn sich im Huf durch das Austreten von Blutflüssigkeit Ödeme bilden oder die Hufbeinspitze bei einer Senkung oder Rotation auf die Sohle drückt.
Eine in diesem Zusammenhang hin und wieder zu lesende Empfehlung, einen Gegendruck unter dem Hufbein in Form von Polstern oder Stegen aufzubauen, ist als Kunstfehler einzustufen. Meine Erfahrung hat gezeigt, dass die Veränderungen des Hufbeins nicht rückgängig gemacht werden können; das einmal abgesunkene Hufbein kann nicht unterstützt oder gar zurückgedrückt werden. Es muss sich mit neuem Bindegewebe umbauen, um so wieder stabil zu werden. Dies ist ein sehr langwieriger Prozess.

Über die anzuwendende Therapie wird der Tierarzt im Einzelfall entscheiden. Eingesetzt werden im Rahmen der Rehebehandlung:

- entzündungshemmende Präparate wie Phenylbutazon, Flunixin-Meglumin oder Meclofenaninsäure,
- durchblutungsfördernde Medikamente wie Acepromazin, Isoxuprin oder Heparin,
- entgiftende Substanzen wie Lebertherapeutika und nierenanregende Substanzen,
- homöopathische Arzneien, die von einem in der Homöopathie bewanderten Fachmann individuell auf den Patienten abgestimmt werden.
- Der Einsatz von Blutegeln bei der Hufrehebehandlung hat sich schon oft als sehr hilfreich erwiesen.
- Zusatzfuttermittel zur besseren Versorgung der Huflederhaut (siehe Kapitel 8 „Gutes für die Hufe", S. 134 ff).

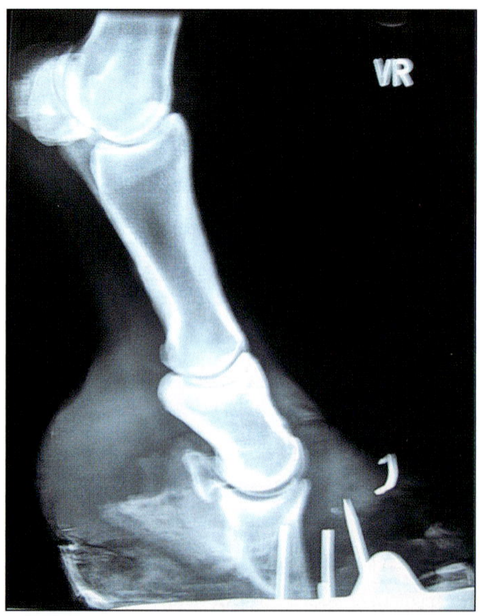

Starke Hufrehe mit Hufbeinrotation

Um die Veränderungen im Huf einschätzen zu können, muss der Tierarzt Röntgenbilder erstellen. Dabei besteht offensichtlich kein unmittelbarer Zusammenhang zwischen dem augenscheinlichen Zustand des Pferdes und dessen Röntgenbildern. Es ist keineswegs so, dass die Pferde mit den gravierendsten Veränderungen des Hufbeins sich am schlechtesten bewegen. Ein besonderer Umstand, der es schwierig macht, zuverlässige Prognosen über Krankheitsverlauf und Heilungschancen abzugeben.

Heilungschancen

Misstrauen Sie den vollmundigen Versprechungen nach dem Motto: „Jede Rehe ist heilbar".

Trotz aller möglichen Therapien bleibt die Hufrehe mit ihren schwierigen Krankheitsverläufen unberechenbar. Sicher gibt es Fälle, die frühzeitig erkannt, vollständig ausheilen und die Pferde wieder so belastbar sind wie vor ihrer Erkrankung. In den meisten Fällen muss die Prognose für ein erkranktes Pferd sehr vorsichtig gestellt werden und dem Besitzer muss bewusst sein, dass das Rehepferd huftechnisch ein Pflegefall bleibt und dauerhaft eine besonders aufmerksame Betreuung benötigt.

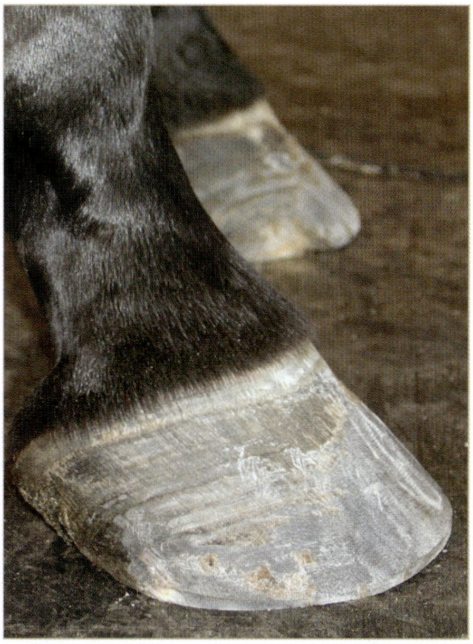

Glücklicher Verlauf. Ein fast gesunder Huf nach starker Geburtsrehe.

Die Rehebehandlung durch den Hufschmied

Keine andere Huferkrankung gibt so viel Diskussionsstoff wie die Hufrehe, aber es gibt wohl auch keine Erkrankung, bei der so oft Fehler in der Behandlung und beim Beschlag gemacht werden. Die Diskussionen um die Behandlung von Rehepferden werden sehr oft emotional und ideologisch geführt.

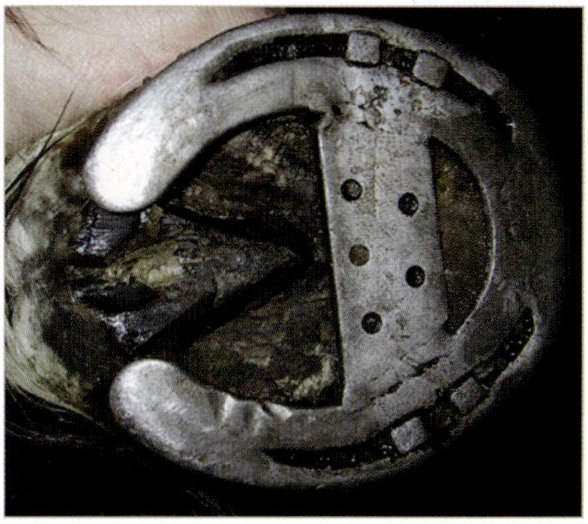

„Falscher Rehebeschlag": Steg zu weit nach vorn, dadurch Druck auf die Hufbeinspitze.

Jede Hufrehe ist einzeln zu betrachten und zu beurteilen, im Prinzip sogar jeder Huf, weil ein geringer Unterschied in der Winkelung und Hufform auch sofort Einfluss auf den Grad der Rotation und/oder Senkung nimmt.

Ich will und kann Ihnen hier kein Patentrezept für einen Rehebeschlag beschreiben, Ich kann Ihnen aber ziemlich genau sagen, was man auf keinen Fall machen darf.

Um unnötige Reizungen oder Druck auf die Zehenspitze zu vermeiden, darf der Beschlag eines Rehepferdes keinen Zehenaufzug haben und es dürfen keine Zehennägel verwendet werden. Außerdem darf auf keinen Fall ein Steg im Bereich der Hufbeinspitze angebracht werden. Eine Abpolsterung in diesem Bereich hat ebenfalls katastrophale Folgen.

Ein Pferd mit akuter Rehe gehört in die Hand eines Tierarztes. In diesem Stadium kann der Hufschmied unterstützend tätig sein, indem er den vorhandenen Beschlag entfernt oder angemessen verändert.

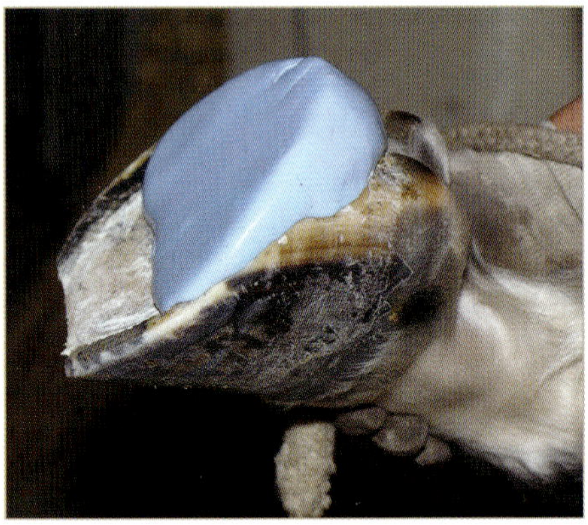

Trachtenerhöhung mit Silikonkissen

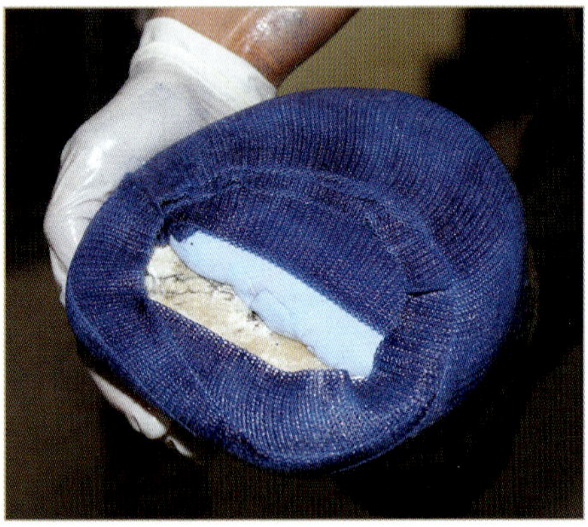

Hufbeinspitze bleibt frei

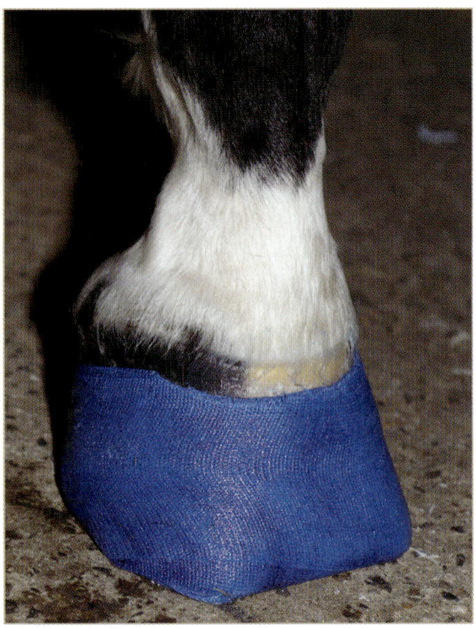

Rehecastverband (Rehegips)

Ein Diskussionspunkt in der Behandlung von Rehepferden ist das Hochstellen der Trachten. Befürworter dieses Vorgehens führen an, dass zu Beginn der Behandlung ein Hochstellen der Trachten sinnvoll ist, weil die tiefe Beugesehne entlastet wird. Dadurch lässt der Zug, der auf das Hufbein wirkt, nach und die Gefahr einer Hufbeinsenkung bzw. -rotation wird verringert.
Dieser Effekt lässt sich anfangs mit verschiedenen Vorgehensweisen erreichen, so beispielsweise mit einem Rehegips, bei dem die Trachtenhochstellung im hinteren Bereich durch das Unterlegen eines Silikonpolsters erreicht wird.

Gute Erfahrung hat man auch mit Styroporsohlen gemacht. Man lässt die Pferde einfach in eine Styroporplatte hineintreten und hat dadurch gleich ein Polster.

Im Fall der chronischen Rehe ist bei der Wahl des Hufbeschlags das Fingerspitzengefühl des Hufschmieds gefordert. Bevor dieser tätig werden kann, erfolgt die Beratung mit dem behandelnden Tierarzt und die Begutachtung der Röntgenbilder. Ferner fließen die Beurteilung der Fußung und Bewegungsfunktion sowie die Beurteilung der Hufsituation in den Beschlagplan ein, außerdem die Begutachtung der Qualität der Hornsubstanz, die Dicke der Sohle, der Fäulnisprozess im Bereich der Blättchenschicht sowie die Hufform und die Gliedmaßenstellung.

Oberstes Ziel der Maßnahmen am Huf ist die Entlastung der vorderen Bereiche des Hufes. Außerdem soll den Pferden mit dem veränderten Fußungsablauf das Gehen erleichtert werden. Um eine Belastung der geschädigten Zehe zu vermeiden und den Bereich vor weiteren Belastungen zu schützen, wird der Zehenbereich so bearbeitet, dass die Zehe über dem Boden schwebt. Dies wird erreicht, indem die vordere Zehenwand mehr gekürzt oder ein Hufschutz aufgebracht wird, der an dieser Stelle Luft lässt. Auch das Einfräsen von Dehnungsfugen oder punktuelle Bohrungen sollen der Druckminderung dienen, da angestaute Flüssigkeit nach außen abfließen kann. Mit dem nachlassenden Druck lässt auch der Schmerz nach.

Ein weit verbreiteter und bewährter Rehebeschlag ist der nach Bolz. Dabei wird das Hufeisen mit einem breiten Steg versehen, der von der Trachte ausgehend etwa 1,5 bis 2 cm vor der Strahlspitze endet. Der Hohlraum unter dem Steg wird mit einem elastischen Hufpolstermaterial ausgefüllt.

Sehr wichtig ist, dass eine deutliche Schwebe im Zehenbereich und das Ausballen der Sohlenfläche am Hufeisen erreicht werden. Damit wird verhindert, dass Druck auf die Sohle und schließlich eine Drucknekrose der Sohlenlederhaut entstehen, was gerade bei einer Hufbeinsenkung möglich ist.
Eine Abwandlungsmöglichkeit des beschriebenen Beschlags ist die Variante mit einer geraden oder offenen Zehe und einem breiten Steg in der Trachtenregion. Dabei sollten aber seitliche Zehenaufzüge angebracht werden, damit die Wände Halt bekommen.

In der Praxis stehen eine Reihe weiterer orthopädischer Rehebeschläge und alternativer Hufschutzmöglichkeiten, wie zum Beispiel Hufschuhe, zur Auswahl.

Die Frage, zu welchem Zeitpunkt ein Rehebeschlag angebracht werden soll, wird zum Teil kontrovers diskutiert. Solange das Pferd sich nur im Schritt einigermaßen bewegen kann, bevorzugt man einen Hufschutz, der nicht genagelt wird.

Auch bei kompetenter und gewissenhafter Ausführung entscheidet letztendlich die Reaktion des Pferdes über den Erfolg der Maßnahmen. Beobachtet man das Pferd, lässt sich erkennen, ob die Maßnahmen am Huf zu einer Schmerzlinderung geführt haben. Ist dieses nicht der Fall, verschlechtert sich der Zustand oder tritt auch nach mehreren Behandlungswochen keine deutliche Verbesserung ein, muss das gesamte Behandlungskonzept kritisch überdacht werden.

Deutliche Schwebe im Zehenbereich

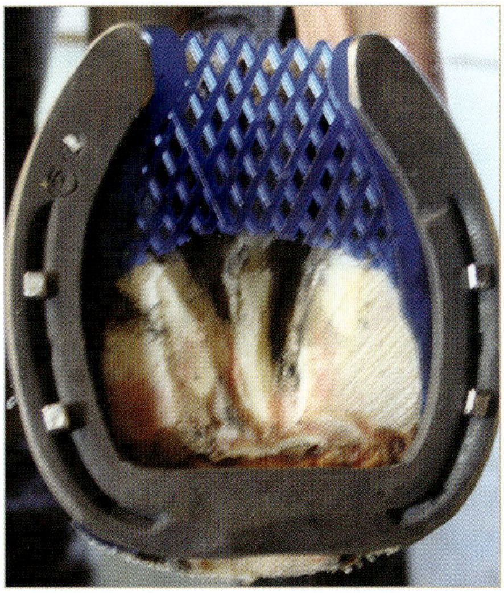
Rehebeschlag mit Luwexsohle

Polsterung der hinteren Hufhälfte

LITERATURHINWEIS: HEÜVELDOP, S.: ORDENTLICH AUF DIE HUFE. REITER REVUE 5/2004

Hornspalten

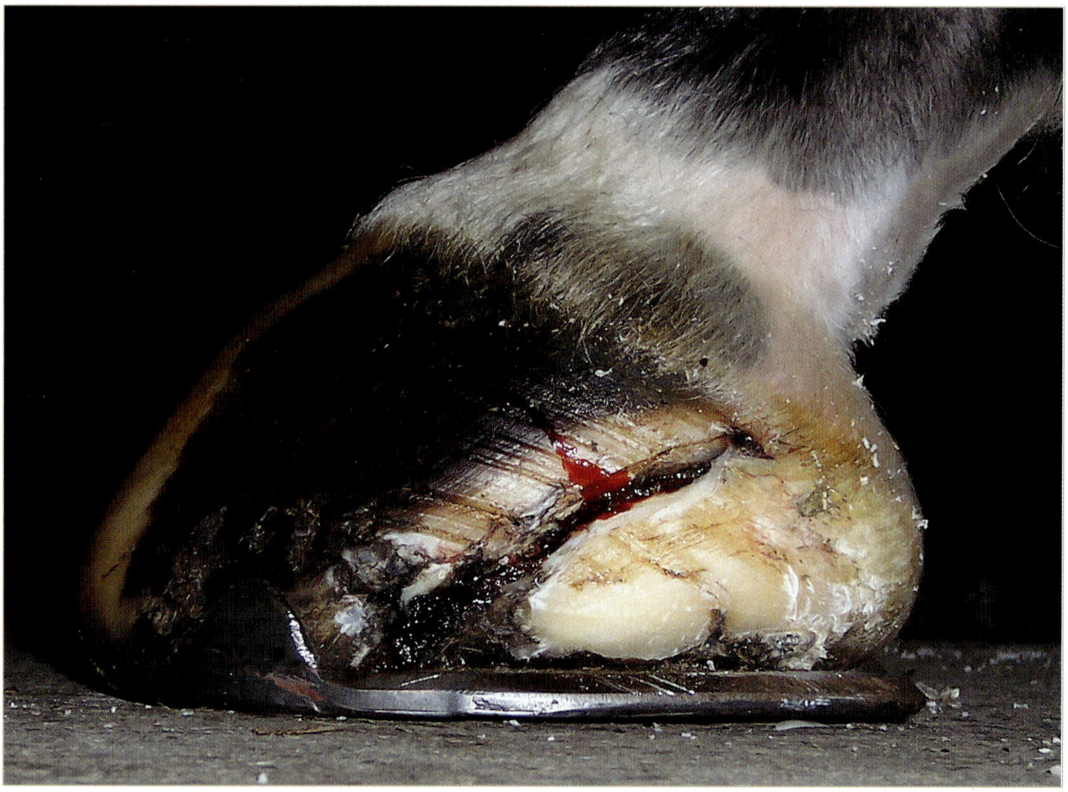

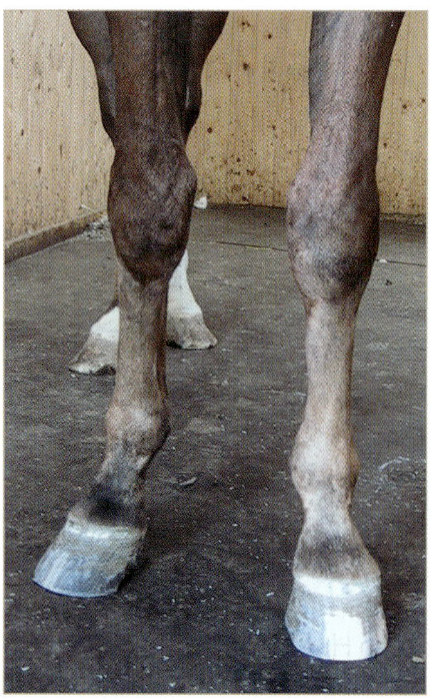

Dieses Thema hat sicher schon manchem Pferdebesitzer und Reiter Kopfschmerzen bereitet! Warum bekommt mein Pferd einen Hornspalt? Der Huf wird doch immer gut gepflegt. Der Hornspalt ist mindestens zu 90 % nur ein Symptom. Um die Ursache zu finden, muss man sehr viel Fachwissen und Erfahrung besitzen.

Die häufigste Entstehungsursache für einen Spalt ist eine nicht ernst genommene Disbalance des Hufes. Das heißt, es existieren ungleiche Belastungsverhältnisse am Huf, die durch starke Verstellungen (bodenenge oder bodenweite, zehenenge und zehenweite Stellung, diagonale Verdrehungen der Gliedmaßen, Nichtpassen des Hufes zum Fesselstand) ausgelöst wurden.

Durch ungünstige Gliedmaßenstellung (zehenweit-bodenweit) können Hornspalten entstehen.

Ebenso können lange Beschlag- und Ausschneideintervalle, zu enge und zu kurze Hufeisen, zu hohe und zu enge Trachten, die den Druck beim Auffußen oder Landen nach einem Sprung nicht genügend abfedern können, und zu trockene und unelastische Hufe zu einem Spalt führen.

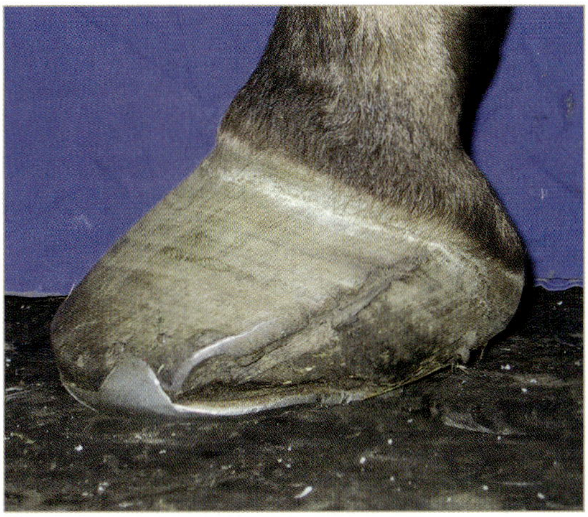
Ungünstiger Beschlag lässt Hornspalten entstehen.

Die genetische Veranlagung ist auch ein Grund für Hufprobleme. Besonders Vollblüter sind für ihre schwachen und kleinen Hufe bekannt. Außerdem sind auch durch die Anpaarung von Vollbluthengsten mit reinen, relativ schweren Warmblutstuten häufig Zuchtprodukte entstanden, die zu solchen Problemen neigen. Das feine Fundament des Vollblüters und der deutlich schwerere Rahmen des Warmblüters begünstigen die Entstehung. Es gibt viele solche Beispiele aus der Zucht. Dabei sind es oft hervorragende Sportpferde. Aber was nützt es dem Reiter, ein Superpferd zu besitzen, wenn es aufgrund der problematischen Hufe immer wieder nicht reitbar ist. Wenn solche Prädispositionen vorhanden sind, wird früher oder später die Hornkapsel an der schwächsten Stelle reißen und der Hornspalt wird sichtbar.

Definition der Hornspalten: Es ist immer eine Trennung im Bereich der Hornwand in Richtung vom Hornröhrchenwachstum.
Ein horizontaler Riss wäre dann eine Hornkluft, die durch eine Verletzung oder ein am Kronrand ausgetretenes Hufgeschwür entsteht. Dieser Riss hat aber nichts mit einem Spalt gemeinsam.

Tragerandriss oder Spalt

Sicherlich sind Tragerandriss und Spalt die häufigsten Erscheinungen, aber auch die am einfachsten zu behebenden. Bei jungen, auf der Weide laufenden Fohlen kann man sehr häufig Risse oder gar klaffende Tragerandspalten sehen. Die Ursache dafür ist der relativ enge Fohlenhuf, der längere Zeit nicht korrigiert wurde. Teilweise kann man schon von einem Fohlenzwanghuf sprechen, obwohl es den Begriff in der Literatur meines Wissens nicht gibt. Der Fohlenhuf ist am Tragerand schmaler und enger als am Kronrand, durch den erst noch der konstante Huf produziert werden muss. Dadurch ist die Belastung pro cm^2 Huffläche unproportional größer als bei einem erwachsenen Pferd gleicher Größe und gleichen Gewichts bei regelmäßiger Hufform. Die Behandlung geschieht zunächst durch sachgemäßes Korrigieren des Hufes und Einkerben der Hornwand direkt über dem Riss oder Spalt. Ich persönlich benutze dabei am liebsten einen kleinen Bohrer, mit dem ich die Wand bis in die Eindringtiefe des Spaltes anbohre. Danach wird das kleine Loch mit einem speziellen Hufwachs wieder verschlossen. Normalerweise reicht diese Maßnahme bei jungen Pferden schon aus.

Tragerandspalten

Bei erwachsenen Pferden treten jahreszeitlich bedingt am unbeschlagenen Huf in den trockenen Sommermonaten die meisten Tragerandspalten auf.

Prof. Dr. K. Budras (FU Berlin), meiner Meinung nach der beste Anatomieexperte für Hufe und Klauen in Deutschland, hat eine Studie betreut, die bei Przewalskipferden durchgeführt wurde, und dabei einen jahreszeitlich bedingten Zyklus beobachtet, der zu folgendem Ergebnis führte: Im Frühjahr bei nassen und feuchten Böden wachsen die Hufe und werden relativ lang. Wenn im Sommer die Böden härter und trockener werden, reißen und brechen die Hufe. Die Risse werden gewissermaßen zu Sollbruchstellen und die Hufe kürzen sich praktisch von selbst. Zum Herbst hin, wenn es wieder feuchter und weicher wird, wächst wieder mehr Horn als abgenutzt wird. Zu dieser Zeit sehen die Hufe der Wildpferde wie frisch ausgeschnitten aus. Sie sind dann im Winter bestens für den harten und gefrorenen Boden vorbereitet.

Da die von uns gehaltenen Pferde nicht in letzter Konsequenz wie Wildpferde gehalten, sondern zum großen Teil auch sportlich genutzt werden, ist der Hufschmied gefordert, um den natürlichen Ablauf mit unseren Haltungsbedingungen und Vorstellungen der Nutzung in Einklang zu bringen.

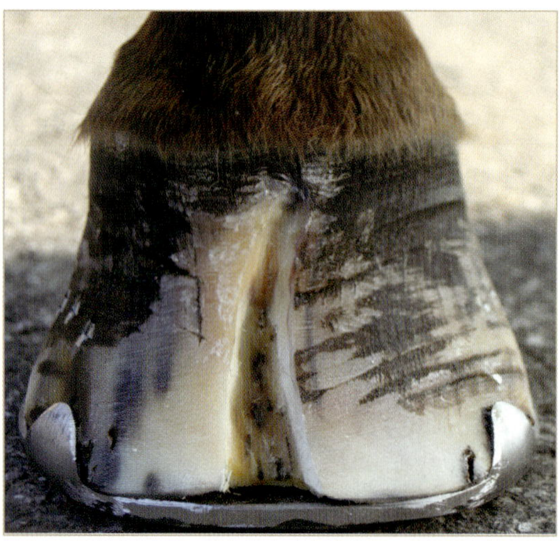

Zehenwandspalt

Abschließend sei noch erwähnt, dass Tragerand-, Kronrand- und durchlaufende Hornspalten je nach Position und Ausdehnung unterschieden werden. Diese werden wiederum unterteilt in Zehenwand-, Seitenwand- und Trachtenwand-Spalten. Auch an den Eckstreben können Spalten auftreten, hier werden sie als Eckstrebenbrüche bezeichnet.

Kronrandspalt

Je nach Tiefe des Kronrandspaltes unterscheidet man in oberflächliche oder durchdringende Spalte. Der oberflächliche Spalt ist sicher die leichtere Form und in aller Regel führt er nicht zu einer Lahmheit. Häufig ist die Entstehung durch eine Verletzung im Bereich des Saumbandes zu finden. Beschlagtechnisch genügt es meistens, den Bereich hinter dem Spalt soweit abzutragen, dass kein Kontakt zum Eisen besteht. Dadurch wird der Druck minimiert.

Der durchdringende Spalt ist die schwerwiegendere Form und bedarf einer sehr sorgfältigen Untersuchung und Behandlung durch einen erfahrenen und versierten Schmied. Der Spalt reicht bis an die sensible Wandlederhaut heran, die dann durch Spreizwirkung zwischen den Spalträndern eingequetscht wird und oft blutet. Dadurch wird meistens eine Lahmheit hervorgerufen. Oft ist eine Infektion die Folge, weil dort Bakterien und andere Erreger ein ideales Umfeld vorfinden. In einem solchen Fall ist die Zusammenarbeit von Hufschmied und Tierarzt unerlässlich (Tetanusschutz, eventuell Antibiose).

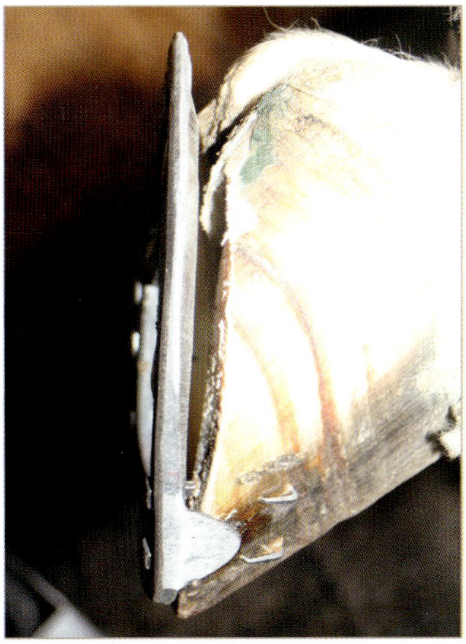

Angebrachte Schwebe entlastet den spaltgefährdeten Bereich.

Die Behandlung durch den Hufschmied kann sehr unterschiedlich aussehen. Das Wichtigste ist die Beseitigung der Ursache und dann erst die Behandlung des Symptoms (Spalt). Das heißt bei einer Fehlstellung der Gliedmaße, Korrektur des Hufes und Druckentlastung durch einen entsprechenden orthopädischen Beschlag. Dieser sieht in aller Regel so aus, dass der geschädigte Bereich entlastet und die anderen gesunden Hufabschnitte belastet werden. Dies erreicht man z.B. durch die Verwendung eines Eisens mit Lochplatte, unter die ein festes Polster gebracht wird. Zusätzlich wird der Bereich hinter dem Spalt so weit gekürzt, dass bei der Belastung kein Druck entsteht (Schwebe).

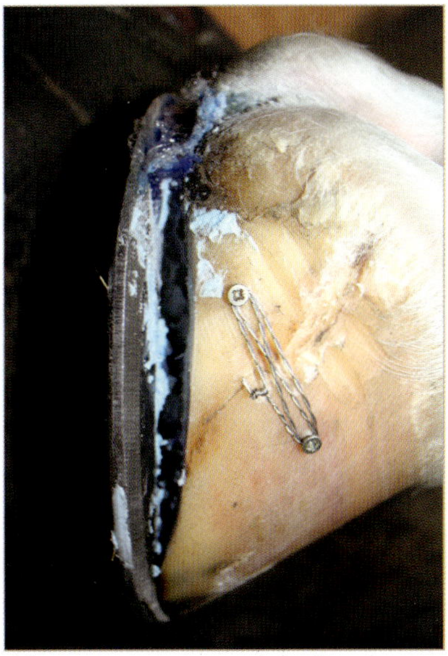

Hornspaltstabilisierung durch Überbrückung des Spaltes.

Danach wird der Spalt mit einem kleinen Fräser und dem Hufmesser so weit geöffnet, dass die Lederhaut nicht mehr gequetscht wird und eine bestehende Infektion behandelt werden kann. Diese Behandlung besteht in den ersten drei bis vier Tagen aus einem Verband, der mit Desinfektionslösung getränkt ist. Danach wird der Spalt mit 10 %igem Jodoformäther versorgt, bis eine Verhornung der Wandlederhaut eintritt. Danach besteht die Möglichkeit einer Stabilisierung durch eine Verschraubung mit einer Metallplatte und durch zusätzliches Auftragen eines Kunststoffes, um den Bereich zu stabilisieren. Dies ist eine sehr anspruchsvolle Arbeit, die aber meistens zum Erfolg führt und eine fast uneingeschränkte Nutzung des Pferdes zulässt.

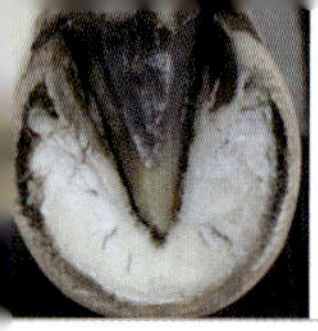

Genauso wichtig ist die Mitarbeit von Besitzer, Ausbilder und Reiter/Fahrer, denn diese haben Einfluss darauf, ob die Arbeit des Schmiedes Erfolg hat oder nicht. Das Wandhorn im Bereich des Kronrandes muss elastisch gehalten und das Hornwachstum gefördert werden, damit der Spalt möglichst schnell herunterwachsen kann.
Um die Elastizität des Hufes zu erhalten, können feuchte Verbände (Water-Boots) um den Kronrand gelegt werden. Nach dem Entfernen der feuchten Verbände kann der Kronrand durch verschiedene Maßnamen (siehe Kapitel 8 „Hufgesundheit von innen und außen", S. 130 ff). zu vermehrtem Wachstum angeregt werden. Nach einiger Zeit wird eine deutliche Verdickung der neu gebildeten Hornwand feststellbar, die mit der vermehrten Hornbildung zusammenhängt. In den ersten Wochen des auf das Problem abgestimmten Beschlages sollte das Pferd nur in weichem Boden gearbeitet werden. So wird der Huf nicht zu stark erschüttert und der Heilungsprozess gefördert.

HINWEIS:
Bitte beachten Sie, dass der Hornspalt immer ein Alarmsignal ist. Die Balance ist gestört. Es können auch Sehnen- oder Gelenkprobleme auftreten, je nachdem, wo die Schwachstelle des Pferdes ist. Unter diesem Aspekt ist es wichtig, regelmäßig Beine und Hufe Ihres Pferdes zu kontrollieren. Denn es ist wesentlich einfacher bei einem beginnenden Schaden einzugreifen und zu handeln als bei fortgeschrittenen und massiven Veränderungen. So können Sie Ihrem Pferd Schmerzen und sich selbst Kosten und Ärger ersparen.
Besitzen Sie ein Pferd mit ungünstiger Huf- und Gliedmaßenstellung sprechen Sie mit Ihrem Schmied über Problemlösungen. Der moderne Sportbeschlag bietet vielfältige Möglichkeiten, um hier prophylaktisch tätig zu werden.
Denn auch hier gilt: Vorbeugen ist besser als Fräsen und Bohren.

Hornsäule

Eine Hornsäule ist eine spindel- oder kegelförmige Verdickung an der Rückseite der Zehenhufwand, die meistens an den Vorderhufen in der Mitte der Zehe erkennbar ist. Meistens ist sie ein Zufallsbefund bei einer Röntgenaufnahme oder der Hufschmied stellt sie bei der Hufkorrektur fest. In den meisten Fällen ist erst einmal keine Lahmheit vorhanden.

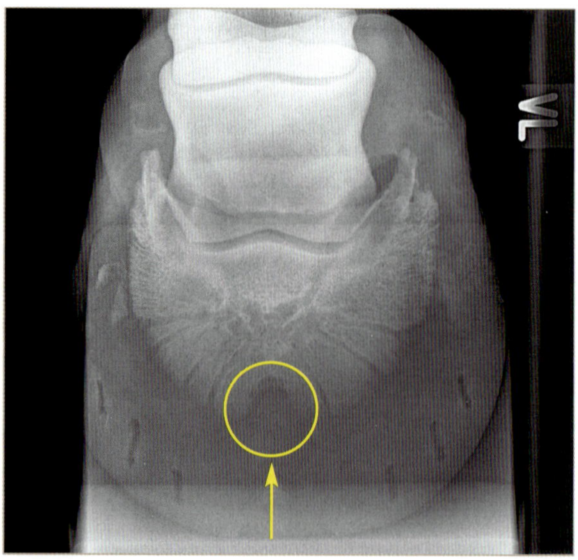

Röntgenbild Hornsäule

Sie stellt sich als eine Einbuchtung im Bereich des Hufbeinrandes dar, die sich außerdem über die gesamte Länge des Hufbeines erstrecken kann. Man sollte jedoch sicher sein, dass es sich wirklich um eine Hornsäule handelt und nicht wie man es bei vielen Pferden vorfindet, um eine sogenannte „Crena", eine Einbuchtung an der Hufbeinspitze, die als physiologisch anzusehen ist.

Hornsäule - Sohlenansicht

Die Entstehung einer Hornsäule kann mehrere Ursachen haben:

- **eine vom Tragerand aufsteigende Infektion,**
- **ein nicht gut versorgtes Hufgeschwür,**
- **ständiges oder einmaliges Anschlagen an Boxenwand oder Hindernisstangen,**
- **zu starkes Anschlagen des Zehenaufzuges vom Hufeisen an die Zehenwand**
- **oder ein abnormes, partielles Hornwachstum in dem Bereich.**

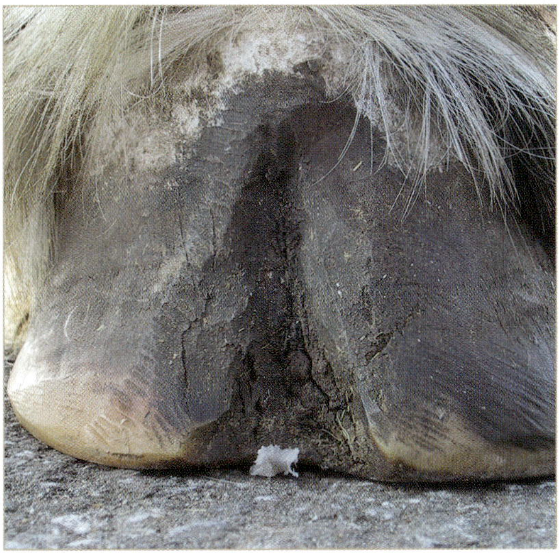

Hornsäule nicht korrekt versorgt

Wenn ein Pferd infolge der Hornsäule lahmt, muss sie entfernt werden. Das darf keinesfalls oberflächlich erfolgen, sondern erfordert Konsequenz und Sorgfalt, andernfalls bekommt man das Problem nicht in den Griff.

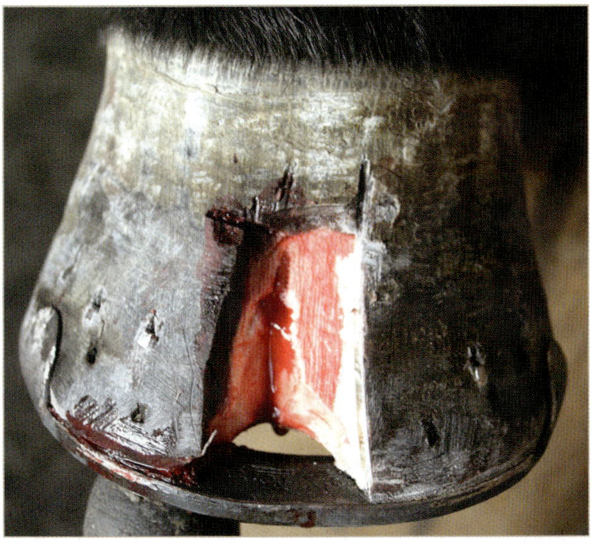

Behandelte Hornsäule

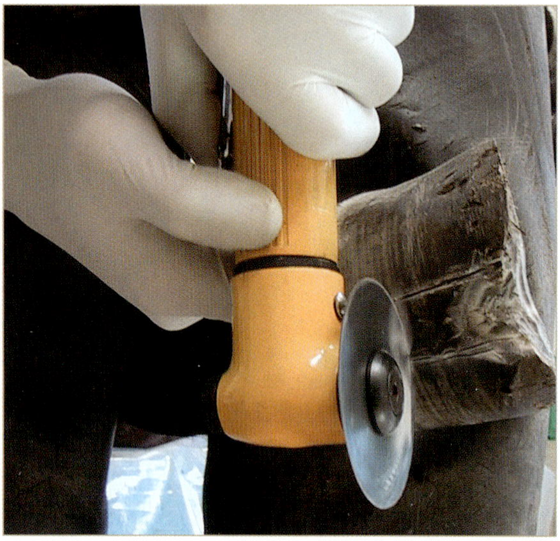

Operatives Entfernen einer Hornsäule

Die Hornsäule kann entweder am stehenden Pferd mit Sedierung oder aber in Vollnarkose beseitigt werden. Das kommt auf die Ausdehnung und Lokalisation an. Zur Feststellung muss man den Huf in mindestens zwei Ebenen röntgen.

Nach der Behandlung muss ein orthopädischer Hufbeschlag angefertigt werden und das Pferd bekommt über eine gewisse Zeit Boxenruhe. Wenn der Bereich, an dem die Hornsäule saß, wieder genügend verhornt ist, kann man den Wanddefekt rekonstruieren. Bei einem guten Verlauf dieser Maßnahme ist die Prognose recht günstig und das Pferd kann wieder voll eingesetzt werden.

Lose und hohle Hornwand

Diese beiden Veränderungen an der Hufwand werden häufig sogar von Fachleuten verwechselt oder falsch interpretiert. Auf den ersten Blick sehen sie sich ein bisschen ähnlich, aber eben nur ähnlich.

Die lose bzw. getrennte Wand

Zur Definition der losen oder auch getrennten Wand:
Als lose Wand bezeichnet man die Trennung der Hornwand (Röhrchenhorn), von der Hornsohle aus gesehen, im Bereich der weißen Linie. Wenn größere Wandabschnitte befallen sind, wird auch von der getrennten Wand gesprochen. Meistens ist sie von außen gar nicht sichtbar, sondern wird es erst beim Ausschneiden oder Beschlagen.

Extrem lose Wand

Besonders flache und weite Hufe oder weite Hufabschnitte werden von der losen Hornwand befallen. Sie sehen dann beim Auskratzen der Hufe im Bereich der weißen Linie eine dunkle Vertiefung, die mit Schmutz und Steinchen gefüllt ist. Wenn Sie diesen Schmutz entfernt haben, können Sie sehen, dass die weiße Linie nicht mehr stabil vorhanden, sondern sehr mehlig und bröckelig ist.

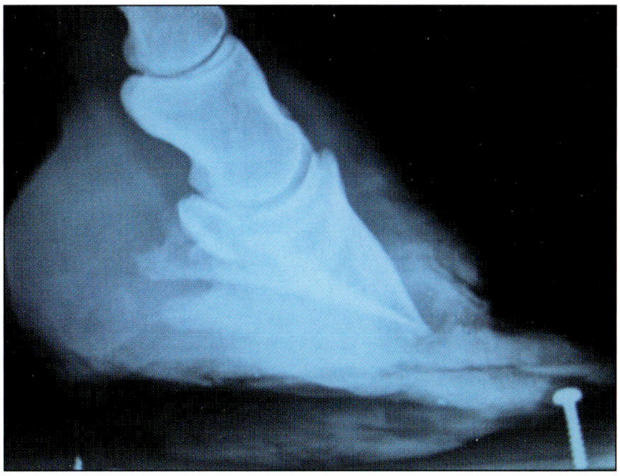
Röntgenbild lose Wand

Ursachen

Mehrere Faktoren sind hieran beteiligt. Als Erstes ist sicherlich wieder einmal die Boxenhygiene zu nennen. Bei meiner Arbeit als Hufschmied fällt mir immer wieder auf, dass in den Ställen, wo sehr sparsam gemistet und eingestreut wird, dieses Problem vermehrt auftritt. Insbesondere dann, wenn mit Sägemehl oder ähnlichem Material eingestreut wird, denn dieses kann sich aufgrund der feinen Struktur hervorragend in diese Hufbereiche hineindrücken und dort in Verbindung mit Urin, Kot und Feuchtigkeit Fäulnisprozesse und Pilzinfektionen hervorrufen.
Schlechte Hornqualität kann ebenfalls zur losen Wand führen. Ferner wird durch zu enge und kurze Eisen und zu lange Beschlagintervalle das Problem noch verstärkt, weil sich die Hornwand dann nach außen verbiegt und dadurch eine Lahmheit entstehen kann.

Die Behandlung

Jede Behandlung wird damit begonnen, die veränderten Hornsubstanzen bis an das gesunde Horn heran zu entfernen. Danach wird der Bereich großräumig und gründlich desinfiziert. Dazu benutze ich ein Desinfektionsmittel, welches bakterizid und fungizid wirkt. In schwereren Fällen werden Bäder in einem medizinischen Hufschuh vorgenommen. Nachdem der Huf gründlich getrocknet wurde, werden nochmals alle losen Teile gründlichst entfernt und dann mit einer 5 bis 10 %igen Jodoformäther-Lösung behandelt.
Für den Beschlag empfehle ich ein Hufeisen mit einer möglichst breiten Auflagefläche und un-

Entfernung der krankhaften Bereiche

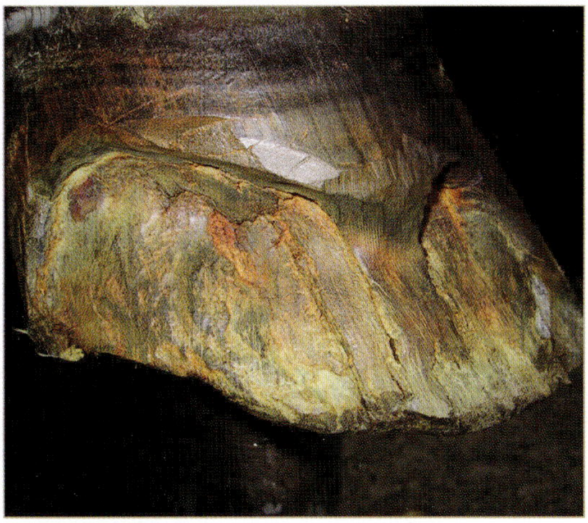
... und Desinfektion zur weiteren Behandlung.

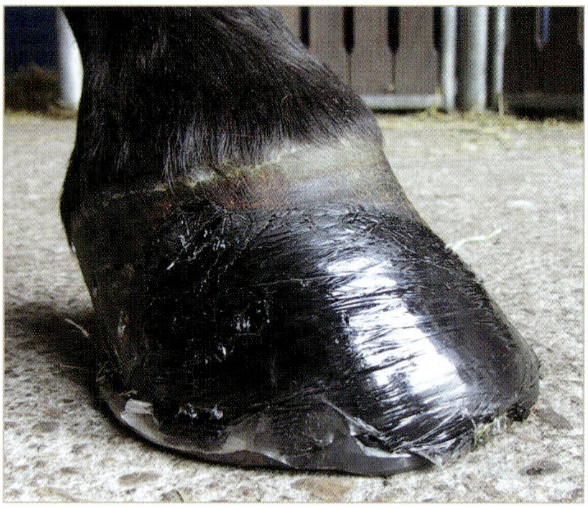
Rekonstruktion nach vorheriger Behandlung

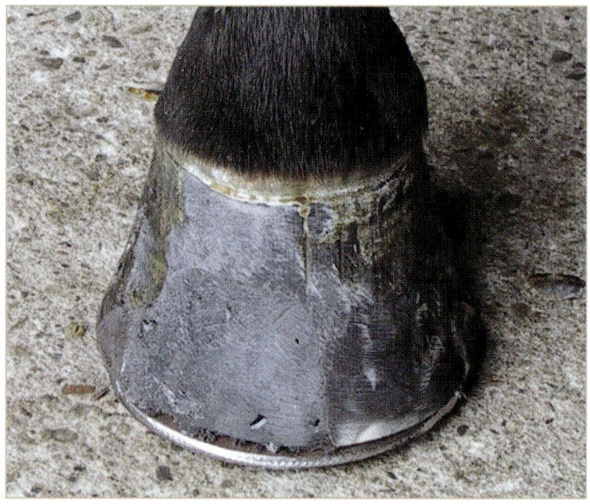
Drei Monate nach Behandlungsbeginn

ter Umständen ein Hufpolster, um eine möglichst große Druckverteilung zu erreichen. Damit werden die erkrankten Wandabschnitte entlastet. Vor dem Aufnageln oder Kleben des Beschlages ist der Huf unbedingt noch einmal gründlich zu desinfizieren. Für den weiteren Heilungserfolg ist nun der Besitzer verantwortlich, d.h. er muss für größtmögliche Sauberkeit sorgen. Dann ist ein Heilungsprozess in aller Regel nicht aufzuhalten.

Die hohle Wand

Die hohle Wand wird in der Fachliteratur als eine flächige Hohlraumbildung im Bereich zwischen der Hornwand und der weißen Linie bezeichnet. Sie ist seltener vorzufinden als die lose Wand, aber dafür ist es auch wesentlich schwieriger, sie zu diagnostizieren und zu behandeln.

Die hohle Wand ist nämlich nicht immer am gereinigten oder ausgeschnittenen Huf sichtbar, sondern kann manchmal innerhalb der Wand liegen. Häufig geht sie mit einer Lahmheit einher, die in Abhängigkeit von ihrer Lage und Ausdehnung von gering- bis mittelgradig variiert. Die Untersuchungsmethoden reichen vom Beklopfen mit einem kleinen Hammer über das Abdrücken mit einer Hufuntersuchungszange oder die Aufnahme eines Röntgenbildes.

Eröffnung

Entfernung von krankhaften Horn

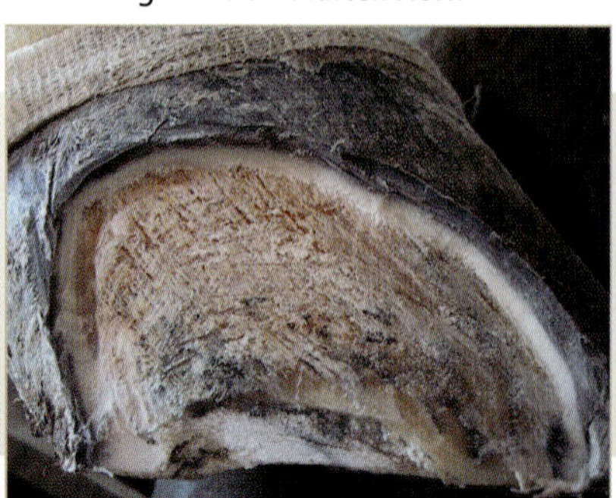

Vorbereitung der Randflächen

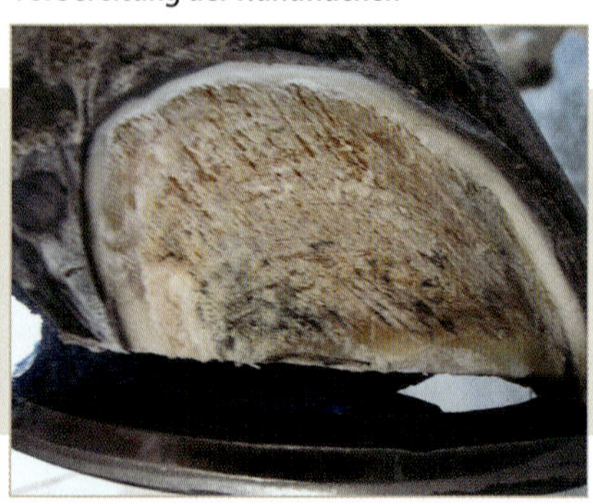

Massive hohle Wand von unten

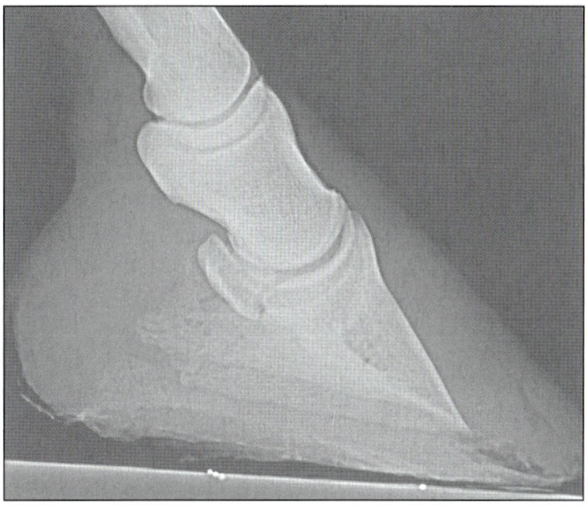

Röntgenbild hohle Wand

Beim Röntgen stellt sich die hohle Wand als ein Hohlraum dar. In diesem Hohlraum kommt es zu schmierigem und übel riechendem Zerfallshorn und zu Fäulnisprozessen, weil dort nämlich unter Sauerstoffmangel und feuchtwarmem Klima, Bakterien und Pilze hervorragende Lebensbedingungen vorfinden. Unter Umständen kann die Wandlederhaut ebenfalls mit beteiligt sein. Je nach der Lage und Ausdehnung dieses Hohlraumes wird das Pferd auch lahmen. Wenn der Zehenbereich betroffen ist, zeigt das Pferd eine Trachtenfußung ähnlich wie bei einer Hufrehe. Denn durch die Schädigung kann es zu einer Hufbeinrotation oder sogar zu einer Hufbeinsenkung kommen.

Die Ursache für eine hohle Wand ist meistens eine traumatische Einwirkung, die z.B. durch heftiges Anschlagen an ein Hindernis oder an die Boxenwand entstehen kann. Dabei kommt es zu einer Trennung vom Wandhorn und des Hornes der weißen Linie. Aber auch Hufgeschwüre, Kronentritte, Vernagelungen oder Pilz- oder Bakterienbesiedlung können so etwas hervorrufen. Die Behandlung einer hohlen Wand gehört in jedem Fall in die Hände von Fachleuten! Hier ist wieder einmal die Zusammenarbeit von Hufschmied und Tierarzt von großer Wichtigkeit, denn ein Hufschmied hat nur begrenzte diagnostische Möglichkeiten und der Tierarzt hat nicht die Routine und Erfahrung in der Hufzubereitung. Aber beide zusammen haben alle Möglichkeiten, einem Pferd zu helfen. Auch eine fachlich geführte Diskussion hilft dabei, die vorhandenen Möglichkeiten zu nutzen, die für das Wohl des Pferdes infrage kommen.

Desinfektion

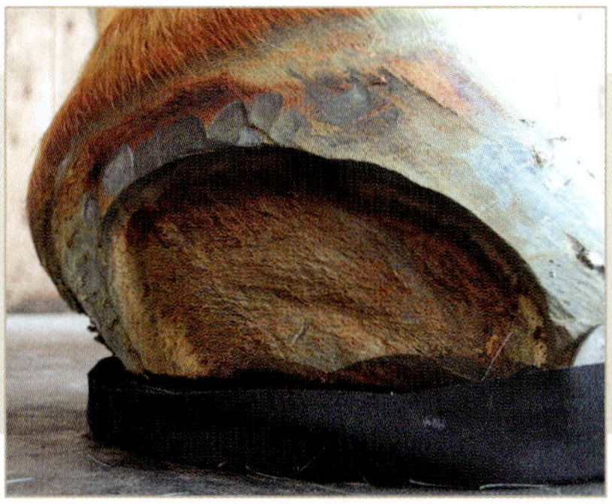

Rekonstruktion

Fertiger orthopädischer Beschlag

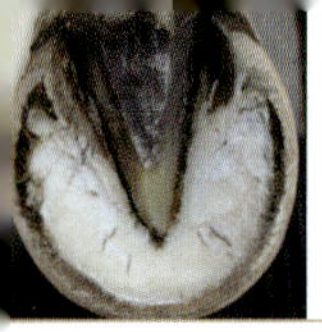

Bei Feststellung einer solchen Huferkrankung sind die besten Erfahrungen mit der stationären Aufnahme dieser Pferde gemacht worden. Nach der gründlichen Entfernung der betroffenen Bereiche bis an das gesunde Horn werden für ca. drei bis vier Tage desinfizierende Verbände angelegt und danach wird die Stelle mit in Jodoformäther getränkten Tupfern abgedeckt.

Erst wenn die Stelle völlig steril, trocken und schmerzunempfindlich geworden ist, kommt der letzte Schritt: Der Beschlag mit den entsprechenden Unterstützungen und die „Rekonstruktion“ der geschädigten Hornwand mit einem sehr hochwertigen Kunststoffmaterial, welches extra für solche Zwecke entwickelt worden ist. Solch eine Rekonstruktion ist eine Arbeit, bei der man sehr viel Zeit und Ruhe braucht, denn je sorgfältiger man die Sache angeht, umso größer ist die Aussicht auf Erfolg. Wenn man ein sehr unruhiges Pferd hat, sollte man auf jeden Fall einen Tierarzt hinzuziehen, der das Pferd entsprechend sediert. Damit ist gewährleistet, dass es während der Behandlung absolut ruhig ist.
Diese Arbeit verlangt von einem Schmied sehr viel Erfahrung und Sachkenntnis in der Behandlung von Huferkrankungen, denn man greift hier in sehr sensible Bereiche ein. Eine nicht fachgerechte Versorgung kann eher schaden als nutzen. Eben aus diesem Grund ist eine stationäre Behandlung zu favorisieren. Es besteht die Möglichkeit umgehend einzugreifen, wenn Pferde auf eine Behandlung wider Erwarten mit Lahmheit oder Verschlechterung des Zustandes reagieren. Werden solche Maßnahmen ambulant durchgeführt, vergehen oft wertvolle Stunden und Tage, um tätig zu werden. Meistens ist der Schaden dann noch größer als vorher und das Pferd fällt für einen längeren Zeitraum aus, was für Sie als Besitzer und Reiter sehr ärgerlich ist und auch finanziell vermeidbar gewesen wäre.

Beschlagtechnisch gibt es mittlerweile diverse Möglichkeiten, um diesen Pferden wieder auf die Hufe zu helfen. Dabei kommt es auf die Verwendung des Pferdes an und auf die Haltungsbedingungen.

In der Regel würde man einen Beschlag mit einem Hufeisen und einem sehr guten Polyurethan-Polster bevorzugen, um einer Veränderung der Hufbeinposition entgegenzuwirken. Mussten sehr große Wandabschnitte abgetragen werden, kann man auch einen Klebeschuh benutzen, um das Risiko einer Vernagelung zu vermeiden. Das Abheilen einer hohlen Wand kann nur dadurch erfolgen, dass gutes, gesundes Horn nachwächst. Und auch hier ist die „Boxenhygiene“ wieder mit ein Garant für die Chancen einer völligen Wiederherstellung des Pferdes und sie hilft Erkrankungen wie die lose Wand zu vermeiden oder die Ausmaße einer hohlen Wand so gering wie möglich zu halten!

HINWEIS:
Wenn Sie beim Reinigen der Hufe Ihres Pferdes auffällige Veränderungen im Bereich der Hornwand feststellen, die weiße Linie mehlig und bröselig ist, sollten Sie Ihren Schmied bei seinem nächsten Termin um Hilfe bitten. Er wird Ihnen dann wirksame Pflegemittel empfehlen und auch mit Rat und Tat helfen. Denn eine frühzeitige konsequente Behandlung wird Ihrem Pferd Schmerzen und Ihnen eine Menge Arbeit und Geld ersparen!

Hufgeschwür

„Bloß ein Hufgeschwür!"
Diese drei Worte hört man als Hufschmied in der täglichen Praxis sehr oft. Ich frage mich manchmal, ob sich der Reiter überhaupt vorstellen kann, was für Schmerzen eine eitrige Entzündung der Huflederhaut verursachen kann. Die Schmerzen sind sicherlich vergleichbar mit denen einer eitrigen Nagelbettentzündung bei uns Menschen.

Zur Definition eines Hufgeschwürs oder besser Hufabszesses:
Durch das Eindringen von Fäulnis- und Eiterbakterien kommt es zur Eiterbildung in der Hornkapsel. Aber auch durch heftige Traumatisierungen wie zum Beispiel Schlagen gegen die Boxenwand oder Reiten auf sehr steinigem Boden kann durch die Quetschung der Lederhaut ein Geschwür entstehen. Je nach der Tiefe unterscheiden wir nach dem oberflächlichen Hufgeschwür und dem tiefen Hufabszess. Allein schon durch die Farbe des Eiters kann man Rückschlüsse ziehen, ob es sich um einen oberflächlichen oder tiefen Abszess handelt. Bei dem oberflächlichen Hufgeschwür ist der Eiter gräulich bis schwarz und relativ dünnflüssig, bei dem tiefen Abszess ist der Eiter gelblich und zäh und hat einen sehr intensiven Geruch.

SYMPTOME

- **Lahmheit (mittel bis hochgradig)**
- **Entlastung der Gliedmaße**
- **vermehrte Wärme an dem betroffenen Huf**
- **fühlbar stärkere Pulsation an der Mittelfußarterie**

DIAGNOSE

Wenn ein Verdacht auf ein Hufgeschwür besteht, rufen viele Besitzer zuerst ihren Schmied an, in der Hoffnung, er könne den Abszess mal eben öffnen und das Pferd wäre am nächsten Tag wieder einsatzfähig. Sehr oft ist das auch so, aber nicht immer!

Fühlen der Pulsation

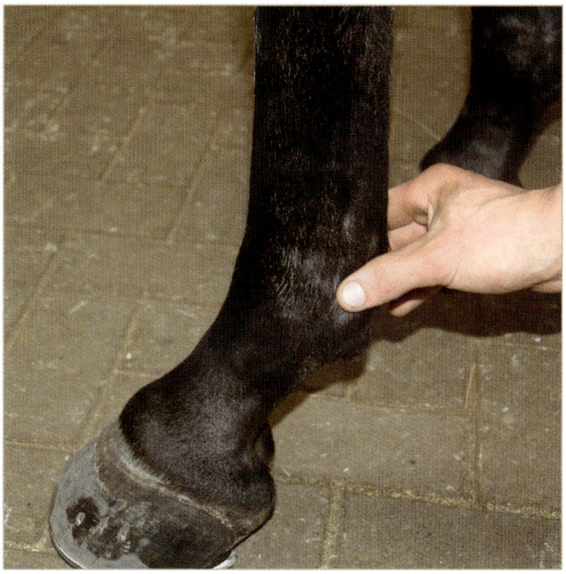

Wenn ein Pferd mit Verdacht auf ein Hufgeschwür gezeigt wird, gibt es eine bestimmte Reihenfolge in der Untersuchung. Nachdem genau festgestellt wurde, auf welchem Bein das Pferd lahm ist, wird als Erstes die Pulsation an der Mittelfußarterie gefühlt. Ist die Pulsation deutlich stärker fühlbar als auf der anderen Gliedmaße, kann man schon von einem entzündlichen Prozess im Bereich der unteren Extremität ausgehen.

Danach lässt man sich das Pferd vorführen, um zu sehen, wie es lahmt. Fußt es mit der Zehe zuerst auf oder mit der Trachte? Denn ein Pferd mit einer Entzündung im Trachtenbereich wird immer versuchen mit der Zehe zuerst zu fußen, um nicht die schmerzhafte Stelle zu belasten. Ebenso geschieht es umgekehrt.

Ein weiteres sicheres Mittel ist die Untersuchung des Hufes mit einer Hufuntersuchungszange, mit der man sich ziemlich genau an den Entzündungsherd herantasten kann, aber wirklich „Tasten“. Denn mit einem solchen Gerät haben Ungeübte schon schlimme Schäden in Form von Huflederhautquetschungen u.Ä. angerichtet.

Der erfahrene Schmied kann sich so bis auf wenige Millimeter an den Abszess herantasten und dann mit einem sehr schmalen Rinnhufmesser den Herd suchen. Das Rinnhufmesser muss schmal sein, um die Öffnung, die geschnitten werden muss, so klein wie möglich zu halten. Damit wirkt er einem möglicherweise eintretenden Huflederhautvorfall entgegen, der eine noch längere Ausfallzeit des Pferdes verursachen könnte.

Besteck für Hufgeschwürbehandlung

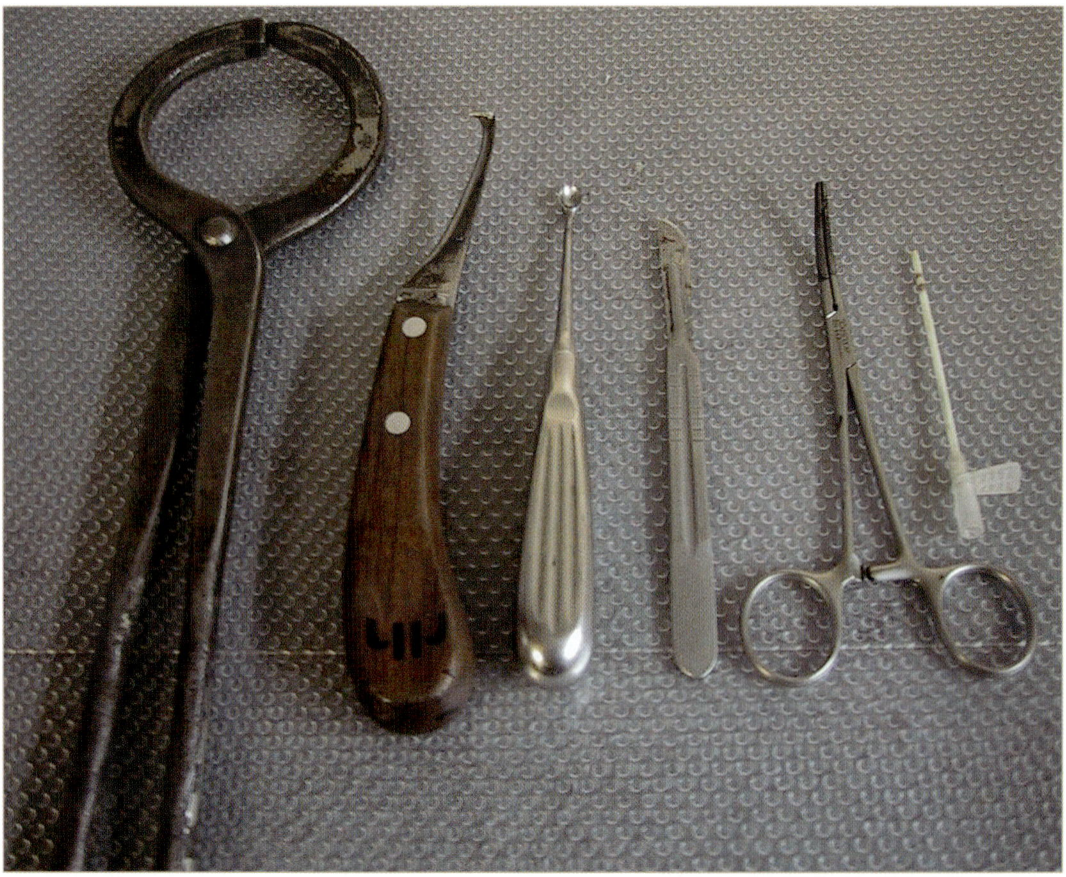

Sollte man auch nach einigen Versuchen nicht an den Eiterherd herangekommen sein, so empfiehlt es sich, das Suchen einzustellen und um den Huf für ein bis zwei Tage einen Angussverband zu legen. Diese Maßnahme verfolgt das Ziel, das Horn weich zu machen und den Abszess reifen zu lassen. Für den Schmied kommt sowieso nur die Behandlung im ersten Stadium infrage, d.h. Untersuchung mit Freilegen des Eiterkanals und das Anlegen eines mit Desinfektionsmitteln getränkten Verbandes.

Die weitere Behandlung kann aus folgenden Gründen nur im Zusammenwirken von Tierarzt und Hufschmied erfolgen: Erstens ist sicherzustellen, dass der Tetanusschutz noch ausreicht oder aufzufrischen ist. Zweitens kann durch eine Röntgenaufnahme festgestellt werden, ob wirklich alle Bereiche des Abszesses entleert sind und ob es sich um ein oberflächliches oder um ein tiefes Geschwür handelt. Denn bei einem tiefen Hufgeschwür muss abgeklärt werden, ob nicht schon Knochensubstanz des Hufbeines vom Eiter zerstört worden ist (Osteolyse) oder weiteres umliegendes Gewebe geschädigt wurde (Beteiligung des Hufgelenkes, Infektion des Ballen- und Strahlsegmentes). Sollte dies der Fall sein, so kommen weitere chirurgische Maßnahmen zum Tragen. Solche Maßnahmen gehören auf jeden Fall in die Hände eines erfahrenen Tierarztes. Dieses zeigt einmal mehr, wie wichtig die Zusammenarbeit von Tierarzt und Hufschmied sein kann, um zu einem optimalen Behandlungserfolg zu gelangen.

Der Reifeprozess eines Hufgeschwüres muss sehr genau beobachtet werden, weil der Eiter sich sonst den Weg des geringsten Widerstandes sucht und das ist der Bereich des Kronrandes. Dort bricht es dann auf und dadurch wird eine Zusammenhangstrennung in der Kronlederhaut verursacht. Zwar verschafft dies eine Schmerzentlastung, weil der Druck in der Hornkapsel nachlässt, aber eine Abheilung kann so nur sehr schwer oder gar nicht stattfinden, weil kein Abfluss des Eiters nach unten gewährleistet ist. Und außerdem bleibt nach der Abheilung die Austrittsöffnung als Hornkluft zurück. Diese Öffnung kann dann später wieder Komplikationen nach sich ziehen (lose Wand). Man muss also immer bemüht sein, den Kanal von unten zu öffnen.

BEHANDLUNG

Als Erstes wird der Geschwürkanal mit einer Desinfektionslösung ausgespült. Dies geschieht unter Zuhilfenahme einer Spritze, an die ein weicher biegsamer Schlauch befestigt ist. Es wird so lange gespült, bis alle Eiterreste beseitigt sind. Denn wenn man das versäumt, kann es zu einem erneuten Auftreten der Infektion kommen.

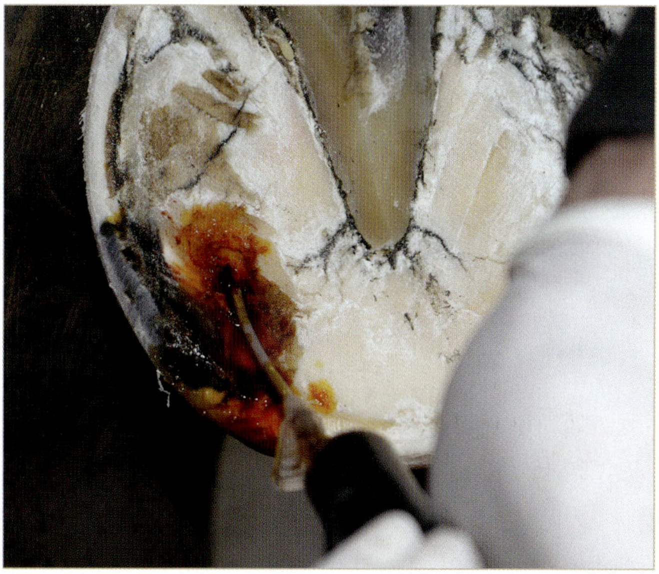

Spülen vom Hufgeschwür

Danach wird der Abszess mit jodhaltiger Lösung behandelt und austamponiert, um einen Hufflederhautvorfall zu verhindern. Nun kann entweder ein trockener Hufverband angelegt werden oder der Schmied konstruiert ein Hufeisen mit einem abschraubbaren Deckel. Letzteres halte ich persönlich für eine gute Lösung, weil zum einen der Verbandswechsel schneller und auch preiswerter durchzuführen ist, zum anderen kann durch den Deckel ein sehr guter Druckverband angelegt werden und das Pferd kann damit auf ebenem und trockenem Untergrund schon wieder bewegt werden, wenn keine Lahmheit mehr vorhanden ist. Täglicher Wechsel des Verbandes und Kontrolle der Wunde sollten selbstverständlich sein!
Nachdem die beschädigte Stelle wieder völlig verhornt ist, kann das Pferd mit diesem Beschlag dann wieder trainiert werden. Nach ca. zwei bis drei Wochen wird der Deckel dann nur noch abgeschraubt und man hat wieder einen normalen Beschlag. Dennoch sollte man in diesem Stadium harte und steinige Böden vermeiden. Wenn das aufgrund der Bodenverhältnisse oder fehlender Möglichkeiten nicht geht, muss das Pferd einen Beschlag mit einer Polstereinlage bekommen. Ob diese nun aus einer Ledersohle oder einem anderen Material besteht, hängt davon ab, wie das Pferd gehalten wird. Leder hat den erheblichen Nachteil, sich mit Feuchtigkeit vollzusaugen und diese an den Huf weiterzuführen, was wiederum zum Erweichen des gerade gewachsenen Horns führt. Ich würde in solch einem Fall ein weiches Silikonpolster verarbeiten, das in den Huf gegossen wird und dadurch das Eindringen von Feuchtigkeit und Schmutz weitestgehend verhindert.

Vermeidung von Hufgeschwüren

Die Entstehung eines Hufgeschwürs ist sicher nicht ganz zu verhindern, aber einige Maßnahmen können das Risiko einer Erkrankung erheblich mindern. Das sorgfältige Auskratzen und Reinigen der Hufunterseite, insbesondere bei unbeschlagenen Hufen, nach dem Reiten sollte für jeden Reiter selbstverständlich sein, denn dabei kann z.B. ein eingetretener Stein oder ein anderer Fremdkörper sofort entfernt werden. Die Boxenhygiene trägt dazu bei, dass der Keimgehalt in der Einstreu erheblich reduziert wird und dadurch der Infektionsdruck durch Fäulniserreger deutlich sinkt.

HINWEIS:

Wenn Sie bei einer Lahmheit Ihres Pferdes den Verdacht auf ein Hufgeschwür haben, sollten Sie bis zum Eintreffen Ihres Tierarztes oder Hufschmiedes einen feuchten Hufverband anlegen. Dieser kann entweder mit einer Desinfektionslösung getränkt sein oder auch als Leinsamenumschlag angewandt werden. Wenn Sie Leinsamen benutzen, legen Sie, bevor Sie den warmen Leinsamenbrei aufbringen, ein Mulltuch um den Huf . So kann der Verband hinterher abgenommen werden, ohne am Huf zu verkleben.
Für Ungeübte im Anlegen eines Hufverbandes haben sich in der Praxis Einwegwindeln sehr gut bewährt. Sie werden einfach um den Huf gelegt und anschließend mit einem Klebeband fixiert, danach wird der Fuß in einen mit Desinfektionslösung halb gefüllten Eimer gestellt, die Windel saugt sich voll und durch die Folienseite wird das Eindringen von Boxenfeuchtigkeit verhindert.
Durch das Anfeuchten des Hufes wird das Horn weicher und der Huf quillt auf, wodurch der Druck des Eiters in der Hornkapsel und der Schmerz für das Pferd etwas verringert werden.

Fazit

Auch wenn in den meisten Fällen ein Hufgeschwür in einigen Tagen abgeheilt ist, sollte man es nicht bagatellisieren, sondern immer wie eine infizierte Wunde behandeln und alle Maßnahmen ergreifen, die auch sonst bei anderen infizierten Verletzungen vorgenommen werden (Desinfektion, Tetanusschutz und regelmäßige Verbandwechsel).
Wenn man dann hinterher sagen kann: Es war „nur" ein Hufgeschwür, ist das für das Pferd und den Reiter sicherlich das beste Ergebnis, was man erreichen kann!

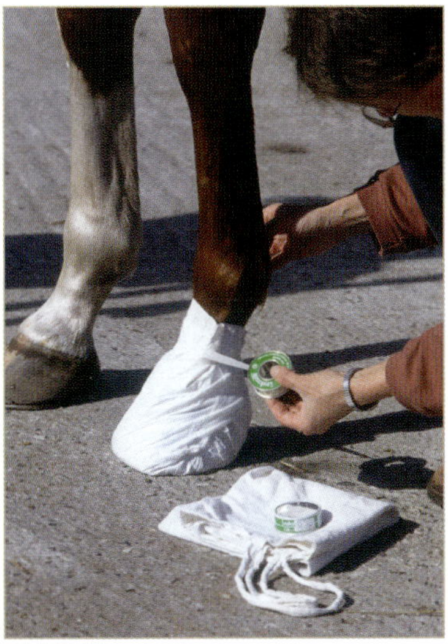
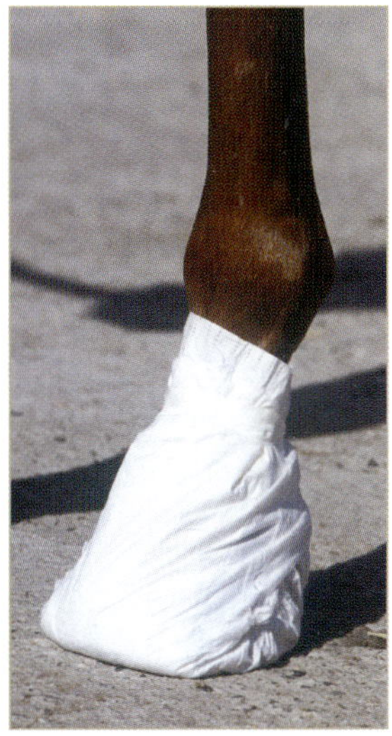

Anlegen eines Einwegwindelverbandes

Saumbandentzündung

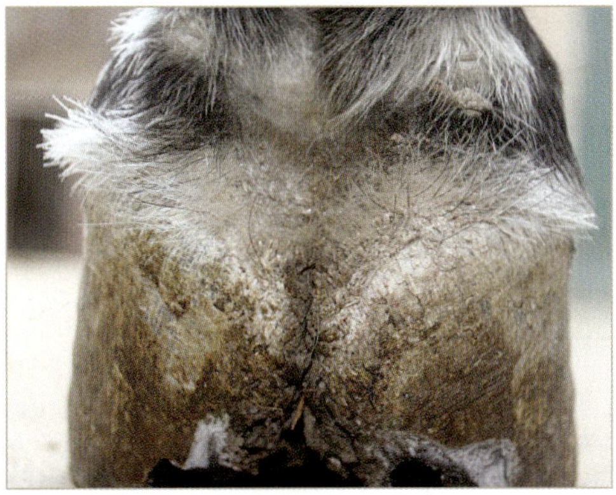

Sie ist eine relativ seltene Erkrankung des Hufes. Sie stellt sich durch eine sehr trockene und borkige Beschaffenheit im Bereich der Hufkrone dar. Manchmal wird das Saumband so stark geschädigt, dass es sogar blutig wird. Zusätzlich kann man feststellen, dass die Haare am Übergang vom Huf zur behaarten Haut stark aufgerichtet sind, man spricht auch von einem Igelhuf.

Es gibt verschiedene Entstehungsursachen:

- Einmal durch mechanischen Reiz, wie zum Beispiel sehr scharfen Sand.
- Besiedlung durch unspezifische Krankheitserreger, die auch für die Strahlfäule verantwortlich sind.
- Auch qualitativ schlechtes oder ungeeignetes Huffett kann eine Entzündung hervorrufen.
- Im Einzelfall kann ein Selenüberschuss im Körper verantwortlich sein.

Auffällig ist, dass die Hufe immer sehr trocken sind, wenn Pferde daran erkranken.

Behandlung

Die Behandlung der Saumbandentzündung beginnt damit, dass die Ursachen gefunden und beseitigt werden. Dann sollte man die Hufe ausgiebig in einer warmen Desinfektionslösung baden. Danach trocknet man sie vorsichtig ab und bringt eine Salbe auf die entzündeten Zonen, die alles beruhigt (z.B. Aloe-Vera-Salben). Auf keinen Fall sollte man das Saumband stark abreiben oder mit reizenden Salben bestreichen. Die Maßnahmen sind so lange fortzuführen, bis sich das Saumband vollkommen regeneriert hat.

KAPITEL 8

Hufgesundheit von innen und außen

Wenn nicht genug Horn wächst!

Viele Reiter und Pferdebesitzer kennen dieses Problem und sind oft verzweifelt über den Zustand der Hufe ihres Pferdes. Als Erstes wird dann oft ein Biotin-Produkt gefüttert, was häufig nicht den gewünschten Erfolg bringt.

Bevor ich hier auf die verschiedenen Möglichkeiten zur Linderung oder Beseitigung von mangelhaftem Hornwachstum eingehe, möchte ich Grundsätzliches zum Hornwachstum sagen. Verantwortlich für das Wachstum ist die Huflederhaut, die ein Teil der äußeren Haut ist, die anstelle von Haaren Horn erzeugt. Da für das Hornwachstum viele Nährstoffe benötigt werden, ist die Huflederhaut sehr gut mit Blutgefäßen ausgestattet, die ihrerseits von Nerven begleitet werden. Daher ist sie sehr empfindlich gegenüber Einflüssen von innen und außen. Sie wird auch oft als „das Leben" bezeichnet.

Man unterscheidet fünf Zonen der Lederhaut:
- **Saumlederhaut**
- **Kronlederhaut**
- **Wandlederhaut**
- **Sohlenlederhaut und**
- **Strahllederhaut**

Sie alle erzeugen unterschiedliche Hornqualitäten, die schließlich den Huf bilden. Wenn dieses sehr sensible System gestört wird, egal ob durch Krankheit (Hufrehe), Nährstoffmangel, Bewegungsmangel oder schlechte Hufpflege, wird entweder qualitativ schlechtes oder wenig Horn nachwachsen. Schlimmstenfalls trifft beides zu .

Für Sie ist wichtig zu wissen, wo das Wandhorn produziert wird und auf welche Weise. Der größte Teil des Hufes wird von der Kronlederhaut produziert. Sie ist ein etwa fingerstarkes, ringförmiges Gebilde, das Kronenwulst genannt wird. Sie nimmt an Dicke in Richtung Trachten ab. Die Oberfläche hat wegen der auf ihr liegenden Zöttchen Ähnlichkeit mit Samt. Die Kronlederhaut bildet um sich herum sehr festes Horn, welches Röhrchenform hat. Die vielen dicht nebeneinander liegenden Röhrchen werden durch eine Kittsubstanz miteinander verbunden, ähnlich wie bei einem Mauerwerk, wo die Fugen mit Zement gefüllt sind. Alles zusammen bildet das Kronhorn, es wächst durch stete Neubildung bodenwärts.
Ausführliche Untersuchungen von namhaften Wissenschaftlern (z.B. Prof. Budras, FU Berlin) haben bedeutende Erkenntnisse über die Hornstrukturen ergeben. Dadurch wissen wir heute, wie sensibel der Huf auf innere und äußere Einflüsse reagiert.

Der gesunde Huf eines Warmblüters wächst bei normalem Wachstum in 30 Tagen ca. 8 bis 10 mm. Bei Minderwachstum haben wir oft nur ein Wachstum von 4 bis 6 mm oder gar noch weniger. Um dieses Problem in den Griff zu bekommen, bieten sich verschiedene Möglichkeiten an. In erster Linie muss die Durchblutung des Hufes gefördert werden, denn sie ist Voraussetzung für die Versorgung und Ernährung des Horns. Durch ausgiebige Bewegung des Pferdes wird über den Hufmechanismus eine Durchblutungsförderung angeregt, aber gleichzeitig muss der Huf durch Beschlag oder alternativen Hufschutz vor zu starkem Abrieb

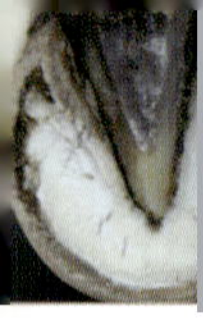

geschützt werden. Eine zusätzliche Stimulation kann man durch sehr elastische Hufpolster erreichen, die den gesamten Hufmechanismus stark anregen und den Huf von unten gewissermaßen massieren.
Unterstützend können auch Warm-Kalt-Wechselbäder eingesetzt werden, ähnlich wie bei den Kneipp´schen Anwendungen, denn auch diese wirken durchblutungsfördernd.

Darüber hinaus können Sie noch eine Menge mehr für Ihr Pferd tun, je nachdem wie viel Zeit und Engagement Sie besitzen. Durch Einmassieren von leicht reizenden und hyperämisierenden (durchblutungsfördernden) Salben am Kronrand kann das Hornwachstum um bis zu 50 % gesteigert werden. Dazu eignen sich nach eigener Erfahrung besonders:

- Lorbeeröl,
- Pedicine oder
- Cornucresine, aber auch
- Salben, die normalerweise zum Aufwärmen der Muskulatur oder bei der Rheumabehandlung Anwendung finden (Finalgon etc.). Vorsicht bei Schimmeln, Füchsen oder Pferden mit weißen Beinen! Hier können manchmal Hautirritationen auftreten, dann muss man eine mildere Substanz wählen. Auch muss man bei Turnierpferden daran denken, dass durch solche Einreibungen eine Hypersensibilisierung der Haut stattfindet und man somit Probleme gemäß den Turnierreglements und Dopingbestimmungen bekommt. Deshalb darf so etwas nicht vor einem Turnier angewendet werden.

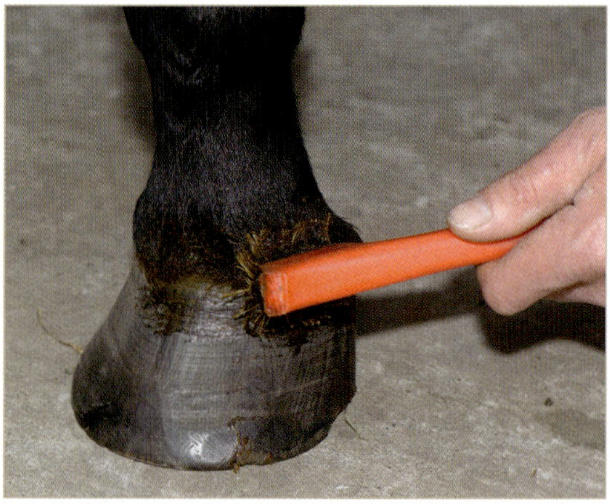

Setzen von Wachstumsreizen

Wachstumsfördernde Salben wie Lorbeeröl, Pedicine oder Cornucrescine können mit einer festen Bürste einmassiert werden (Nagelbürste oder Hufkratzerbürste), je Huf ca. drei bis fünf Minuten.

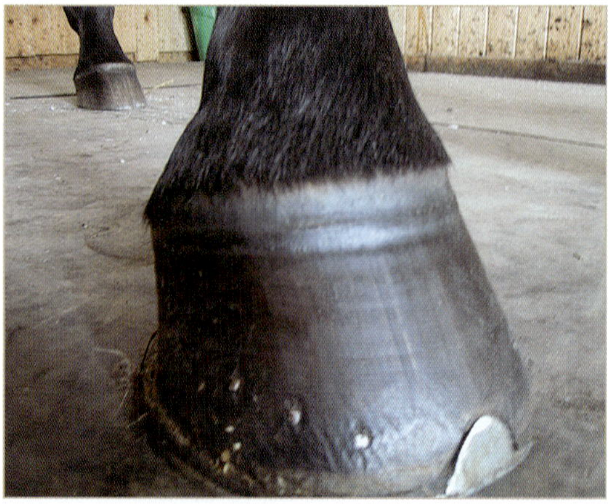

Nach 4 Wochen Einreibung

Eine andere Möglichkeit besteht darin, Filzglocken (dick bestrichen mit dem entsprechenden Pflegemittel) um die Hufe zu legen, die Ihr Pferd dann auch in der Box oder auf der Weide tragen kann. Durch die Bewegung entsteht eine Art Dauermassage. Tägliche Kontrolle ist hierbei sehr wichtig, damit es nicht zu Infektionen kommt. Die Haut muss also unbedingt gesund bleiben. Die anfangs erwähnten Sport- und Rheumasalben dürfen nur mit Handschuhen oder einer weichen Zahnbürste auf den Kronrand aufgetragen werden.

Auf diese Weise behandelte Hufe zeigen schon sehr schnell gute Resultate. Als Erstes erkennen Sie ein stärker ausgeprägtes Wachstum des Kronhornes. Wenn Sie jetzt am Ball, sprich am Huf bleiben, wird die Wand in genau der Dicke nachwachsen.

Man kann so z.B. auch einzelne Abschnitte des Hufes manipulieren, wie bei Hornspalten, zu niedrigen Trachten, Hufrehe oder einseitig engen Hufen. Denn je nachdem, ob der Huf an der Zehe, Trachte oder Seitenwand wachsen soll, können Sie die Einreibung vornehmen.

Untersuchungen an der Tierärztlichen Hochschule Hannover haben ergeben, dass Biotin allein keinen Einfluss auf das Hornwachstum hat, nur auf die Hornqualität. Positiv auf das Wachstum haben sich nur Kombinationspräparate ausgewirkt. Diese sollten in der Tagesdosis 20 mg Biotin, 600 mg Zink enthalten. Darüber hinaus sind die schwefelhaltigen Aminosäuren (Methionin, Tryptophan und Lysin) als Katalysatoren für die Verwertung der zugeführten Stoffe überaus wichtig. Denn wenn ein Pferd das Biotin aus der Grundfutterversorgung nicht verwertet, kann es nur die in der oben angegebenen Zusammenstellung künstlich zugeführten Stoffe verwerten.
Der Markt für diese Produkte ist sehr umfangreich, so kann ich Ihnen nur empfehlen, die Analysen zu studieren und das Preis-Leistungs-Verhältnis abzuwägen. Es hat sich jedoch gezeigt, dass die wirkungsvollsten Produkte leider die teuersten sind.

Aber auch homöopathische Mittel sind wirkungsvoll, wie z.B. Silicea (Kieselerde).
Letztendlich können Sie davon ausgehen, dass alle Futterzusatzstoffe und Mittel grundsätzlich eine sehr lange Zeit brauchen, bis ein sichtbares Ergebnis vorliegt. Dies wird besonders deutlich, wenn man bedenkt, dass der Körper schon einige Monate benötigt, um einen effizienten Wirkstoffspiegel aufzubauen. Und erst nach einem Jahr hat sich normalerweise der Huf erneuert.

Fazit

Ohne körperlichen und zeitlichen Aufwand wird man das Problem des schlecht wachsenden Hufes kaum in den Griff bekommen! Aber ich kann Ihnen versichern, es ist möglich, einen Huf innerhalb eines halben Jahres komplett neu wachsen zu lassen. Ich selbst habe es vielfach praktiziert.

Um Ihnen ein Beispiel zu nennen:
Eines der Pferde mit schlechter Hornqualität und schlechtem Hornwachstum befand sich in meinem Stall und wurde mehrmals täglich mit all den Maßnahmen behandelt, die ich Ihnen geschildert habe. Die Stute ist 15 Jahre nach einer Hufrehe aufgrund von Altersschwäche, aber mit kerngesunden Hufen, 28-jährig eingeschläfert worden.

Ich will damit sagen, man kann mit Konsequenz und zeitlichem Aufwand auch scheinbar ausweglose Probleme gut behandeln.
(Siehe Seite 134 ff: „Gutes für die Hufe")

LITERATURHINWEIS ZU KAPITEL 8: RUTHE, H.: DER HUF. GUSTAV FISCHER VERLAG JENA 1969

Gutes für die Hufe – Einfluss der Fütterung auf die Hufhornqualität

Sicher haben Sie sich auch schon wenigstens einmal gefragt, warum oder ob ein Pferd heutzutage überhaupt Ergänzungsfuttermittel benötigt. Ob dieses möglicherweise nur ein von der Industrie künstlich geschaffener Bedarf ist.– Ist es nach meiner Überzeugung nicht!
Grund für den Bedarf an Ergänzungsfuttermitteln ist der Umstand, dass die Pferde in der Gegenwart durch die moderne Weidewirtschaft mit ihren schnell wachsenden Rindergräsern längst nicht mehr alle notwendigen Nährstoffe und vor allem keine Kräuter erhalten. Und natürlich haben auch die modernen Haltungsformen und die Aufzucht der Pferde ihren Teil dazu beigetragen. So kommt es, dass viele Pferde heute vermehrt körperliche wie z.B. Huf-, Gelenks- und zudem allergische Probleme haben. Besonders die Hufe sind ein Spiegel der Gesundheit des Pferdes. In der Struktur des Hufhorns sind Änderungen des allgemeinen Gesundheitszustandes, der Haltung und der Fütterung meist gut abzulesen.

Eine ausgewogene Fütterung bestehend aus Rau-, Kraft-, Ergänzungs- und Saftfutter ist daher auch für die Hufqualität von großer Bedeutung. Natürlich sind dabei aber die weiteren Haltungsbedingungen nie außer Acht zu lassen. Was nützt die beste Fütterung, wenn das Pferd im Mist steht und Ammoniak die Hufe angreift. Ebenso ist natürlich auch regelmäßige Bewegung für ein gesundes Hufhorn unbedingt notwendig. Und wenn die Hufpflege gar nicht oder nicht fachmännisch durchgeführt wird, dann kann das beste Hufhorn platzen und Deformierungen aufweisen. Es gibt vieles, was das Hufhorn beeinflusst. In diesem Kapitel soll insbesondere auf den Faktor „Fütterung" eingegangen werden.

Das Grundfutter eines Pferdes ist vor allem das Raufutter, also Heu und Stroh, aber auch das Saftfutter (z.B. Gras, Karotten, Äpfel). Dazu zählt nicht das Kraftfutter! Dies wird immer wieder verkannt, und so erhält manches Pferd eine Kraftfuttermenge, die im Bereich der empfohlenen Grundfuttermenge liegt. Abgesehen davon erhalten viele Pferde Kraftfutter, obwohl sie dieses eigentlich nicht benötigen. Dazu aber später mehr.

Das Raufutter sollte also den Hauptbestandteil der Futterration ausmachen. Dieses ergibt sich aus der natürlichen Entwicklungsgeschichte des Pferdes, das sich aufgrund der natürlichen Gegebenheiten über viele Jahrtausende nur von Raufutter ernährt und einen entsprechenden Verdauungstrakt gebildet hat. Um eine ausreichende Futtermenge zu gewährleisten, sollte das Pferd täglich mindestens 1 kg kaufähiges Raufutter pro 100 kg LM (Lebendmasse = Körpergewicht) bekommen. Das bedeutet für ein Großpferd also mindestens 5 bis 8 kg.

Eine zu geringe Raufutteraufnahme beeinträchtigt die Dickdarmflora. Ebenso negativ wirkt sich natürlich ein Qualitätsmangel bei Heu und noch mehr bei der Silage vor allem auf die Darmflora aus. Um einen Überblick über die vorhandenen Raufutterqualitäten in der Pensionspferdehaltung zu erhalten, wurden im Herbst 2000 in den Bezirken der Landwirtschaftskammern Münster und Bonn repräsentative Stichproben von Heu und Stroh auf ihre hygienische Beschaffenheit sowie futterwertbestimmenden Inhaltsstoffe untersucht und ausgewertet. Anhand eines Fragebogens wurden ferner Informationen zu Ernte- und Lagerungsbedingungen erfasst und mit der Futterbeschaffenheit in Zusammenhang gebracht. Die Ergebnisse dieser Untersuchung zeigen sowohl beim Heu als auch beim Stroh bedenkliche Keimbelastungen, die vor allem im Zusammenhang mit anderen Negativfaktoren eine Gefährdung der Gesundheit der Pferde darstellen. Leider kann man mit dem bloßen Auge Schimmelsporen oder Bakterien meist nicht erkennen. Auf eine sogenannte Sinnenprüfung (Geruch und Aussehen) sollte man dennoch auf keinen Fall verzichten, da sie wichtige Anhaltspunkte gibt.

Mögliche gesundheitliche Schäden durch keimbelastetes Pferdefutter	
Schädigende Mikroorganismen	**Schadwirkung**
• Bakterien	Verdauungsstörungen, Durchfall, Leberschäden, nervöse Störungen, Mastitiden
• Schimmelpilze	Ansiedlungen im Atmungs-/Verdauungstrakt (Mykosen) Atembeschwerden und Allergien
• Hefen	Aufgasungen im Verdauungskanal, Magenrupturen, Koliken
• Milben	Verdauungsstörungen, Lähmungen, Allergien

QUELLE: SONDERUNTERSUCHUNG DER LANDWIRTSCHAFTSKAMMER WESTFALEN-LIPPE IM JAHR 2000

Zu beachten ist, dass das Ausmaß gesundheitlicher Risiken von der Art und Höhe der Futterbelastung abhängt. Nicht jede Kontamination hat Auswirkungen auf das Tier. Die Keimbelastungen des Futters wirken umso stärker, je ungünstiger die Umweltbedingungen (u.a. Haltungsfehler, Stress, Krankheitsdruck) für das Pferd sind. Wenn die Sinnenprüfung einen Qualitätsmangel ergibt, sollte das Futter auf keinen Fall an das Pferd verfüttert werden. Eine genaue Beurteilung der Futterqualität kann über eine Untersuchung bei den landwirtschaftlichen Untersuchungsanstalten oder ähnlichen Instituten eingeholt werden. Leider ist eine solche Untersuchung nicht ganz billig.

Weide

Bei Weidegang ist unbedingt auf das Nachfolgende zu achten:
Weiden Sie Ihr Pferd langsam an. Die Darmflora Ihres Pferdes ist ziemlich unflexibel und benötigt für neues Futter eine ausreichende Gewöhnungszeit! Auf plötzliche Futterumstellungen reagiert der Verdauungstrakt des Pferdes sehr sensibel.

Füttern Sie vor dem Weidegang Heu und erst nach dem Weidegang Kraftfutter. Sofern bereits morgens Kraftfutter gefüttert werden muss, sollte unbedingt vor und nach Kraftfutterfütterung und vor dem Weidegang Heu gefüttert werden. Auf jeden Fall soll das Heu das letzte Futter sein, das die Pferde vor dem Weidegang erhalten, da es andernfalls zu Gärungen und damit zu Koliken kommen kann.

Achten Sie darauf, dass die Weide den Bedarf Ihres Pferdes deckt. Es ist sowohl eine Überfütterung als auch eine Unterfütterung zu vermeiden. Bei mageren Weiden ist unbedingt zuzufüttern. Bei fetter Weide muss rationiert werden, wenn das Pferd nur leicht bewegt wird! Bedenken Sie, dass die modernen Gräser nicht so rohfaserhaltig sind und füttern Sie deshalb möglichst etwas Heu und/oder Stroh zusätzlich, um dieses auszugleichen.

Achten Sie besonders bei frostigen Nächten, gefolgt von warmen sonnigen Tagen, also vor allem im Frühjahr und Herbst auf Ihr Weidepferd (vgl. für Details Tabelle 1, S. 138). Es bilden sich sehr schnell sogenannte Fruktane. Fruktane sind langkettige Kohlenhydrate (Polysaccharide) und dienen der Pflanze als Energiezwischenspeicher, wenn aufgrund der Witterung das Pflanzenwachstum eingeschränkt ist. Die Aufnahme von 1 g Fruktan/kg KM (Körpermasse) gilt als unkritisch, wohingegen 7,5 g/kg KM (das sind bei einem 600 kg schweren Warmblut 4500 g TM (Trockenmasse)) durchaus als kritisch einzustufen sind und sicher ein Hufrehe auslösen können.

Ein Beispiel: Bei dem Deutschen Weidelgras liegt der Fruktangehalt bei Temperaturen zwischen 5° bis 10° bei 210 g/kg TM, bei 11° bis 25 ° nur noch bei 10 g/kg TM. Bei einer täglichen TM-Aufnahme von 15 kg, also maximal 3,2 kg Fruktan. Wenngleich diese hohe Menge grundsätzlich erst in drei Tagen Weidegang aufgenommen werden könnte, sollte die Gefahr nicht unterschätzt werden. Es gibt weitere Faktoren, wie insbesondere ein zu schnelles Anweiden, die mikrobielle Besiedlung des Magen-Darmtrakes, jeweils in Kombination mit einer gewissen Rassedisposition, die bereits bei geringeren Mengen als 7,5 g/kg KM eine Hufrehe auslösen können. So sollten auf jeden Fall Pferde, die vorgeschädigt sind, bei den oben und in Tabelle 1 (S. 138) beschrieben Witterungsbedingungen nicht auf die Weide gestellt werden. Wenn die Temperaturen im Laufe des Tages steigen, „verwachsen" sich die Fruktane ebenso schnell wieder.

Die Konsequenz aus dem soeben Beschriebenen darf keinesfalls sein, dass das Pferd keinen Weidegang mehr erhält. Bei anfälligen Pferden sollte jedoch das Anweiden sehr langsam durchgeführt werden (mindestens zwei Wochen, besser noch länger) und der Weidegang sollte unter Berücksichtigung der jeweiligen Witterung erfolgen bzw. auch zeitweise eingeschränkt werden. Weiterhin sollte auf die Gräservielfalt, die Düngemaßnahmen sowie die regelmäßige Nutzung der Weide (der Fruktangehalt sinkt bis auf wenige Ausnahmen deutlich vom ersten zum dritten bzw. vierten Schnitt) geachtet werden. Es gibt Grassorten, die besonders stark, und andere, die deutlich schwächer zur Fruktanbildung neigen. Wenn möglich sollte man dieses bei der Aussaat berücksichtigen. Die Beratungsstellen der Landwirtschaftskammern geben zu passenden Saatmischungen Auskunft.

Und füttern Sie auf jeden Fall ein Ergänzungsfutter dazu — auch beim Weidegang. Denn unsere auf Rinderzucht ausgerichteten, ertragreichen und stark zuckerhaltigen Gräser sind nährstoffarm. Es fehlen vor allem Mineralien und Spurenelemente. Nur wenige Weiden sind pferdegerecht angelegt. Und selbst die — sehr teure — Beimischung spezieller Kräutersamen gewährleistet nicht die dauerhafte Einführung dieser Arten in die Narbe und die entsprechende Versorgung der Pferde.

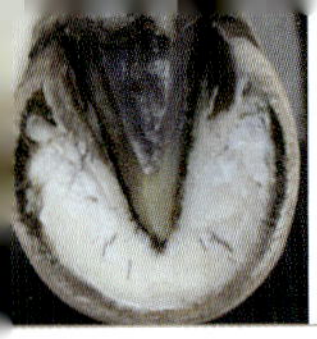

Natürlich lassen sich nicht alle Empfehlungen in der Praxis umsetzen. Viele Pferde sind in Pensionsställen untergebracht. Nicht jeder Pensionsstallbesitzer reagiert aufgeschlossen auf entsprechende Anregungen. Aber ganz unversucht lassen sollte es der Pferdebesitzer nicht. Und bei groben Missständen sollte man doch lieber einen längeren Weg oder andere Unannehmlichkeiten hinnehmen, als sein Pferd in diesem Stall zu lassen. Die an der Pferdegesundheit entstandenen Schäden lassen sich oft nicht wiedergutmachen.

Tabelle 1: Weidegang und Rehegefahr

Nachtfrost, niedrige Tagestemperaturen	Kein Sonnenschein	Kein Pflanzenwachstum => gesteigerte Fruktanspeicherung	Rehegefahr
Nachtfrost, niedrige Tagestemperaturen	Sonnenschein	Hohe Energieproduktion => starke Speicherung von Fruktan	Sehr hohe Rehegefahr
Normale Temperaturen	Kein Sonnenschein	Wenig Energieproduktion	Geringe Rehegefahr
Höhere Temperaturen	Kein Sonnenschein	Wenig Energieproduktion, Pflanzenwachstum => Abbau der Fruktanspeicher	Abnehmende Rehegefahr
Höhere Temperaturen	Sonnenschein	Pflanzenwachstum	Keine Rehegefahr

Kraftfutter

Als Kraftfutter werden heutzutage vor allem Hafer, Gerste und Müsli verfüttert. Für das optimale Grundfutter halten wir — ungequetschten — Hafer.

Vorab ist zu sagen, dass es die ideale Mengenfestlegung für Kraftfutter nicht gibt. Jedes Pferd hat einen individuellen Bedarf. Das eine benötigt bei nur leichter Arbeit mehr Kraftfutter als ein anderes bei deutlich stärkerer Arbeit. Wir sprechen daher nur Empfehlungen aus. Sie sollten Ihr Pferd deshalb mit dem Auge füttern. Das Ergebnis kann dann tatsächlich eine höhere wie auch eine niedrigere Kraftfuttermenge sein. Mit einem 1 kg/100 kg LM (Lebendmasse) sollten Sie jedoch bitte nicht beginnen. Besser von unten nach oben als umgekehrt. Denn die Überfütterung richtet mehr Schaden an als die Unterfütterung. Wobei mit Unterfütterung auf keinen Fall das Hungernlassen gemeint ist. Füttern Sie Ihr Pferd unbedingt regelmäßig!

Hafer kann von dem Pferd optimal verwertet werden. Gewalzter Hafer ist nur für die Fütterung von Fohlen und älteren Pferden mit Zahnproblemen empfehlenswert. Zudem beeinträchtigt das Walzen die Lagerfähigkeit des Hafers und die Verdaulichkeit des gewalzten Hafers ist kaum höher als die des unzerkleinerten Haferkorns.
Die bei der Haferfütterung oft befürchtete Eiweißüberversorgung resultiert meist aus den zu hohen Hafermengen. Außerdem enthält Hafer im Vergleich zu anderen Kraftfuttersorten gar nicht so viel Eiweiß bzw. verdauliches Rohprotein.

Zum Vergleich:
Hafer enthält 85 g/kg verdauliches Rohprotein, Gerste 87 g/kg, Mais 64 g/kg und Dinkel 83 g/kg. Wirklich reich an verdaulichem Rohprotein ist Sojaextraktionsschrot mit 412 g/kg, das für laktierende Stuten zur ausreichenden Eiweißversorgung empfohlen wird. Und beachten Sie, dass Heu zwischen 40 und 70 g/kg Rohprotein enthält. Es ist insofern fraglich, welchen Sinn die Fütterung von sogenannten eiweißarmen Müslis mit meist nur 500 g bis 1 kg täglich bezüglich der Rohproteinversorgung machen soll. Außerdem geht die herrschende Meinung inzwischen davon aus, dass eine Hufrehe nicht durch eine erhöhte Eiweißzufuhr, sondern im Hinblick auf das Kraftfutter durch eine übermäßige Stärkezufuhr verursacht wird bzw. werden kann. Hier findet auch die Verdaulichkeit der Stärke Beachtung: So weist Hafer eine deutlich bessere Stärkeverdaulichkeit auf als ganzer oder selbst geschroteter Mais und geschrotete Gerste (siehe Tabelle 2, S. 146 ff).

Eine deutlich bessere Stärkeverdaulichkeit sagt man hydrothermisch aufbereitetem Getreide nach. Mais sollte möglichst nur hydrothermisch zur Flocke aufbereitet verfüttert werden. Unzerkleinerter oder gebrochener Mais ist für den Pferdeorganismus kaum verdaulich. Die gebundene Stärke kann vom Pferd nicht aufgeschlossen werden. Hierdurch kann es zu Verdauungsstörungen und insbesondere zu einer Übersäuerung mit daraus resultierender Kolik kommen.

Oft wird Gerste gefüttert. Auch die Gerste ist für den Pferdeorganismus nur eingeschränkt verdaulich (s.o.). Sie sollte daher geschrotet oder gewalzt sein. Es gibt Berichte darüber, dass eine überhöhte Gerstefütterung Hufrehe begünstigen kann.

Dinkel, eine frühe Form des Weizens, entspricht bezüglich Futterwert und Verdaulichkeit dem Hafer. Dinkel muss zur besseren Verwertung wenigstens leicht gequetscht werden. Besondere Vorzüge des Dinkels gegenüber dem Hafer sind nicht nachgewiesen (vgl. Meyer, H.; Coenen, M.: Pferdefütterung. Parey Verlag, 4. erw. und aktualisierte Auflage 2002, S. 98).

Eine allgemein gültige Idealmenge an Kraftfutter für Pferde festzulegen, ist sehr schwer und fast unmöglich. Als Richtschnur kann zunächst gelten:
Ein Pferd, das leicht bis mittel (also etwa eine Stunde täglich) gearbeitet wird, benötigt grundsätzlich nicht mehr als maximal 0,5 kg Hafer je 100 kg LM. Ein Großpferd sollte danach täglich 2,5 bis 3 kg Hafer erhalten. Sobald die Arbeitsleistung herabgesetzt wird, sollte auch die Haferration entsprechend stark reduziert bzw. ganz gestrichen werden. Dieses gilt generell für alle Arten von Kraftfutter!

Wichtig ist ebenfalls, dass Sie das Kraftfutter – insbesondere bei größeren Mengen – auf mehrere Fütterungen aufteilen. Füttern Sie zudem das Raufutter immer vor dem Kraftfutter. Und bedenken Sie: Eine Überfütterung mit Kraftfutter richtet mehr Schaden an als die Unterfütterung. Bei Fütterung von zu großen Kraftfuttermengen kommt es insbesondere zu einer Schädigung der Darmflora. Der Dickdarm wird übersäuert. Die Übersäuerung führt zum Absterben von Bakterien. Damit wird u.a. auch die Bildung von wasserlöslichen Vitaminen (darunter besonders die B-Vitamine, folglich auch Biotin) durch die Mikroorganismen des Dickdarms erheblich gestört. Außerdem entstehen Toxine, die in die Blutbahn eintreten und so eine Hufrehe auslösen können. Zugleich wird die Darmwand in ihrer Barrierefunktion beeinträchtigt und Krankheitskeime können in das Blut gelangen und z.B. auch eine Hufrehe auslösen. Selbst wenn die Übersäuerung nur zu einer leichten, aber latenten Schädigung der Darmflora und/oder der Darmwand führt, beeinträchtigt dieses u.a. die Hufhornqualität, da nicht nur die Vitaminsynthese, sondern auch die Nährstoffresorption aus der Grundnahrung gestört bzw. behindert wird.

Aus Erfahrungen beim Rind weiß man, dass einseitige Kraftfuttergaben mit wenig Raufutter die Hornfestigkeit negativ beeinflussen.

Fazit

Zusammenfassend kann gesagt werden, dass Mängel in der Fütterung nicht unbedingt sofort eine negative Wirkung zeigen müssen, sehr wohl aber über einen längeren Zeitraum allmählich zu Mangelerscheinungen, wie z.B. fehlender Vitalität, Schwerfuttrigkeit, Übergewicht, Haar- und Hautproblemen, Immunschwäche und eben auch schlechter Hufhornqualität oder verlangsamtem Hufhornwachstum, führen können. Und dieses trotz rein rechnerisch ausreichender Nährstoffgehalte im Futter.

Abb. rechts: Auch Heilpflanzen enthalten viele verschiedene Wirkstoffe, zu denen Nährstoffe wie Vitamine, Mineralien und Spurenelemente zählen.
(LITERATUREMPFEHLUNG: DR. MED.VET. B. DÜLFFER-SCHNEITZER: PFERDEGESUNDHEITSBUCH. WARENDORF 2. AUFLAGE 2006)

Ergänzungsfutter

So ist die Zufütterung insbesondere von Aminosäuren, Mineralien und Spurenelementen, aber auch von Vitaminen heutzutage unerlässlich. Denn diese sind die Bausteine des Körpers. Ein Mangel führt über kurz oder lang zu deutlichen Problemen, wie z.B. Verzögerungen im Fellwechsel, stumpfem Fell bis hin zu Hautproblemen, Wachstumsstörungen bei Jungpferden, Anfälligkeit für Infektionserkrankungen, Fruchtbarkeitsstörungen, Leistungsschwäche und insbesondere zu Hufproblemen.

Mit einem ausgewogenem Ergänzungsfutter können Sie diesen Problemen vorbeugen. Und das am besten bereits mit einer entsprechenden Fütterung der Mutterstute.
Aber welches Futter ist nun als Ergänzungsfutter empfehlenswert?

Optimal ist ein Futter, das die notwendigen Mineralien, Spurenelemente, Vitamine und Aminosäuren in ausreichendem Maß anbietet. Dabei kommt es besonders auch auf die Wechselwirkung der Nährstoffe untereinander an. Gemäß dem sogenannten „Minimumgesetz" kann der größte Faktor nur wirken, wenn auch der kleinste notwendige Faktor vorhanden ist. Weiterhin ist auf eine hohe Bioverfügbarkeit, also Aufnahme der Nährstoffe, vor allem der Spurenelemente vom Darm ins Blut, und optimale Verwertung im Organismus als Voraussetzung für die Wirkung dieser Mikro-Nährstoffe zu achten. Die organisch gebundenen, d.h. mit Aminosäuren und anderen Elementen wie z.B. Hefezellen zu einem Komplex vereinten Spurenelemente weisen solch eine hohe biologische Verwertbarkeit auf. Wichtig sind zudem Vitamin E und Selen, die Vitamine des B-Komplexes und Vitamin C, Folsäure, Nicotinsäure, Pantothensäure sowie auch die Aminosäuren DL-Methionin und Lysin.

Wichtige Nährstoffe und ihre Bedeutung

In **Tabelle 2** finden Sie eine Auflistung der wichtigsten Nährstoffe und ihre Bedeutung für die einzelnen Körperfunktionen.
Für eine gute Hufhornqualität und ein gutes Hornwachstum sind folgende Nährstoffe von besonderer Bedeutung:

- **Biotin**
  Biotin wird immer wieder als das Huf-Vitamin bezeichnet. Dieses scheint nur bedingt richtig. Studien haben gezeigt, dass nur etwa 5 % der Pferde mit Hufproblemen unter einem Biotinmangel leiden. Dieser Mangel zeigt sich in „Löchern" im Zellverbund, die offenbar durch ein gestörtes Nachschieben des Horns entstehen.
  Der überwiegende Teil der Pferde mit Hufproblemen (ca. 95 %) zeigt hingegen einen insgesamt aufgeweichten Zellverbund. Hier fehlen dem Organismus die für die Bildung eines optimalen Interzellularkitts notwendigen Nährstoffe. Mit der Zuführung einzelner Nährstoffe kann in diesen Fällen keine oder zumindest keine zufriedenstellende Verbesserung erzielt werden. Wichtig ist vielmehr eine komplexe Versorgung des Stoffwechsels mit Biotin in Kombination mit einer Vielzahl weiterer Nährstoffe. Empfohlen wird immer noch eine tägliche Menge von 3 mg/100 kg LM, das sind 15 bis 18 mg für ein Großpferd. Wir haben die Erfahrung gemacht, dass auch geringere Mengen von Biotin, wenn sie denn mit anderen Nährstoffen kombiniert werden, ausreichen. Nach meiner Information kommt der oft genannte Wert von 20 mg ursprünglich aus der Schweinezucht und ist übernommen worden, ohne dass es Untersuchungen bezüglich der Wirksamkeit auch geringerer Mengen beim Pferd gegeben hat.

  Ein Versuch an der Wiener Hofreitschule zeigte, dass Biotin die Hornqualität nach einer langfristigen Fütterung (ab neun Monaten) deutlich verbesserte. Aber auch in diesem Versuch zeigte sich, dass das Horn zwar besser, jedoch nicht vollständig gesund war. Es war nur noch leichtgradig verändert, sodass die Pferde gebrauchsfähig waren. Auch diese Untersuchung deutet – wie sich auch vor allem empirisch bestätigen ließ – darauf hin, dass es weiterer Nährstoffe bedarf. Fest steht, dass Biotin nur am nachwachsenden Horn wirkt.

- **Zink**
  Zink ist für fast alle Stoffwechselvorgänge des Körpers lebenswichtig.
  Eine Studie der Tierärztlichen Hochschule Hannover aus dem Jahr 1996 zeigte auf, dass die Zinkgehalte im mangelhaften Hufhorn deutlich geringer waren als jene in gesundem Hufhorn. Die im Blut festgestellten Zinkgehalte waren jedoch gleich. Durch Zufütterung von Zink konnte der Zinkgehalt im mangelhaften Hufhorn bereits nach wenigen Monaten erhöht werden. Klar geworden ist in dieser Studie jedoch nicht, ob das Hufhorn mangelhaft war, weil es zu wenig Zink erhielt. Dieses spräche vor allem für ein Problem der Zinkaufnahme bei den betroffenen Pferden. Oder ob es ein Problem der Einbindung des Zinks in das Hufhorn aufgrund anderer Faktoren ist.
  Die Zufütterung von organischen Zinkverbindungen in einem Nährstoffkomplex zeigt jedenfalls in der Praxis deutliche Verbesserungen am insbesondere zu weichen Hufhorn.
  Empfohlen werden 1 mg/1 kg KM täglich.

In einer vergleichenden Studie aus dem Jahr 2003 (Kreyenberg, K: Zinkserumresponse beim Pferd ...", Dissertation, München 2003)) wurde dargestellt, dass nach verschiedenen Studien aus den Vorjahren organische Zinkverbindungen (z.B. Zinksulfat, Zink-Chelat, Zinkpropionat) wechselnde Bedürfnisse besser abdecken können als anorganische Zinkquellen (Zinkoxid). Es zeigte sich in der Studie, dass die Zufütterung von Zinkoxid anders als bei Zinksulfat und Zinkchelat so gut wie keinen Zinkserumrespons zeigte. Daher wurde vom Einsatz von Zinkoxid zum Effekt der Zinksupplementierung auf das Hufhorn abgeraten. Bezüglich der Zinkresorption wurde zudem als maßgeblich erachtet, ob das Hauptfutter einen hohen oder niedrigen Phytatgehalt hat. Phytate bilden schwer lösliche Komplexe mit Mineralien wie Zink, Eisen und Magnesium. Phytate sind vor allem in Kleie enthalten. In diesem Zusammenhang ist zu erwähnen, dass Vitamin C die negative Wirkung des Phytats auf die Aufnahme von dem Spurenelement Eisen ausgleicht. Wie weit das auch für Zink gilt, habe ich nicht herausfinden können.

- **DL-Methionin und L-Cystein**
  Diese beiden schwefelhaltigen Aminosäuren sind essenziell für die Bildung von Keratin. Keratin ist die Hauptgerüstsubstanz von Hornzellen. Es trägt maßgeblich zur Hufhornfestigkeit bei. Das Protein Keratin besteht zu 4 % aus Schwefel. Das Pferd kann aus dem Futter fast nur organischen Schwefel nutzen, daher müssen Pferde über „organische Schwefelspender", wie z. B. das Methionin, mit Schwefel versorgt werden. Nur so ist zu erklären, dass bereits binnen weniger Wochen nach Zufütterung eine Verbesserung der Beschlagbarkeit, ein verlangsamter Eisenverlust und eine Stabilisierung im Bereich des Tragrandes auch von Fachleuten gemeldet wird.

- **Vitamin A**
  Ein Vitamin-A-Mangel begünstigt loses, brüchiges Hufhorn. Besonders im Winter ist die Vitamin-A-Versorgung nicht immer gewährleistet.

- **Lecithin**
  Die essenziellen Fettsäuren im Lecithin sind nicht nur für ein gesundes glänzendes Haarkleid wichtig, sondern auch für geschmeidiges und gut durchfeuchtetes Hufhorn notwendig.

- **Selen**
  Selen ist ein wichtiges Spurenelement. Es wird aber leider schnell verteufelt. Richtig ist, dass schon geringe Überdosierungen toxisch sind. Daher sollte der Pferdebesitzer nicht eigenmächtig ein konzentriertes Selenprodukt zufüttern.
  Auf Selen kann der Organismus nicht verzichten, insbesondere im Hinblick auf das Zusammenwirken mit dem Vitamin E als Schutz vor Oxidation wie auch im Muskelstoffwechsel. Selen wird zudem eine immunsteigernde Wirkung sowie im Humanbereich inzwischen auch eine antikarzinogene Wirkung zugesprochen. Deutschland sowie weite Teile Europas sind Selenmangelgebiet (gemäß einer Studie der Uni Bonn aus dem Jahr 2000).

- **Vitamin C**
  Wie bereits berichtet, wirkt sich Vitamin C nicht nur positiv auf das Immunsystem aus, sondern auch auf die Resorption von Mineralien. Es gleicht daher – in einem gewissen Umfang – die nachteiligen Folgen phytatreichen Futters aus. Außerdem wirkt sich Vitamin C günstig auf das Bindegewebe, also auch auf das des Hufes (z.B. des Strahlkissens) aus.

- **Kieselsäure**
  In der Landwirtschaft wird Kieselsäure verwendet, um die durch den sauren Regen eingeschränkte Verfügbarkeit der Nährstoffe für die Pflanzen auszugleichen. Zudem erhöht sie die Standfestigkeit der Gräser.
  Beim Hufhorn wird ihr – in Verbindung mit weiteren Nährstoffen – eine Erhöhung der Huffestigkeit zugesprochen.

HINWEIS:
Es kann davon ausgegangen werden, dass – abgesehen vom Biotin – die oben genannten Nährstoffe nicht nur in das nachwachsende, sondern auch in das bereits gebildete Horn bzw. den die „toten" Hornzellen verbindenden Interzellularkitt eindringen. Offensichtlich findet also ein Nährstofftransport nicht nur über den Kronsaum, sondern ebenfalls direkt über die Huflederhaut in die gesamte anliegende Hornkapsel statt.

- **Hefe**
  Um eine optimale Aufnahme der zugeführten Nährstoffe zu bewirken, sollte durch die Zufütterung von Hefe die Darmflora unterstützt bzw. regeneriert werden.

Vorsicht!
- **Salz-Minerallecksteine:**

Der Salz- und Mineralbedarf sollte nicht über Lecksteine gedeckt worden. Der Salzbedarf eines Pferdes ist vor allem vom Grad des Schwitzens abhängig. Der Bedarf an Mineralstoffen ist stoffwechselbedingt und weitestgehend unabhängig vom Arbeitseinsatz. Werden Salz und Mineralstoffe gemeinsam als Block dem Pferd angeboten, besteht die Gefahr, dass es die Spurenelemente wahllos aufnimmt, meist entsprechend der benötigten Menge des Salzbedarfes. Dieses führt meist zu einer Überversorgung, die – zumal es sich oft um anorganische Formen handelt – leicht zu einer toxischen Menge ansteigen kann, da die Mineralstoffe nicht oder nur ungenügend ausgeschieden werden.
Die übermäßige Aufnahme von Salz führt zu vermehrter Flüssigkeitsaufnahme und das wiederum zu erhöhtem Urinieren, was eine deutliche Zunahme von hufhornschädigendem Ammoniak in der Einstreu bewirkt.

Aus unserer jahrelangen Praxis kann ich berichten, dass wir nun über zwölf Jahre das Krippenfutter immer mehr mit Nährstoffen angereichert haben. Es hat sich dabei gezeigt, dass die Wirksamkeit tatsächlich gegeben ist.

Wenngleich also in der Forschung immer wieder darauf hingewiesen wird, dass nur einige Nährstoffe hufhornrelevant sein sollen und/oder dass letztlich alle erforderlichen Nährstoffe in der Hauptnahrung enthalten seien und es grundsätzlich keiner besonderen Zufütterung bedürfe, muss ich nach eigener empirischer Erkenntnis dagegenhalten, dass wir in dem Großteil der Fälle – und damit meine ich etwa 98 % – tatsächlich eine zuverlässige Verbesserung des Hufhorns feststellen konnten. Offensichtlich wird damit deutlich, dass die Nährstoffgehalte, die in der Hauptnahrung enthalten sind, nicht immer dementsprechend von dem Organismus aufgeschlossen werden. Deshalb ist eine Ergänzung mithin doch erforderlich und nützlich. Die Ergebnisse sind denn auch relativ kurzfristig, d.h. binnen vier bis zwölf Wochen zu erkennen.

Meine Fütterungsempfehlung lautet:

- **Heu und Stroh,**
- **Hafer – nur sofern das Pferd einen entsprechenden Energiebedarf hat,**
- **EIN komplexes Ergänzungsfutter – je nach Bedarf des Pferdes ausgewählt.**

Ihre Fütterung sollte dann wie eine Pyramide aussehen: Unten eine breite Schicht mit Grundfutter (Rau- und Saftfutter), dann – nur falls notwendig! – eine schon deutlich schmalere Schicht mit Kraftfutter und obendrauf als Spitze das „Mineralfutter". In Anführungszeichen, weil die komplexen Futter futtermittelrechtlich als Ergänzungsfutter zu bezeichnen sind.

Bei multiplen Problemen können auch mehrere Ergänzungsfutter, z.B. eines für die Hufe und dazu eines für die Gelenke, kombiniert werden. Hier sollten Sie jedoch Rücksprache mit Ihrem Tierarzt oder sachverständigen Futtermittelhändler nehmen, um Überversorgungen, z.B. mit Selen, zu vermeiden.

Tabelle 2: Wichtige Nährstoffe und ihre Bedeutung für die Körperfunktionen

Luzernegrünmehl	ist sehr schmackhaft für Pferde und hat einen hohen Anteil an Karotin, das bei Bedarf zu Vitamin A umgewandelt wird.
Hefekulturen	stabilisieren die Darmflora; regen die mikrobielle Aktivität an und sind so u.a. notwendig für den Stoffwechsel und eine gesunde Haut.
Kieselgur	erhöht die Widerstandskraft der Haut und stärkt das Bindegewebe.
Lecithin	bewirkt schnelle Regeneration nach hoher sportlicher Betätigung; stützt Kondition und Konstitution, verbessert Nährstoffresorption und beugt Leberschäden vor; verleiht Zellgewebe Festigkeit und Elastizität.
Leinsamen	hat einen hohen Anteil an Schleimstoffen und wirkt sich positiv auf Haar und Horn aus.
Seealgenmehl	ist eine natürliche Jodquelle und enthält zahlreiche Mikroelemente. Es stützt die Widerstandskraft (immunstimulierend), wirkt kräftigend, regt das Zellwachstum an und reguliert die biologischen Prozesse im Organismus; wirkt sich positiv auf das Hufhornwachstum aus.
Biologisch aktiver Algenkalk	vom Organismus hochverwertbare Calciumquelle, reich an natürlichem Magnesium, Aminosäuren und Spurenelementen.
Kräuter	sind eine natürliche Hilfe aus der Natur, zum größten Teil in pharmazeutischer Qualität; verbessern u.a. die Sauerstoffversorgung der Zellen und damit die Kondition; schaffen biologische Reserven oder unterstützen die Verdauungsaktivitäten.
Calcium	ist ein Baustoff für Knochen und Zähne. Wichtig für das Stoffwechselgeschehen, die Blutgerinnung sowie für die Nerven- und Muskelkontraktion. Unterversorgung und auch Überversorgung können zur Entkalkung der Knochen führen.
Phosphor	ist ein Baustoff für Knochen und Zähne; wichtig für zahlreiche Funktionen im Stoffwechsel. Eine Überversorgung kann die Calciumversorgung stören.

Magnesium	Baustoff für Knochen, Knorpel und Zähne; wichtig für die Funktion zahlreicher Enzyme, hauptsächlich von Nerven und Muskeln, ist am Ca-P-Stoffwechsel beteiligt.
Natrium	reguliert mit Chlor den osmotischen Druck der extrazellulären Flüssigkeit; erhält Säuren-Basen-Haushalt aufrecht; reguliert den Wasserhaushalt und ist für die Funktion von Nerven und Muskeln essenziell.
Kalium	reguliert den osmotischen Druck des Zellsaftes. Wichtig für die Aktivität vieler Enzyme u.a. die Glykogenspeicherung in der Leber.
Vitamin A	ist für einen optimalen Stoffwechsel erforderlich, es wirkt sich u.a. auf das Hautbild aus.
Vitamin D3	reguliert die Absorption von Calcium und Phosphor aus dem Darm. Bei einem Mangel kann das aufgenommene Calcium nicht genutzt werden.
Vitamin E	verhindert Gewebeschäden durch Oxidation. Ein Mangel kann u.a. zu Störungen des Nervensystems führen.
Vitamin K3	ist wichtig für die Blutgerinnung.
Vitamin B-Komplex	spielt eine wichtige Rolle bei der Nervensignalübertragung und dem Kohlehydratstoffwechsel; beugt dem sog. „tying-up" vor.
Vitamin C	ist i.V.m. Kupfer für ein gesundes, starkes Zellgewebe notwendig. Der Ascorbinsäurespiegel im Blut von gestressten Pferden und Pferden in Stallhaltung ist oft niedrig.
Biotin	Biotin ist wichtig für den Fettsäurehaushalt, hat Einfluss auf die Hufhornqualität.
Folsäure	ist für die Bildung der roten Blutkörperchen wichtig.
Nicotinsäure	hat eine Schlüsselfunktion im Stoffwechsel.
Pantothensäure	ist wichtig für Kohlehydrat- und Fettstoffwechsel, für Haut und Schleimhäute und die Pigmentierung.

Kupfer	ist unentbehrlich für Blut-, Nerven-, Bindegewebs- und Pigment- sowie für die Knochenbildung.
Zink	verbessert die Wundheilung, den Hautzustand und das Hufwachstum.
Mangan	hat Bedeutung für den Kohlehydrat- und Fettstoffwechsel, die Knorpel- und Knochenbildung, Pigmentierung des Fells sowie den Ablauf der Geschlechtsfunktion.
Kobalt	ist für den Aufbau des Blutfarbstoffes Hämoglobin notwendig.
Jod	ist Bestandteil des Schilddrüsenhormons Thyroxin, das den gesamten Stoffwechsel reguliert.
Betain	ist notwendig für den Fettstoffwechsel, die Leberentfettung und die Nervenreizüberleitung.
DL-Methionin	essenzielle Aminosäure, die in den meisten Getreidearten fehlt; trägt im Körper dazu bei, übermäßige Fetteinlagerungen in der Leber zu verhindern, unterstützt die Regeneration der Leber und Nieren, hat eine harnsäuernde Wirkung; wirkt antioxidativ und kann Schwermetalle, z.B. Blei sowie Histamin und Ammoniak entgiften bzw. deren Abbau beschleunigen; wird außerdem für den Stoffwechsel von Selen benötigt.
Lysin	ist essentielle Aminosäure und Bestandteil vieler Proteine; trägt zum Wachstum, zur Gewebereparatur, zur Bildung von Enzymen, Hormonen und Antikörpern sowie zur Kollagensynthese und Knochengesundheit bei; hilft Calcium zu absorbieren und zu speichern; erhält die Stickstoffbalance im Körper und spielt eine wichtige Rolle im Immunsystem; trägt zur Gesundheit des Herz-Kreislauf-Systems bei, ist als Baustein von Kollagen wichtiger Bestandteil der Gefäßwände und kann so die Arterienwände stärken.
Cystein	ist eine semi-essentielle Aminosäure; hat antioxidative Fähigkeiten und kann die toxischen Wirkungen von Medikamenten und Chemikalien verringern; trägt zur Synthese der Zellmembranen (Zellwände) ebenso wie zu ihrer Regeration bei; unterstützt gemeinsam mit Pantothensäure die Bildung von wichtigen Fettsäuren für die Zellwände und für Myelin (Teil der Nervenmarkscheide); ist außerdem ein Teil der strukturellen Proteine des Bindegewebes und festigt diese Gewebe.
Tryptophan	ist essentielle Aminosäure; wichtig im Stoffwechsel und trägt zur Bildung von Serotonin bei. Eine dauerhafte Fütterung sollte vermieden werden.
Tyrosin	ist eine in der Luzerne und den Hefekulturen enthaltene Aminosäure; i.V.m. Jod Bestandteil der Schilddrüsenhormone Thyroxin u. Triiodothyronin. Viele Pferde mit Haut- und Hufproblemen haben einen Mangel an diesen Hormonen.

MIT FREUNDLICHER UNTERSTÜTZUNG VON FRAU K. COMMANDEUR, HAMBURG

Kapitel 9

Erste Hilfe

Hufverletzungen

Ballentritt

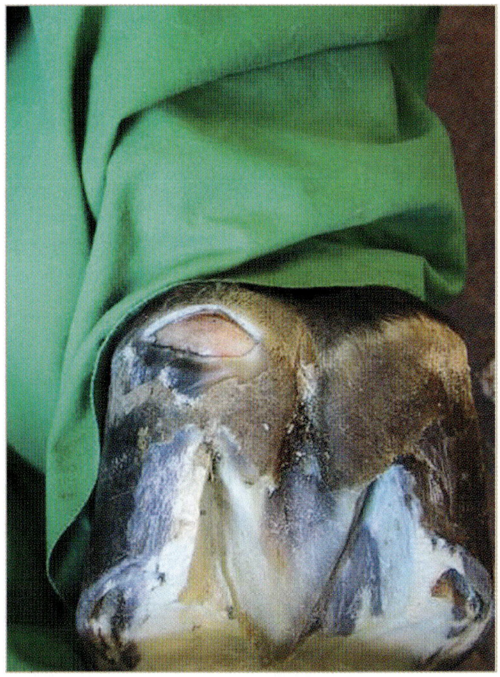

Der Ballentritt entsteht meist an der Vordergliedmaße, wenn das Pferd sich mit dem Hinterhuf in den Vorderhuf tritt. Zu dichtes Aufreiten an das Vorderpferd kann einen Ballentritt am Hinterhuf verursachen.
Eigentlich zählt man einen Ballentritt zu den Bagatellverletzungen, aber es können unter Umständen Komplikationen auftreten. Wenn Sie einen geöffneten Ballentritt vorfinden, schneiden entweder Sie selbst, Ihr Hufschmied oder Ihr Tierarzt den losen Bereich bis zum gesunden Ansatz des Horns ab.

Dann wird die Wunde mit geeigneten Mitteln gereinigt (z.B. Wasserstoffperoxid-Lösung). Anschließend wird ein Wundverband mit einer jodhaltigen Salbe aufgebracht. Nach zwei bis drei Tagen sollte die Stelle schon wieder leicht verhornt sein und sie können auf einen Verband verzichten.
Denken Sie an den Tetanusschutz!

Wenn das Pferd lahm ist, kann eine Prellung in Verbindung mit einem Hämatom (Bluterguss) für die Lahmheit verantwortlich sein. Diese Lahmheit sollte aber auch nach ein paar Tagen wieder verschwunden sein. Ist das nicht der Fall, muss das Pferd untersucht werden. Bänderzerrungen oder eine Hufbeinfraktur sind zwar selten, können jedoch nicht ausgeschlossen werden.

Einige Pferde neigen aufgrund ihres Körperbaues dazu, sich immer wieder zu verletzen. Meist sind es Pferde, die sehr im Quadratformat gebaut sind, oder überbaute Pferde. Diese Pferde muss man mit Ballenschonern oder Springglocken schützen. Ein entsprechender Greifbeschlag kann ebenfalls helfen. Dies geschieht dadurch, dass man den Zehenteil des Hinterhufes über das Eisen hinausstehen lässt und die Kante am Huf stark berundet. Zu lange Beschlagintervalle lassen die Zehe jedoch wieder zu lang werden und das Problem verstärkt sich erneut.

Kronentritt

Der Kronentritt entsteht in der Regel dadurch, dass das Pferd sich entweder selbst oder aber ein anderes ihm auf die Hufkrone tritt und dadurch das Saumband verletzt wird. Diese Verletzungen sind in der Regel stumpfe Verletzungen, es sei denn, das Pferd hat sich mit spitzen Stollen verletzt.
Sehr gründliche Reinigung und Desinfektion der Wunde sind sehr wichtig. Wenn sich eine sol-

che Wunde infiziert, kann es zu dramatischen Folgen kommen. Von einem nie mehr zusammenwachsenden Hornspalt bis zum Verlust der kompletten Hornkapsel ist dann alles möglich. Nach der Erstversorgung sollte unbedingt ein Tierarzt zurate gezogen werden.

Achtung!
Bei allen Verletzungen am Huf unbedingt den Impfschutz gegen Tetanus kontrollieren.

HINWEIS:
Wenn ein Fremdkörper im Saumband steckt, bitte nicht sofort entfernen, sondern nüchtern abschätzen, was es sein kann und wie tief dieser im Huf stecken könnte.
Das Pferd nicht mehr laufen lassen als nötig. Transport organisieren und das Pferd zum Tierarzt fahren. Der kann sofort ein Röntgenbild machen und das Ausmaß des Schadens feststellen und die Behandlung einleiten.

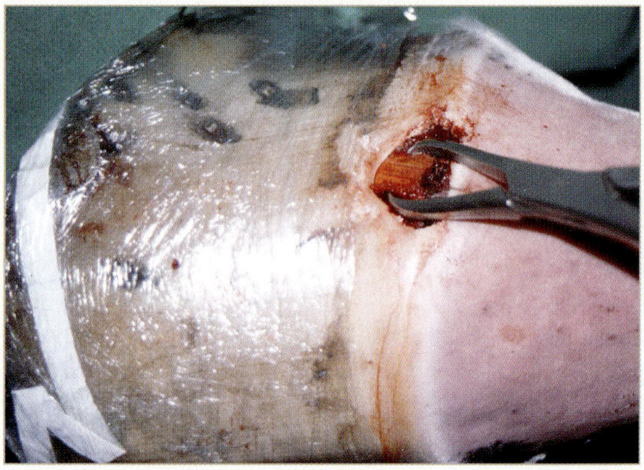

Nagelgeltritt

Nägel, Schrauben, scharfkantige Steine oder Holzsplitter dringen meist an den weichen Hornabschnitten der Sohle in den Huf oder in den Strahl ein. Je nach Lage und Tiefe verletzen die spitzen Gegenstände den Hufknorpel, die Huflederhaut, die tiefe Beugesehne, den Hufrollenschleimbeutel, das Strahlpolster, das Hufbein, das Strahlbein oder das Hufgelenk.

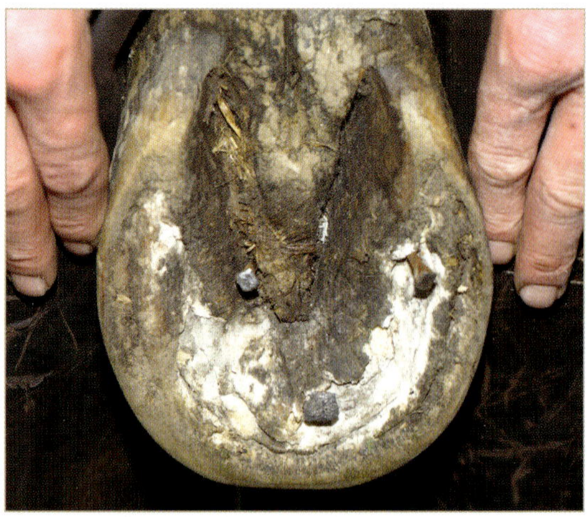
Die häufigsten Positionen von Nageltritten

Nach solch einem Nageltritt lahmt das Pferd nicht immer sofort und zeigt auch sonst keine Auffälligkeiten. Manchmal können Lahmheiten erst nach ein bis zwei Tagen festgestellt werden, die auf der Lahmheitsskala mit 3 bzw. 4 bewertet werden können. Dieses zeigt sich besonders auf hartem Boden, da das Pferd den Hufabschnitt nur kurzfristig belastet. Sind die Schmerzen stark, humpelt es auf drei Beinen oder liegt in der Box, sodass der Tierarzt als Erstes nach einem Hufgeschwür suchen wird.

Auffällige Anzeichen sind:
- **Huf ist deutlich wärmer,**
- **die Mittelfußarterie pulsiert verstärkt,**
- **das Bein kann anschwellen.**
- **Sind am Kronsaum nässende Stellen, so kann es sich hierbei um Sekret handeln, welches den weichen Kronrand durchbrochen hat.**

Sollte der Fremdkörper sich nicht mehr in der Einstichstelle befinden, muss der Huf mit der Hufuntersuchungszange untersucht werden, um den Entzündungsherd zu finden. Denn durch den Eintrittskanal sind Bakterien eingedrungen, die eine Infektion ausgelöst haben. Die Bakterien sind Fäulniskeime, sporenlose Anaerobier und Tetanuserreger, die eine Wunde infizieren und einen Hufabszess erzeugen. Im Blut findet eine Vermehrung der Bakterien statt, die sich ins Körperinnere bewegen und eine starke Infektion hervorrufen kann.

Verletzt der Fremdkörper „nur" die Huflederhaut, wird diese eitrig und es handelt sich dann um eine Pododermatitis (Huflederhautentzündung). Hier muss die Huflederhaut freigelegt werden, sodass graugrünes oder schwarzblaues Gewebe erscheint, bedeckt von einer dünnen, graurötlichen bis schokoladenfarbenen Flüssigkeit.
Sollte die Behandlung unterbleiben, so wird die Infektion auf das Hufbein, Hufgelenk oder die tiefe Beugesehne übergreifen. Die Farbe der Flüssigkeit verfärbt sich beim tiefen Abszess dann grünlich und hat dann einen sehr intensiv stinkenden Geruch.
Auch das Bindegewebe des Strahlpolsters wird von den Infektionserregern angegriffen, so dass eine Strahlpolsterentzündung entstehen kann, die sich auf Hufknorpel oder Beugesehne ausdehnt.

Treten Verletzungen in der seitlichen Strahlfurche auf, dann sind manchmal die tiefe Beugesehne und der Hufrollenschleimbeutel betroffen. Durch Verschleppung der Infektion entsteht eine Entzündung des Hufbein-Strahlbeinbandes und später auch des Hufgelenks. Sollten längere Fremdkörper bis zum Strahlbein vordringen, verletzen diese meist den Knorpelüberzug bzw. den Knochen. Durchbohrt der Gegenstand jedoch die tiefe Beugesehne, den Schleimbeutel und das Hufbein-Strahlbeinband, wird wiederum das Hufgelenk geschädigt. Den Nachweis für diese Schädigung erhält der Tierarzt, indem er das Hufgelenk von der Krone aus punktiert und mit einer Akridinfarbstoff- oder Ringerlösung durchspült. Die letzte Sicherheit für seine Diagnose erhält er aber erst, wenn die tiefe Beugesehne teilweise entfernt wird und somit das Hufbein-Strahlbeinband freiliegt. Durch die Bewegung des Hufgelenkes quillt aus der Einstichstelle des Bandes getrübte Gelenkflüssigkeit oder Spülflüssigkeit heraus. Eine aufwendige Operation ist nicht vermeidbar.

Die Prognose ist in den zuletzt geschilderten Fällen immer sehr vorsichtig bis ungünstig zu stellen.

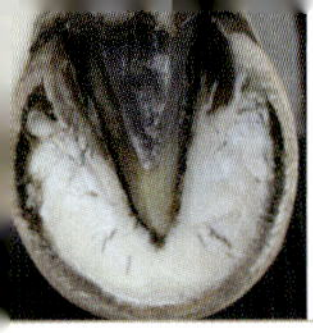

HINWEIS:
Wenn Sie einen Nageltritt feststellen, entfernen Sie nicht sofort den eingedrungenen Fremdkörper. Bringen Sie einen entsprechenden Verband an, der verhindert, dass sich der Gegenstand weiter in den Huf drücken kann. Gegebenenfalls kann man den Gegenstand mit einer Zange kürzen. Wenn das nicht möglich ist, ziehen sie den Gegenstand vorsichtig heraus und zeichnen an, wie weit er in den Huf eingedrungen ist und in welche Richtung. Bringen Sie Ihr Pferd dann unverzüglich zu einem Tierarzt oder in eine Pferdeklinik. Zeigen Sie dem Tierarzt den Gegenstand, den das Pferd sich eingetreten hat.

Um Nageltritte zu vermeiden, müssen Hufeisen, die auf der Weide, im Auslauf oder in der Reitbahn abgetreten wurden, unbedingt gesucht werden. Wenn das Hufeisen mit den nach oben zeigenden Aufzügen (Kappen) und oder Hufnägeln auf dem Boden liegt, kann sich ein Pferd damit einen Nageltritt zufügen oder auch beim Wälzen verletzen.

Benutzen Sie dort, wo Pferde sich bewegen, keinen Recyclingschotter als Bodenbelag, denn der enthält häufig Metallanteile, welche sich die Pferde in die Hufe treten können.

Hufeisenverlust oder verbogener Beschlag

Ein korrekt sitzender Beschlag fällt nicht einfach ab, es sei denn, der Beschlag ist zu lange am Huf und die Nägel oder die Verklebung sind schon locker. Es ist immer eine äußere Einwirkung notwendig.

Gründe dafür können sein:

- Durch das sogenannte „Greifen" kann sich ein Pferd mit dem Hinterhuf an das gleichseitige oder diagonale Vorderbein treten. Dadurch kann ein vorhandener Beschlag entweder verbogen und gelöst werden oder sogar ganz abgetreten werden.

Dieses Greifen geschieht häufiger bei jungen Pferden, die noch nicht ausbalanciert sind, bei Quadratpferden oder bei Pferden mit Gebäudefehlern wie Pferde mit überbauter Kruppe oder bei Pferden mit sehr langen und flachen Vorderhufen. Auch ein ermüdetes Pferd greift sich schneller. Bei diesen Pferden ist die Hinterhand ein wenig schneller in der Vorwärtsbewegung als die Vorderhand.

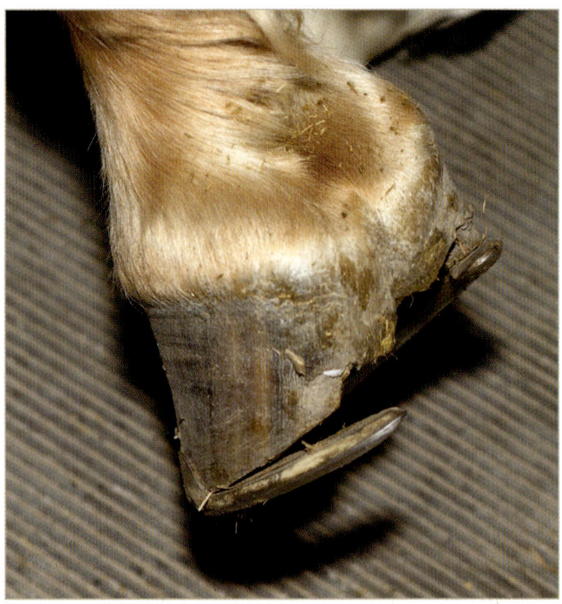

Verbogenes Eisen

- Übermütiges Herumtollen auf der Weide oder im Auslauf sind ebenfalls begünstigende Faktoren.
- Oder das Pferd stellt sich mit einem Huf auf den gegenüberliegenden und bleibt an einer Kante des Beschlages hängen und versucht nun, das dadurch blockierte Bein frei zu bekommen. Das passiert häufig, wenn der Beschlag ganz neu ist und die Kanten am Hufeisen nicht genügend berundet worden sind. Es gibt einige „Spezialisten“, denen das besonders gut gelingt. Insbesondere ist dies beim Satteln zu beobachten, wenn Pferde dem Druck beim Angurten ausweichen wollen.
- Auch wenn Pferde verladen werden müssen, kann man beobachten, dass sie sich öfters auf die Eisen treten.
- Andere Pferde stellen sich mit den Vorderbeinen in den Trog und reißen sich die Hufeisen ab, wenn sie die Beine wieder aus dem Trog nehmen wollen.

Gegenmaßnahmen:

- Ist ein Beschlag überhaupt notwendig?
- Nicht zu lange Beschlagintervalle!
- Kann man durch einen anderen Beschlag die Zeit, die das Vorderbein für das Abfußen benötigt, verkürzen?
- Durch geschicktes Ausbalancieren mithilfe des Hufbeschlags kann man die Gefahr des Greifens zwar verringern, selten jedoch ganz vermeiden.
- Geeignete Schutzmaßnahmen wählen: Springlocken, Ballen-Boots oder Tape-Verbände.
- Ruhige Weidegruppen zusammenstellen, wenn möglich Unruhestifter aus der Gruppe nehmen.
- Das Pferd nur so lange im Auslauf oder auf der Weide lassen, wie es nicht unruhig wird und am Zaun auf -und abläuft.
- Bei Fliegen- und Bremsenplage die Pferde einsprühen und/oder nachts rausstellen.
- Ein ruhiges und fachmännisches Verladen sicherstellen. Nicht hektisch werden, wenn ein Pferd nicht sofort auf den Anhänger geht.
- Den Trog abmontieren und einen Kunststofftrog nur zum Füttern in die Box stellen oder das Pferd vom Boden fressen lassen.

Was kann der Reiter/Fahrer unternehmen, wenn ein Beschlag nicht mehr richtig sitzt:

- Besorgen Sie sich ein Notwerkzeug, um einen Beschlag entfernen zu können. Dazu benötigt man: Hammer, Hufeisenabnehmzange und eine Nietklinge.
  Alternativ zu der Nietklinge kann man auch einen kleinen Flachmeißel oder einen stabilen Schraubenzieher benutzen. Anstelle einer Hufeisenabnehmzange kann man eine große Kneifzange benutzen. Vielleicht hat Ihr Hufschmied Werkzeuge, die er Ihnen überlassen oder verkaufen kann. Denn mit Profiwerkzeug kann man einfach besser arbeiten.
- Als Erstes werden die Nieten der vorhandenen Nägel geöffnet indem man die Nietklinge oder den Meißel in einem Winkel von ca. 30° gegen den Nietkopf hält und den mit leichten Hammerschlägen öffnet.
  Am besten geht das, wenn man den Huf dafür nach vorne herausnimmt oder auf einen Beschlagbock oder etwas Ähnliches stellt. Oder man klemmt sich das Vorderbein zwischen die Knie, wie der Hufschmied das macht.

Notwerkzeug zum Entfernen eines Hufeisens, bestehend aus Nietklinge, Beschlaghammer, Kneifzange, Hufeisenabnehmzange. Ergänzt werden kann das Notwerkzeug noch durch eine Hufraspel.

- Danach setzt man die Hufeisenabnehmzange am Ende des Hufeisens zwischen Eisen und Huf an und hebt den Beschlag langsam an, indem man mit der Zange vorsichtig in Richtung Hufzehe hebelt. Diesen Vorgang wiederholt man wechselseitig immer wieder an dem inneren und äußeren Schenkelende vom Hufeisen, bis man es entfernt hat.
- Alternativ kann man die Nägel einzeln mit einer Kneifzange entfernen, was für viele Personen leichter sein kann. Auch hier werden, wie oben beschrieben, erst die Nieten geöffnet. Wenn man die Nägel mit der Zange nicht fassen kann, sollte man die Nägel erst 1 bis 2 mm zurückschlagen, damit man sie zu fassen bekommt. Man arbeitet sich immer von den hinteren Nägeln zu den vorderen hin. Das ist leichter.
- Wenn Sie den Beschlag entfernt haben, schauen Sie bitte nach, ob alle Nägel restlos entfernt worden sind.
- Ausgebrochene Stellen am Huf sollten Sie mit einer Hufraspel berunden, um ein weiteres Ausbrechen zu verhindern. Aber raspeln Sie nicht zu viel, damit das Eisen anschließend noch wieder angebracht werden kann.
- Bei sehr schlechter Hornqualität empfiehlt es sich, einen Hufverband oder einen Hufschuh anzulegen. So verhindern Sie, dass der Huf weiter ausbricht.

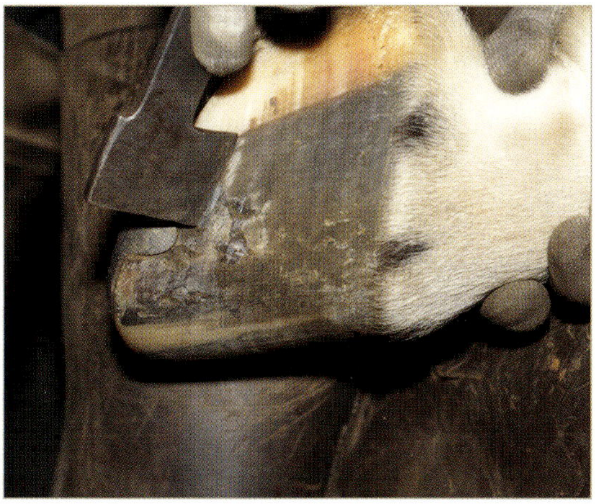

Öffnen der Nagelnieten mit einer Nietklinge

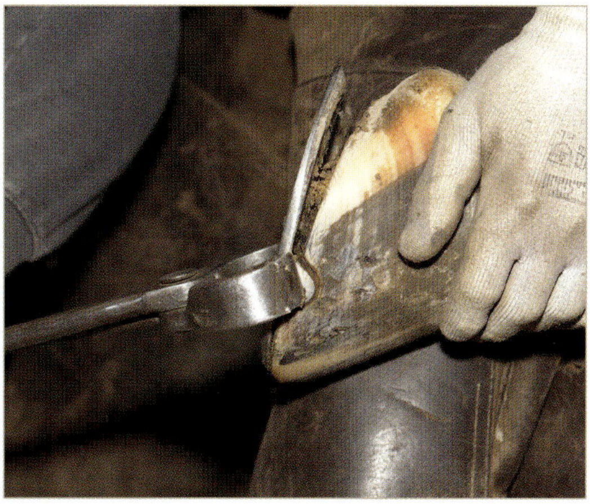

Vorsichtiges Abnehmen des Eisens

- Wenn das Hufeisen ganz abgetreten wurde, berunden Sie den Tragerand. Versuchen Sie unbedingt das abgetretene Eisen wiederzufinden, denn Ihr oder ein anderes Pferd kann sich daran verletzen! Und es muss nicht extra ein neuer Beschlag angepasst werden. Das spart Ihnen Kosten und Ihrem Hufschmied viel Zeit. Befestigen Sie das Eisen von außen an der Box Ihres Pferdes oder teilen Sie dem Hufschmied mit, wo er das Eisen finden kann.

In vielen Reitställen gibt es mehrere Hufschmiede, die den Bestand dort betreuen. Scheuen Sie sich nicht, einen anwesenden Hufschmied zu fragen, ob er Ihnen das Hufeisen wieder aufschlagen kann. In vielen Regionen ist es üblich, dass die Hufschmiede sehr kollegial handeln und der eine dem anderen hilft. Das hilft nicht nur Ihrem Pferd, sondern erspart Ihrem Hufschmied lange Anfahrtszeiten, die ebenfalls noch viel Geld kosten.

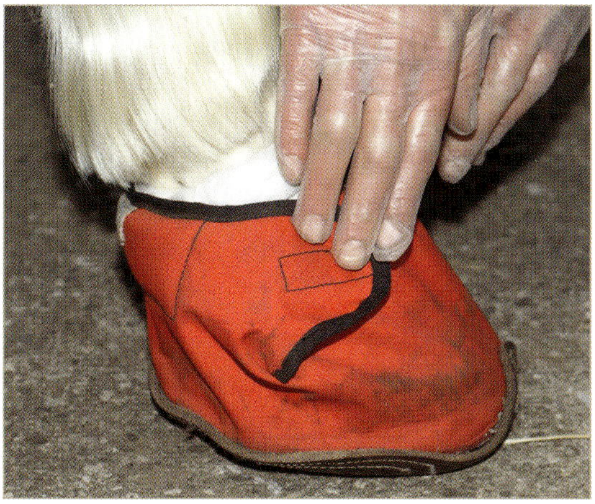

Textiler Hufschuh mit Ledersohle

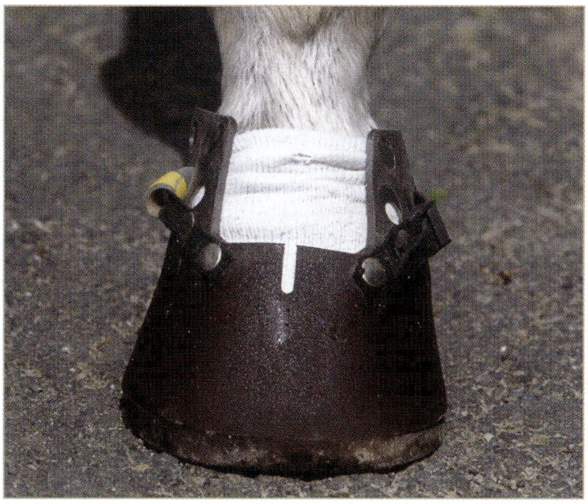

Hufschuh aus Kunststoff

Fotos

Titelbild
großes Motiv: Fotomontage: **Peter Prohn, Barmstedt** und **Jean Christen, Mannheim**
kleine Fotos (4): **Peter Prohn, Barmstedt**
4. Umschlagseite: **Peter Prohn** (2), **Uwe Lukas** (1)

Adelheid Borchardt, Warendorf
Seite 44 o. entnommen aus: Deutsche Reiterliche Vereinigung e.V. (FN): **Deutscher Reitpass**, Warendorf 4. Auflage 2007
Seite 44 u. entnommen aus: Deutsche Reiterliche Vereinigung e.V. (FN): **Die Deutsche Reitlehre – Das Pferd**, Warendorf 2002

Thoms Lehmann, Warendorf
Seiten 31/32, 66, 67 entnommen aus: Deutsche Reiterliche Vereinigung e.V. (FN): **Die Deutsche Reitlehre – Das Pferd**, Warendorf 2002

Uwe Lukas, Warendorf
Seiten: 11, 19, 20 u. (2), 21 (8), 22 o., 25u., 26 (3), 36, 38 u., 40 (2), 41 o., 42 r., 46, 49 l.o., 50 (2), 53 u., 55, 77, 78, 79 (2), 80 o., 82, 84 (3), 85 (2), 88, 89 l., 94, 96, 97 (3), 98, 102 (2), 103 (3), 104 (3), 105 (3), 108, 110, 111 (2), 113 m., 114 (2), 115, 116 (2), 117 (2), 118, 119 (3), 120 (2), 121 (3), 122 (5), 123 (5), 125 u., 126, 129 u., 132 u., 151, 152 o., 156

Charles Mann, www.anrd.nl
Seite 69 entnommen aus: Aachen-Laurensberger Rennverein e.V./Deutsche Reiterliche Vereinigung e.V. (FN): **FEI World Equestrian Games Aachen 2006**, Warendorf 2006

Peter Prohn, Barmstedt
Seiten: 5, 20 o., 25 o., 27, 28 (2), 34, 38 o., 39 (3), 41 u. (2), 42 l., 48 (2), 49 (2) r.o, u., 51 (3), 52 (6), 53 (2) o., 58, 60, 61 (2), 63 (2), 64 (7), 65 (6), 70, 71, 72 (2), 73, 74, 75, 76 (3), 80 u., 81, 87 r., 89 r., 92 (2), 97 r.u., 99 (3), 100 (4), 112 (3), 113 (2) o., u., 127, 129 (2) o, 130 (2), 132 o., 150, 152 u., 154, 157 (4);
Seite 22 u. entnommen aus: Deutsche Reiterliche Vereinigung e.V. (FN). **FN-Handbuch Pferdewirt**, Warendorf 2005
Seiten 6, 37, 87 o., 90, 109, 125 o., 134, 136, 138, 145, 149 entnommen aus: Dülffer-Schneitzer, Dr. med. vet. B.: **Pferdegesundheitsbuch**, Warendorf, 2. Auflage 2006
Seiten 107, 141 entnommen aus: Krämer, M.: **Siege werden im Stall errungen**, Warendorf 2005

Wulf Rohwedder/Jaques Toffi, Hamburg
Seite 24 u. entnommen aus: Pourtavaf, A.; Meyer, H.: **Die Brücke zwischen Mensch und Pferd**, Warendorf 2001

Abbildungen/Zeichnungen

Achim Beier Design, Bielefeld
Seiten 77, 78 entnommen aus: Rahn, A., Fellmer E., Brückner, S.: **Pferdekauf heute**, Warendorf 2003

Deutsche Reiterliche Vereinigung e.V. (FN)
Seiten 31, 32 entnommen aus **Richtlinien für Reiten und Fahren Bd. 4: Haltung, Fütterung, Gesundheit und Zucht**, Warendorf 13. Auflage 2006

Dr. med. vet. Beatrice Dülffer-Schneitzer, Steinbach/Ts.
Seite 14 (2) entnommen aus: Dülffer-Schneitzer, Dr. med. vet. B.: **Pferdegesundheitsbuch**, Warendorf, 2. Auflage 2006

Dr. med. vet. Hildegard Skowronek, Tierklinik Telgte
Seite 15

Uwe Spenlen, Rösrath
Seiten 17, 18 entnommen aus: Hertsch, Prof. Dr. Bodo: **Anatomie des Pferdes**, Warendorf, 5. Auflage 2007

Hier finden Sie nur staatlich geprüfte und anerkannte Hufbeschlagschmiede

Erster Deutscher Hufbeschlagschmiedeverband
Ostmilte 53
48231 Warendorf
Tel. 0700-3348 3348
Fax: 02584-940598

Mail: info@edhv.de
Web: www.edhv.de

Deutsche Reiterliche Vereinigung e.V. (FN)
Freiherr-von-Langen Str. 13
48231 Warendorf

Eine Liste mit den FN-geprüften Hufbeschlag-Fachbetrieben über Homepage:
www.pferd-aktuell.de (-> Themenkatalog -> Ausbildung -> Kennzeichnungen Pferdebetriebe -> gekennzeichnete Hufbeschlags-Fachbetriebe)
oder per E-Mail: **afrische@fn-dokr.de;**
Tel.: 02581/6362-196

Auch unter der folgenden Adresse finden Sie die in den Handwerksstrukturen organisierten Hufbeschlagbetriebe mit der staatlichen Anerkennung:

Bundesverband Metall
Vereinigung Deutscher Metallhandwerke
Fachgruppe Hufbeschlag
Ruhrallee 12 45138 Essen
Tel.: 0201/89619-19
Fax: 0201/89619-27

E-Mail: alfred.sieberg@metallhandwerk.de
Homepage www.hufschmiede.org

Im Interesse gesunder Pferde

Dieses umfangreiche Nachschlagewerk von **Dr. med. vet. Beatrice Dülffer-Schneitzer** bietet Informationen und für jedermann verständliches Hintergrundwissen zum Thema Pferdekrankheiten, Gesunderhaltung und Vorbeugung, übersichtlich geordnet nach Organsystemen. Dieses Buch beweist, dass Schulmedizin und alternative Heilmethoden keine Gegensätze darstellen, sondern sich wirkungsvoll miteinander verbinden lassen. Die hier vorgestellten alternativen Heilmethoden umfassen die Therapie mit Heilkräutern und Bachblüten sowie Akupressur und Physiotherapie. Wertvolle Tipps und Tricks rund um die Verbandstechnik und Erste Hilfe in Notfällen vervollständigen den Themenfächer **„Pferdegesundheit"**.

336 Seiten, ca. 200 farbige Fotos und Abbildungen
Format 190 x 250 mm, gb.
2. Auflage 2006

ISBN 978-3-88542-374-4